인공지능 윤리규범학

중앙대학교 인문콘텐츠연구소 HK+
인공지능인문학 학술총서 1

인공지능 윤리규범학
삶의 의미부터 인공지능 법제도화까지

초판 1쇄 발행 2024년 5월 31일
초판 2쇄 발행 2025년 12월 3일

지은이 | 김형주, 허유선, 김중권, 심지원, 엄주희, 이연희

펴낸곳 | (주)태학사
등록 | 제406-2020-000008호
주소 | 경기도 파주시 광인사길 217
전화 | 031-955-7580
전송 | 031-955-0910
전자우편 | thspub@daum.net
홈페이지 | www.thaehaksa.com

편집 | 조윤형 여미숙 김태훈
마케팅 | 김민선
경영지원 | 김영지

ⓒ 김형주, 허유선, 김중권, 심지원, 엄주희, 이연희, 2024. Printed in Korea.

값 23,000원
ISBN 979-11-6810-273-6 (93550)

책임편집 | 이홍림
북디자인 | 임경선

＊이 저서는 2017년 대한민국 교육부와 한국연구재단의 지원을 바탕으로 수행된 연구임.
 (NRF-2017S1A6A3A01078538)

＊이 책에 인용된 이미지나 글은 저작권법의 '정당한 인용' 기준에 따라 수록했습니다만
 출판 후 '정당한 인용'이 아니라고 판정될 경우에는 적법한 절차를 따르겠습니다.

머리말

인공지능 윤리,
그리고 데모크리토스의 망치

'테이'가 등장했다가 사라진 지는 햇수로 7년, '이루다'가 파란을 일으킨 지도 벌써 2년이 지났다. 이제 우리는 사람같이 말하는, 사람보다 더 똑똑한 기계 존재인 챗지피티ChatGPT, 바드Bard와 같은 생성형 인공지능에 기대어 말을 하고 글을 쓰고 있다.

  사람을 친 자율주행차, 사람을 죽일 수 있는 킬러 로봇, 애인 행세를 하는 인공지능 인형에게 버림받은 독거인 등이 환기하는 인공지능 윤리 문제는 가뜩이나 어지러운 세상에 또 하나의 흥미 있는 골칫거리를 안겨 주었다. 생성형 인공지능의 등장은 이러한 관심을 집중시키고 증폭한다. 두 눈을 가지고 두 발로 서서 자연과 자신이 빚은 인공 세계를 바라보는 인간의 관점에서는, 인공지능과 같은 '인간의 생산물'이 사고와 행위의 주체가 될 수는 없다는 이유에서 이는 관심을 끌기에 충분한 문제다. 무시를 하려 해도 어쨌든 이를 입에 올려야 했고, 문제를 문제답게 만들기 위해서라도 우리는 '인공지능 윤리'[1]라는 말을 계속 곱씹어야 했다.

> **인공지능 윤리**AI Ethics
>
> - 인공지능 기술과 그 사회적 영향력을 둘러싼 규범적 논의 전반을 포괄한다.
> - 인공지능의 개념 규정, 존재 목적에 대한 이론적 논의부터 이를 도입한 사회의 법과 행정, 교육, 노동과 커뮤니케이션의 변화, 나아가 피해 방지 및 보상 절차에 관한 구체적 케이스 논의까지, 다방면의 다양한 논의와 실천을 포괄한다.

그런데 세상의 많은 문제가 그렇듯 문제는 문제로 남겨진 채 매력을 잃어 간다. 나날이 새롭게 창출되고 또 새로운 것을 창출하는 인공지능 기술과 그것으로 인한 표면적인 윤리적 이슈에는, 말 그대로 이슈로서의 관심은 시시각각 스파크처럼 여기저기서 일어나지만 그 관심 속으로 침투하는 긴 호흡의 행위는 좀처럼 일어나지 않는다.

인공지능 윤리는 몇 년 사이에 이제는 익숙한 이름이 되었다. 아직 화석화된 것까지는 아니지만, 최초의 충격을 그대로 재현

---

[1] '인공지능 윤리'는 이 책 전체의 연구 주제이다. 따라서 이를 어떻게 이해하면 좋을지는 책 전반에 걸쳐 단계적으로 자세하게 설명된다. 그러나 해당 개념에 대한 최소한의 규정 없이 서술 진행이 어렵기 때문에 여기서 간략히 밝혔다.

하기에는 그것이 품고 있는 열량은 점차 줄어 간다. 불편한 예일지는 모르지만, 치아와 잇몸 사이에 남겨진 음식물이 치석으로 굳어져 버리면 훗날 더 큰 문제가 생긴다. 2023년 현재의 인공지능 윤리 문제를 화석에 비할 바는 아니지만, 잇몸 문제를 잠재하고 있는 치석처럼 되어 가고 있는 것 같다.

그렇다고 해서 사회가 새로운 화두로 등장한 이 문제를 결코 방치한 것은 아니었다. 본문에서 자세히 기술했듯, 유엔UN과 유네스코UNESCO 같은 국제기구들은 한 달이 멀다 하고 인공지능 관련 정책보고서를 양산하고 있고, 일본은 국가 주도로 디지털청廳 설립을 추진하고 있으며, 중국은 한발 앞서 인공지능 초등교육 전면 실시를 천명하였다. 우리나라도 이에 뒤질세라 인공지능을 미래 먹거리 창출의 첨병으로 선언하고 디지털 뉴딜 정책을 추진하고 있다. 과학기술정보통신부 산하 여러 국책 연구소들은 인공지능 관련 정책보고서를 끊임없이 생산하고 있다.

하버드대학의 버크먼 클라인 연구소Berkman Klein Center는 2020년 발간한 보고서 「인공지능 원칙: 인공지능 원칙에 대한 윤리적 권리 기반의 접근을 통한 합의점 도출」[2]에서, OECD 같은 국제기구, 구글이나 IBM 같은 국제 기업, IEEE(미국의 전기전자학회) 같은 학술 단체가 2016년부터 2020년까지 AI 윤리 원칙과 관련하여 발간한 문건이 총 36개에 달한다고 밝혔다. 최근의 일로는, 유럽의회가 2023년 6월 14일 인공지능 법률의 협상안Negotiating Position on the Artificial Intelligence(AI) Act을 채택하고 2023년 말까

---

2 "Principled Artificial Intelligence: Mapping Consensus in Ethical and Rights-based Approaches to Principles for AI." Borkman Klein Center, 2020.

지 최종 법률을 마련하기로 선언한 것을 들 수 있다.

화성인의 침공에 대응하는 지구인들처럼 인공지능이라는 새로운 존재 앞에 선 우리는 분주했다. 이 분주함이 어떤 형태로 언제까지 지속될지는 모를 일이다. 그러나 철학함을 표방하는 이 책은 지나온 길을 되돌아가 보고, 필요한 곳에 이정표도 달아 보고자 한다. 이를 위해 우리는 펼쳐진 논의를 처음부터 다시 차근차근 한데 모으는 일이 필요하다고 판단하였다. 이 책은 그 시도이다.

첫째, 우리는 다른 시도들과는 조금 다르게, 인공지능 윤리를 다루기에 앞서 '윤리란 무엇을 의미하는가'라는 문제를 다룬다. 빨간 사과가 사과이듯, 그리고 기술 윤리가 윤리학이듯, 인공지능 윤리도 윤리학이라는 생각에서다. '인공지능 윤리'를 다루는 대부분의 연구서는 '인공지능 윤리'를 새롭게 등장한 불가분의 실체처럼 다룬다. 그러나 오래전 솔로몬 왕의 말처럼 해 아래 새 것이 어디 있을까(「전도서」 1장 9절). '인공지능 윤리'를 데모크리토스의 망치로 내려치면 '윤리'는 다시 윤리학의 호수로 회귀한다.

그러나 '인공지능 윤리'가 음식 윤리, 환경 윤리, 나아가 기계 윤리와 같은 기존의 응용 윤리들과는 확연히 다른 성격을 갖는다는 것도 사실이다. 전통적으로 윤리는 인간의 삶과 행위에 관련된 것으로 간주되었다. 그리고 지능 또한 인간의 본질을 규정하는 속성으로 간주되었다. 이 두 가지, 너무나도 인간적인 개념이 한꺼번에 등장하지만, 사실상 논구論究의 대상은 인간 앞에 마주하고 서 있는 인간적인 어떤 것이며, 이러한 사실은 이 새로운 윤리의 영역이 그리 호락호락하지 않을 것임을 직감하게 한다. 인공지능은 나를 닮은 영원한 타자다.

이처럼 인공지능 윤리는 무리를 짓기에는 너무나도 성격이 다른 맹수들을 한곳에 가두어 놓은 우리와 같다. 우리는 그동안 '인공지능 윤리'라는 우리 자체를 분할이 불가능한 하나의 원자처럼 다루어 왔다. 즉 '인공지능 윤리'는 그저 '인공지능 윤리'였다. 그것의 새로움과 어려움이 분할 불가능성의 근거였다. 그러나 수면제 탄 사료를 먹여 가며 화해할 수 없는 맹수들을 동거시키는 것은, 윤리학이라는 보석에 이끼를 키우는 일이라고 우리는 진단한다. 이 책은 인간과 인공 존재라는 두 맹수를 우리로부터 해방하여 그들의 움직임을 관찰하고, 때로는 그들의 싸움 결과도 지켜보며, 궁극적으로는 화해의 변증법을 구축하고자 하려는 시도이다.

망치를 맞고 떨어져 나온 '윤리'를 자세히 살펴보면, 그 안에서도 동거하기 힘든 두 개념이 발견된다. 어려운 철학사전 말고 우선 우리말 국어사전을 펼쳐 보자. 국어사전은 윤리를 다음과 같이 표현한다.

- 윤리倫理 :
  ① 사람으로서 마땅히 행하거나 지켜야 할 도리.
  ②『철학』인간 행위의 규범에 관하여 연구하는 학문. 도덕의 본질·기원·발달, 선악의 기준 및 인간 생활과의 관계 따위를 다룬다.

'삼성의 경영철학', '허유선의 인생철학'과 같은 말을 '데카르트의 자아철학'과 나란히 놓고 보자. 앞의 철학과 뒤의 철학은 같으면서도 다르다. 앞의 것이 '철학'이라는 학문을 지칭한다기보다는 어떤 집단이나 사람의 가치관이나 생각을 의미한다면, 뒤의 것은 대학교 철학과에서 배울 수 있는 학문으로서의 철학을 의미한다. 그렇다고 해서 이 둘이 전혀 관계가 없는 것은 아니다. 학문으로서의 철학은 가치관과 세계관을 정교하게 다듬은 것이기 때문이다. 그래서 옛날 철학자들은 철학을 세계지世界誌, Weltweisheit라고도 불렀다.

이러한 관계는 국어사전이 기술하는 윤리의 두 의미에도 적용된다. 첫째 의미는 우리가 일상적으로 사용하는 윤리의 의미이다. "A씨는 착한 사람이기 때문에 그런 짓을 했을 리가 없다." 누군가 이렇게 말했다고 해 보자. 이는 '착한 사람은 비윤리적인 행동을 하지 않는다는 것', 한 번 더 생각하면 '착한 사람은 윤리적인 사람이라는 것'을 뜻한다. 우리는 일상에서 좋은 어떤 것, 바람직한 어떤 것을 규정할 때 윤리라는 말을 사용한다. 그런데 이 경우, 우리는 결코 좋은 것과 바람직한 것을 규정하는 특정한 이론을 염두에 두지는 않는다.

글자를 전혀 모르는 어떤 할머니가 자신의 재산을 어려운 사람을 위해 기부했다는 뉴스를 접할 때, 우리는 부자가 같은 행동을 했을 때보다 더 많이 칭찬한다. 더 윤리적이라고 생각하기 때문이다. 그가 그런 행위를 결정하는 데 윤리 이론은 아무런 역할을 하지 못한다. 그리고 그를 칭찬할 때도 윤리 이론은 전혀 필요하지 않다. 오히려 이와 같은 행위의 원인을 탐구하다 보니 이러저러한 이론이 생긴 거라고 하는 편이 맞을 것이다.

우리가 두 번째로 문제 삼는 것은, 유행을 넘어 하나의 학문

분야로 자리 잡아 가고 있는 인공지능 윤리가 위의 두 의미 중 단지 첫 번째 의미에만 뿌리를 내리며 고착화되어 가는 현실이다. 많은 사람은 '인공지능 윤리'를 윤리학의 일부가 아닌 독립적인 어떤 것으로만 다룬다. 그렇기 때문에 하늘에서 떨어진 것만 같은 이 어떤 것은 누구나 다룰 수 있는 듯이 보인다. 이러한 배경은 인공지능 윤리 연구에 참여하고 있는 연구자의 배경을 다양한 층위로 열어 놓았다. 바로 이러한 접근 용이성이 이 새로운 학문 분야의 급격한 발전과 확장의 밑거름이 되었다는 것은 사실이다. 인공지능 윤리는 백화점, 아니 조금 정제된 표현으로 말하자면 융합 학문이다.

이제 윤리라는 말이 함축하고 있는 두 번째 의미로 시선을 옮겨 보자. 다시 말해, 인공지능 윤리를 윤리학의 품으로 불러들이는 시도를 감행해 보자. '윤리'의 두 번째 의미는 윤리를 철학으로 명시하고 있다. 보편학으로서 방향 설정과 체계 수립을 과업으로 삼는 철학의 시선으로 인공지능 윤리를 바라보면 지금과는 다른 이야깃거리들이 생긴다. 우리는 기계 정글 속에서 무성히 자라난 '인공지능 윤리'라는 숲에 '학學' 자를 붙여 측량을 시도한다. 그러면 '인공지능 윤리학'은 윤리학의 한 분야가 된다. 이 말을 해명하기 위해 잠시 철학의 지도[3]를 살펴보자.

"진리가 너희를 자유케 하리라!"(「요한복음」 8장 32절)

---

[3] 철학에 대한 관점과 분류 기준에 따라 여러 분류법이 있을 수 있으나, 우리는 위의 그림이 다른 여러 논의를 수렴할 수 있는 범용적인 틀이라고 생각한다.

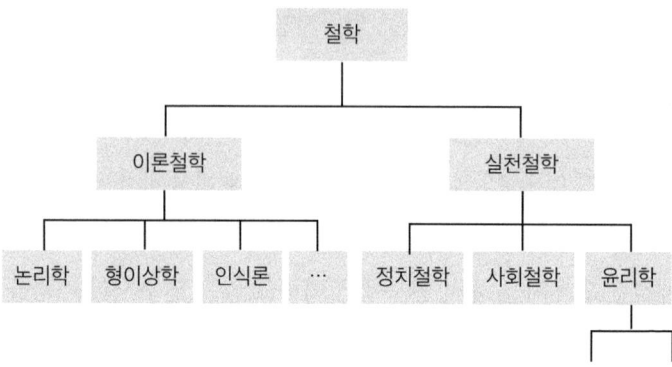

그림 1. 철학의 지도

　오래전 예수가 제자들에게 자신을 드러내기 위해 행한 이 가르침 속에는 이미 철학의 존재가 숨 쉬고 있었다. 진리는 앎, 논리, 지식에 관계하고, 자유는 삶과 실천, 의지와 도덕에 관계한다. 진리와 진리에 이르는 길, 달리 말해 앎과 앎에 이르는 길에 대한 탐구를 우리는 이론철학이라고 부르고, 이론철학에는 위에서 보듯 논리학, 형이상학, 인식론 등이 속해 있다.
　한편 자유는 삶과 삶의 방식을 의미한다. 자유는 인간이 살아가는 방식이기 때문이다. 옳음과 그름, 좋음과 싫음, 자유와 부자유, 억압과 고통, 행복에 대해 체계를 가지고 이야기를 풀어가는 것이 실천철학이다. 윤리학을 넓은 의미로 사용한다면 실천철학과 같은 말이 된다. 다른 한편 윤리학은 정치철학, 사회철학과 함께 실천철학 중의 하나로 자리매김되기도 한다. 데모크리토스의 망치를 든 우리는, 여기서는 후자의 입장을 견지하며 설명을 이어 가고자 한다.

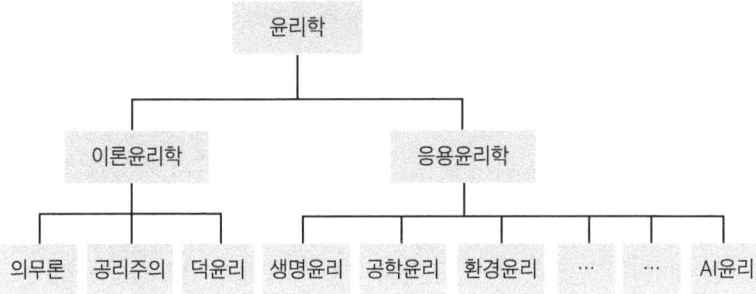

그림 2. 윤리학의 지도

　윤리학은 접근법과 대상이라는 두 가지 기준에 따라 분류될 수 있는데, 접근법에 따라 기술윤리학, 규범윤리학, 메타윤리학으로 구분되고, 천착하는 대상에 따라서는 위에서 보는 바와 같이 이론윤리학과 응용윤리학으로 나뉜다. 접근법에 따른 기술은 본문에서 간략하게 소개하기로 하고, 인공지능 윤리학의 자리 찾기가 목적인 지금은 대상에 따른 구분에 대해서만 잠시 설명한다.

　앞에서 철학이 이론철학과 실천철학으로 나뉜 것과 마찬가지로 윤리학은 이론윤리학과 실천윤리학으로 나뉜다. 한편 실천윤리학은 이론윤리학이 가다듬은 이론을 구체적인 사안에 적용한다는 뜻에서 응용윤리학이라고도 불린다. 이론윤리학의 탐구 대상은 말 그대로 윤리 이론이고, 응용윤리학의 대상은 삶에서 마주치는 윤리적인 이슈라고 할 수 있다. 그림에서 보듯, 응용윤리학의 대상은 생명, 환경, 공학, 기술, 음식 등 다양하다. 우리는 인공지능 윤리의 자리를 이곳에 마련해 주고자 한다. 그래서 '인공지능 윤리'에 윤리학이 발급한 명찰을 달아 주고 인공지능 현상이 빚어 내는 여러 이슈들을 윤리학의 이름으로 살펴보고자 한다.

이러한 배경에서 우리는 첫째, 앞에서 언급한 '윤리'와 '윤리학'의 순환 관계를 살펴보고, 윤리학이라는 철학의 특성을 살펴본다. 윤리학의 성격을 규정하는 방법은 족히 수십 가지는 될 것이다. 그 많은 길 중, 우리의 최종 목적지가 '인공지능 윤리학'4이라는 봉우리라는 점을 염두에 두고 윤리학이라는 큰 산의 어귀에 진입할 것이다. 윤리학에 대한 개략적인 설명 이후에 기술과 윤리의 관계를 살펴보는 길을 택할 것이다. 이는 윤리학과 기술의 관계를 살펴봄으로써 인공지능 윤리의 외부를 규정하는 전략이라 할 수 있다.

동양화가들은 종종 구름을 그려 달의 윤곽을 드러낸다烘雲托月. 우리의 첫 번째 발걸음이 홍운탁월 기법으로 인공지능 윤리의 실체에 에둘러 접근하였다면, 두 번째 발걸음에서는 우리가 그리고자 하는 달, 즉 인공지능 윤리 자체에 집중한다. 도대체 '인공지능 윤리'라는 것이 무엇인지, 그 정체를 밝히고자 시도한다.

이러한 이론적 디딤돌 위에서 우리는 비로소 현재 이슈가 되고 있는 '인공지능 윤리'의 여러 모습을 한데 펼쳐 놓고 조망한다. 인공지능 윤리에 조금이라도 관심이 있는 사람이라면 바로 이 작업이 좁은 의미의 '인공지능 윤리'라는 것을, 대부분의 인공지능 윤리 연구가 이 두 번째 발걸음에 집중하고 있다는 사실을 알 것이다.

---

4 다른 응용윤리들과의 위계를 생각하여 앞으로는 이를 '인공지능 윤리'로 칭하겠다. 그러나 이 말이 실상 의미하는 것은 '인공지능 윤리학'이라는 점을 생각하라!

우리의 하산 길은 인공지능과 관련된 미래의 법적 쟁점들로 향한다. 이는 규범학으로서의 윤리학이 갖고 있는 숨겨진 힘을 훔쳐볼 수 있는 기회가 될 것이다.

이렇듯 인공지능 윤리에 대한 우리의 모토는 '추상抽象에서 구상具象으로, 단면에서 입체로'이다. 꺼내 든 데모크리토스의 망치가 흉기가 되지 않기를 바란다. 그러나 요술 망치의 힘은 읽는 이의 마음에서 생동할 것이다.

차례

머리말 인공지능 윤리, 그리고 데모크리토스의 망치 · 5

1장 **'상식'의 윤리와 '윤리학'의 윤리**

   1. 윤리학이란? · 23

   2. 윤리에 대한 오해와 윤리학의 답변 · 26
      (1) 윤리는 우연의 산물이다? · 27
      (2) 윤리는 늘 상대적이다? · 30
      (3) 윤리는 강제적이고 금욕적이다? · 32
      (4) 윤리는 불이익을 가져다준다? · 35

2장 **인공지능 윤리와 기술의 긴장 관계**

   1. 기술과 윤리 논쟁 사이에 '숨어 있는' 기업 · 46

   2. 인공지능 관련 기업에서 '소비'되는 인공지능 윤리 · 49

   3. 질문의 전환: '윤리는 기술 발달을 저해하는가?'에서
      '도대체 왜 윤리는 기술의 발달을 저해하려고 하는가?'로 · 52

   4. 윤리가 소외된 기술의 모습 · 54

   5. 개발자나 기술만을 탓할 수 없는 이유 · 56

3장 인공지능 윤리의 정체

1. 인공지능 윤리는 누가 지키는 걸까? · 64
   - (1) 인공지능 윤리, 그 주체에 대한 혼란: 먼저 해결해야 할 문제들 · 64
   - (2) 인공지능 기술의 특성: 인공지능의 자율성 문제 · 69
   - (3) 인공지능 윤리 논의의 전개: 인공지능에 대한 우려에서 인간의 윤리로 · 78

2. 인간은 인공지능이 벌인 일을 다 책임질 수 있을까? · 87
   - (1) 누군가의 책임을 말하는 것 자체가 어렵다 · 88
   - (2) 인공지능을 시스템으로 이해할 때 인간의 책임 · 95
     - 1) 인공지능의 이해: 시스템으로서 인공지능 기술의 함의 · 96
     - 2) 데이터, 알고리즘 설계 및 학습과 인간 행위자 · 101
   - (3) 인공지능 기술, 책임자는 따로 있는가? · 108
     - 1) 인공지능 윤리는 모두의 윤리 · 110
     - 2) 책임에 대한 폭넓은 이해가 필요하다 · 116

4장 인공지능 윤리의 핵심 가치·개념 분석

1. 인공지능 윤리 원칙 현황 개괄 · 129

2. 인공지능 윤리의 핵심 원칙 및 가치 · 133
   - (1) 연구 방법과 범위 · 133
   - (2) 인간 가치 · 138
   - (3) 프라이버시 · 142
   - (4) 안전 · 146
   - (5) 투명성과 설명 가능성 · 150
   - (6) 공정성 · 156
   - (7) 책무성 · 160

3. 현실에서 복합적으로 드러나는 인공지능 윤리: 핀테크의 경우 · 166

4. 인공지능 윤리 원칙 및 권고: 국내외 주요 사례 • 174
　(1) 국외 주요 사례 • 175
　　1)「아실로마 인공지능 원칙」(2017) • 175
　　2) EU,「신뢰할 수 있는 인공지능을 위한 윤리 가이드라인」(2019) • 177
　　3) IEEE,「윤리적으로 조정된 설계」ver.2(2판, 2019) • 179
　　4) OECD,「인공지능 활용 원칙 권고」(2019) • 181
　　5) 로마 교황청,「AI 윤리를 위한 로마 콜」(2020) • 183
　　6) 유네스코의「인공지능 윤리 권고」(2021) • 185
　(2) 국내 주요 사례 • 187
　　1) 인공지능 윤리 기준(과학기술정보통신부, 2020) • 187
　　2) 국내 기술 기업의 사례 • 189

5. 생성형 인공지능과 인공지능 윤리 • 194
　(1) 생성형 인공지능이란 무엇인가? • 195
　(2) 생성형 인공지능의 윤리, 새로운 문제인가? • 196
　(3) 생성 AI의 윤리적 문제, 사례를 통해 알아보기 • 198

5장　인공지능 윤리론: 비판적으로 읽기

1. 보편성: 인공지능 윤리 논의 참여 주체의 다양성 문제 • 206

2. 구체성: 거시적, 추상적 원리 중심의 논의 • 209

3. 진실성: '윤리' 마케팅 • 211

4. 합목적성: 윤리의 제한적 이해 및 수단화 • 214

5. 자기목적성: 학술적 논의의 활성화 요청 • 221

6. 인공지능 윤리의 미래 • 224

6장 인공지능 규범학

1. 한국의 법 제도가 인공지능 윤리와 만났을 때 · 234
  (1) 21대 국회에 제출된 법률안 · 236
  (2) 정부가 제정한 인공지능 윤리기준과 실제의 적용: 이루다 사건 · 238
  (3) 이루다 사건 이후 법률안 · 240

2. 인공지능 규범학에서 바라본 인공지능 윤리 가치 · 247
  (1) 데이터, 개인정보, 프라이버시 · 247
  (2) 평등의 원리: 공정성과 불평등 해소 과제 · 255
  (3) 인공지능 로봇세 논의와 사회보장 · 259

3. 알고리즘과 법 · 264
  (1) 전제로서 디지털 신뢰의 구축 · 264
  (2) 알고크라시: 알고리즘과 민주적 정당성의 문제 · 271
  (3) 알고리즘과 행위조종의 문제 · 292

7장 나가는 말

1. 인공지능 윤리 논의의 과제 · 309

2. 인공지능 윤리학, 무엇이 되어야 할 것인가 · 312

참고문헌 · 318

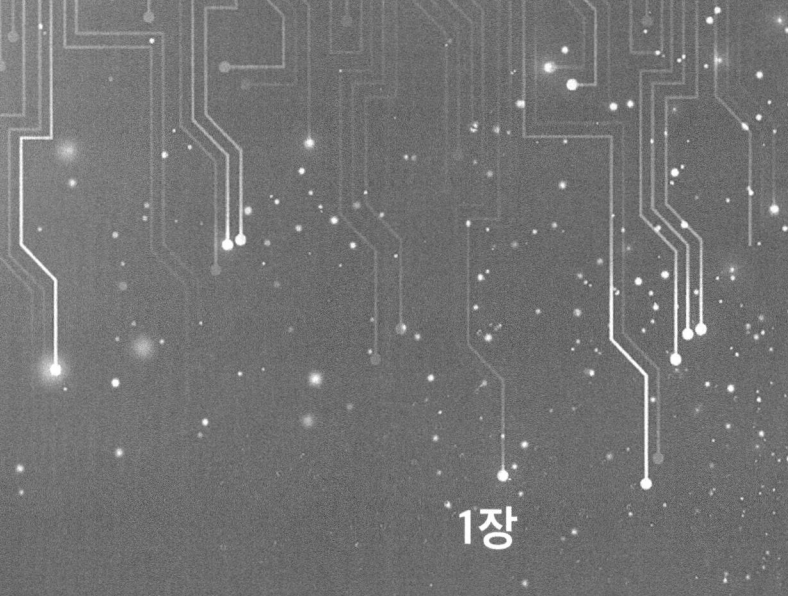

1장

'상식'의 윤리와
'윤리학'의 윤리

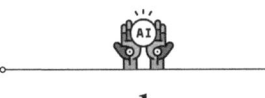

1

윤리학이란?

가치관의 차이는 다툼을 야기하기도 한다. '동성결혼은 허용되어야 하는가?', '존엄사는 허용되어야 하는가?', '인공임신중절은 허용되어야 하는가?', '동물의 권리를 위해서 육식을 금지해야 하는가?' 등의 질문은 우리의 가치관을 수면 위로 끌어올린다. 일상에서 만나게 되는 이러한 질문들에 대한 답, 그 답의 근거들은 조금 과장해서 말하면 인구의 수만큼이나 다양하다. 이러한 질문들에 우리의 지성이 노출되었을 때, 우리는 극심한 긴장과 갈등을 겪기도 한다.

이러한 긴장과 갈등의 발생을 매 순간 완전히 비켜 갈 수는 없지만, 그렇다고 이것을 방치한다면 우리는 끝이 보이지 않는 논쟁 속에서 서로를 헐뜯고 미워하게 될 수도 있으며, 종국에는 사회적 분열과 혼돈을 경험하게 될 수도 있다. 우리는 이러한 사실을 알기에 서로 간의 차이에 따른 긴장과 갈등을 해소하고 일정한 합의에 도달하고자 노력한다.

그런데 그와 같은 노력에 수반되어야 하는 것이 있다. 가령 누군가가 "존엄사는 허용되어야 한다."라는 주장을 한다고 해 보자. 그는 그와 반대 생각을 가진 상대방을 설득할 만한 합당한 이유를 제시할 수 있어야 한다. 그의 주장에 정확한 사실과 논리적인 근거가 뒷받침될 때 존엄사에 관한 논쟁은 비로소 합리성의 인도를 받아 진행되며 생산적인 결론에 도달할 수 있기 때문이다.

우리는 '윤리학Ethics'의 역할을 여기에서 찾는다. '철학의 한 분야'인 윤리학의 가장 중요한 역할을 다소 거칠게 요약하자면 선/악, 정의/불의, 행복/불행 등의 개념을 구별하고 가치 있는 삶의 기준을 규명해 내는 것이라 할 수 있다. 철학, 특별히 윤리학의 아버지 소크라테스는 철학의 궁극 목적을 '어떻게 살 것인가?'라는 문제를 해결하는 것이라고 말했다.[5] 그는 '잘산다는 것은 무엇인가?', 또 '어떻게 해야 잘살 수 있는가?' 등의 문제를 탐구하며 이를 통해 얻게 되는 지혜가 쌓임에 따라 그 탐구의 주체인 인간은 가치 있는 삶을 경험할 수 있다고 했다. 윤리학은 이러한 문제의 근거를 철학적으로 분석하고 그 결과를 논증적으로 제시한다.

한편 우리는 윤리학을 세 가지로 나누어 고찰하기도 한다. 첫째, 경험되는 것을 넘어서 모든 윤리적 행위자에게 적용할 수

---

[5] 루이스 포이만·제임스 피저, 박찬구·류지한·조현아·김상돈 옮김, 『윤리학: 옳고 그름의 발견』, 울력, 2010, 19쪽.

있는 보편적이고 절대적인 도덕적 표준과 원리 및 가치 등을 규명하고자 하는 규범윤리학Normative Ethics이 있다. 이것은 주로 '무엇이 옳은 행위인가?', '삶의 목적은 무엇인가?'라는 물음으로부터 바람직한 행위의 기준을 탐구하여 제시하는 것을 목표로 한다. 둘째, 도덕적 논의에 사용되는 용어들의 의미와 타당성을 분석하고, 도덕적 추리의 논리적 오류를 따져 보는 메타윤리학Meta Ethics이 있다. 마지막으로 개인이나 집단에 의해서 경험되는 도덕적 현상을 연구하는 기술윤리학Descriptive Ethics이 있다. 이것은 관행, 관습, 문화 등 현존하는 도덕 현상을 하나의 사실로 간주하여 설명한다.

일반적으로 윤리학 연구는 위의 세 분야를 모두 포괄한다. 윤리학자들은 윤리학 연구를 통해 궁극적으로 인간 행위 및 삶의 양식을 이해하고 가치 평가하는 데 기준이 될 수 있는 도덕원리 및 윤리 이론을 체계적으로 확립하고자 한다. 이런 점에서 우리는 윤리학 연구로부터 우리의 도덕적 주장을 뒷받침하거나 정당화하는 설득력 있는 근거Reason를 제공받을 수 있다. 우리의 도덕적 논쟁이 특정한 윤리학적 견해에 바탕을 둘 때, 우리는 (설령 잠정적이라고 할지라도) 일정한 합의에 도달할 가능성이 크다. 인공지능 윤리도 예외가 아니다.

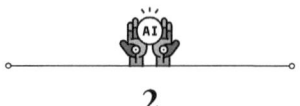

2

윤리에 대한 오해와 윤리학의 답변

윤리Ethics는 늘 우리 주변에 있지만, 우리의 지성은 그다지 윤리적이지 않다. 산소와 같이 익숙한 말 '윤리'는 윤리적 탐구의 대상이 아니기 때문이다. 이는 마치 모국어 사용자가 모국어의 문법에 익숙하지 않은 것과 마찬가지다. 한번 살펴보자.

'윤리'는 옛 그리스어 에토스Ethos에서 유래된 말이다. 에토스는 '어떤 사회나 민족을 특징짓는 특유의 관습이나 습관'을 뜻한다. 어원에서 암시되듯이 '현상'으로 나타나는 윤리는 각 사회나 문화마다 천차만별이다. 그렇기에 현상으로서의 윤리는 일정한 사회나 문화를 구성하고 있는 사람들과 그들이 처한 역사적 배경, 지리적 환경 등에 따라 다양한 사회 관습Social Customs 및 행위 판단의 기준이 되는 규범Norm으로서 우리 곁에 존재한다. 이 때문에 사람들은 흔히 다음과 같은 편견을 품는다.

"윤리란 그저 인간의 필요에 의해 발생된 사회적 장치 아니야?"
"윤리적 견해라는 것은 그저 한 사람의 개인적인 의견에 불과하지 않아?"
"주관적 견해인 윤리에 좋고 나쁨, 옳고 그름 등을 판별하려는 것은 불가능해. 아니, 그것은 애초에 잘못된 시도야."
"윤리는 언제나 우리 행동을 금하거나 제한하는 제약일 뿐이야."
"윤리적으로 산다는 것은 바보 같은 거야. 왜냐하면 현실을 보면 착한 사람이 늘 손해를 보거든."

하지만 이 같은 생각들은 윤리의 한 단면만을 바라보면서 윤리와 밀접하게 연관된 인간 삶의 본질을 간과하고 있다. 그러나 '윤리'라는 학문에 천착한 사람들의 지혜를 찬찬히 쫓아가 보면, 이러한 비판적 시각을 달랠 수 있는 여유를 갖게 된다.

(1) 윤리는 우연의 산물이다?

우리는 종종 '우리가 윤리라고 부르는 것은 각자의 필요에 의해 우연히 나타나게 된 계산적 이성의 산물'이라는 주장과 마주한다. 정말로 그럴까? 그 외의 의미는 없을까? 우리가 흔히 말하는 좋은 의미의 '윤리'적 삶은 그렇다면 허상에 불과한 것인가?

윤리적 삶, 즉 윤리와 관련된 삶은 크게 두 가지 의미로 이해된다. 좁은 의미의 윤리적 삶은 '인간이 그가 속한 사회의 관습이나 규범을 잘 따르며 살아가는 삶'으로 이해될 수 있다. 하지만 각자의 개성을 지닌 사람들로 이루어진 사회에는 언제나 긴장과 갈등이 존재한다. 그렇다고 갈등의 상태가 지속되는 것을 바람직하다고 할 수는 없다. 따라서 우리는 그 옛날 홉스T. Hobbes가 말했듯, 늘 상호 간의 긴장과 갈등을 해소하고 질서를 유지하기 위하여 서로의 행위 양식과 삶의 방식을 지도하고 통제해 줄 수 있는 사회 관습 및 규범으로서의 윤리를 요청한다. 하지만 모든 사람이 이러한 의미의 윤리적 삶을 잘 영위한다고 말할 수 없다. 예나 지금이나 사람들은 능력의 부족, 무지, 욕심, 이해관계 등에 따른 선택을 통해서 사회 관습과 규범에 위반되는 비윤리적Unethical 행위를 일삼기 때문이다.

한편 넓은 의미에서 윤리적 삶은 '도덕적 숙고와 가치 평가를 수행하며 살아가는 인간의 삶'으로 이해할 수 있다. 이러한 삶은 도덕적 분별 및 행위 수행 능력을 가리키는 '실천이성'을 지닌 인간에 의해서 영위되는 삶을 가리킨다. 해리 프랑크푸르트Harry G. Frankfurt에 따르면 인간은 동물과 공유하는 원초적 욕구 외에도 특별한 고차적 욕구를 갖는다.[6] 예컨대, 오늘날 우리가 추구하는 돈, 명예, 사랑, 가족생활, 신앙, 친애, 행복 등은 일정한 가치 평가가 담긴 고차원적인 욕구들이라 할 수 있다. 이러한 욕구는 한 사람의 삶을 일관되게 이끌어 주는 행위의 원천이자 삶의 목적이 된다. 따라서 고차적 욕구는 누군가의 고유한 정체성과 삶의 방식을 드러내 주는 것이다.[7] 동시에 이러한 고차적 욕구는 다른 동물과 구별되는 인간 존재의 본성과 능력을 보여 주

---

6 Frankfurt, H. G. "Freedom of the Will and the Concept of a Person." *The Journal of Philosophy*, vol. 68, no. 1, 1971, p. 6.

며, 또한 인간은 동물처럼 기계적으로 살아가지 않을뿐더러, 그렇게 살아갈 수 없는 존재임을 보여 준다. 그것은 인간의 이성이 가장 옳은 것, 가장 좋은 것, 혹은 가장 높은 것이라고 가치 평가한 대상이기 때문이다.

그런데 고차적 욕구를 만들어 내는 인간의 가치 평가가 언제나 의도적으로 이루어지는 것은 아니다. 많은 경우, 우리는 우리 자신이 좇고 있는 대상이 일정한 숙고를 거친 것임을 자각하지 못한다. 이 때문에 사람들은 자신의 삶이 윤리와 동떨어져 있다고 착각한다. 하지만 원초적 욕구에만 충실해서 살아가는 동물들과 대조적으로, 인간은 인생의 많은 부분을 가치를 담은 욕구를 실현하려 노력한다. 다시 말해, 인간은 원하든 원치 않든 언제나 가치 평가가 수반된 윤리적 차원에 서 있는 독특한 존재이다.[8] 인간은 결코 이러한 삶의 무대에 우연적으로나 선택적으로 서게 되는 것이 아니다. 이러한 차원은 인간이 인간으로서 본질적 삶을 영위하기 위해 필연적으로 요청되는 것이다. 이런 의미에서 인간 삶은 윤리와 필연적으로 연관되어 있다.

---

[7] Taylor, Charles. *Sources of the Self: The Making of the Modern Identity*, Cambridge, Mass.: Harvard University Press, 1989, pp. 16~21.

[8] Taylor, Charles. "Human agency and language." *Philosophical Papers*, 1, Cambridge: Cambridge University Press, 1985a, pp. 15~16.

(2) 윤리는 늘 상대적이다?

과거 우리나라에서는 성씨와 본관이 같은 동성동본同姓同本끼리는 결혼할 수 없었다. 조선 초기부터 관습으로 금지되어 오던 동성동본 간 결혼은, 20세기 중후반부터는 법적으로 규제받기도 했다. 그러나 1997년 헌법재판소가 이러한 규제에 대해 헌법 불일치 결정을 내린 이후로 이러한 규제는 폐지되었고, 더 이상 법적으로 문제가 되지 않는다. 그러나 사촌 간 혼인은 법적으로 금지될 뿐 아니라, 많은 사람이 이를 비윤리적인 것으로 간주한다. 이와는 달리 이슬람교 국가에서는 사촌 간의 결혼이 하나의 자연스러운 관습으로 받아들여지고 있으며, 대부분 아무런 문제도 삼지 않는다.

이처럼 시대와 문화에 따라 사회 관습이자 우리의 행위를 안내하는 규범으로서의 윤리는 다르게 드러난다. 이 때문에 사람들은 자연스레 '윤리는 상대적인 것'이라고 판단해 버린다. 이것은 윤리에 대한 두 번째 상식적인 오해라 할 수 있다.

하지만 과연 윤리에서 보편성을 찾을 수는 없을까? 인간이 사는 곳에 사회 관습과 규범이 없는 경우는 없다. 윤리는 도덕적 가치 평가를 수행할 수 있는 인간들에 의해 형성되고 유지된다. 즉, 어떤 삶이 더 옳은지, 더 좋은지, 더 고귀한지를 평가하는 과정에서 우리는 우리 자신의 행위를 지도하고 규제하는 윤리를 만들어 내기도 하고 수정하기도 한다. 이런 맥락에서 인간 삶에 윤리는 보편적으로 존재한다고 할 수 있다(그러나 이는 보편적 윤리가 존재한다는 것과는 다르다!).

그런데 앞에서 제시한 예에 의지하여 우연성과 상대성을 윤리의 가장 본질적인 속성으로 간주하는 태도, 즉 모든 사람, 모든 장소에 적용될 수 있는 보편적이고 절대적인 도덕원리나 가치가 존재할 수 없다고 보는 태도를 '윤리적 상대주의'라고 한다. 많은 사람들이 윤리적 상대주의 입장을 취하게 되는 이유는 구체적인 관습, 규범, 규율, 원칙, 제도 등으로 현실에서 경험되는 윤리적 현상을 윤리의 모든 것이라고 판단하기 때문이다.

하지만 겉으로 드러나는 현상들은 다양하여 서로 다르게 보일지라도, 그 안에 담긴 윤리적 원리와 가치는 공통적일 수 있다. 예를 들어, 문화인류학자인 클로드 레비-스트로스Claude Lévi-Strauss는 저서 『슬픈 열대Trister Tropiques』에서 중대한 일탈을 저지른 사람이 나타났을 때 사회집단은 풍습에 따라 각기 상이하게 대처한다는 사실을 언급한다. 이를테면 식인 풍습이 남아 있는 사회에서는 일탈자의 악한 기운을 제거하거나 일탈자를 친사회적으로 변모시키는 최선의 방법이 자신들의 육체 속으로 빨아들이는 것이라 믿고 잡아먹는 반면, 근대화된 서구 사회에서는 일탈자를 일정 기간 동안 혹은 영원히 사회에서 추방하는 것이 가장 좋은 형벌이라고 판단하여 특별히 고안한 시설에 가두어 모든 접촉을 금한다는 것이다. 이처럼 범죄자를 '잡아먹는 것'과 '감금하고 사형하는 것'은 전혀 달라 보이는 현상이라 할 수 있지만, 이러한 현상들이 나타나게 된 근본적 이유는 각 사회가 공통적으로 인간 사회의 질서와 안녕을 최우선의 가치로 존중하고 유지하고자 했기 때문이라 할 수 있다.[9]

이런 점에서 다양한 모습으로 현존하는 윤리적 현상들과 이들을 발생시킨 윤리적 근본 원리를 구분할 수 있어야 한다. 즉, 윤리의 개념이 '현상으로서의 윤리'와 '근본 원리로서의 윤리'와 같이 두 가지 차원으로 분류될 수 있음을 이해해야 한다.

오늘날 우리는 다양한 문화들이 서로 만나 자연스레 섞이기도 하고 충돌하기도 하는 시대를 살고 있다. 이러한 시대에 각 사회나 문화의 윤리적 현상을 있는 그대로만 바라본다면 그 안에 담긴 공통 가치 및 원리를 오해하거나 놓칠 수 있다. 한편, 예로부터 윤리학자들은 다양한 현상 밑바탕에 놓여 있는 절대적이고 보편적인 근본 원리로서의 윤리를 밝혀 이론적으로 정당화하고자 했다. 한때 이러한 시도는 윤리를 추상적이고 사변적인 차원에만 머무르게 함으로써 현실적 문제를 외면한다는 비판을 받기도 했다. 하지만 현존하는 문화적 긴장과 갈등을 해소하고 더 나은 방향으로 나아가기 위해서는 가치 평가의 기준이 될 수 있는 근본 원리를 이해하는 것이 선행되어야 한다.

(3) 윤리는 강제적이고 금욕적이다?

윤리가 가진 가장 불행한 오명은 '금지 묶음'이라는 것이다. 윤리는 우리에게 늘 강제적이고 금욕적이기만 할까? 앞에서도 언급했듯 윤리는 사회구성원들에게 일련의 행위 양식과 삶의 방식을 안내하는 규범이다. 그렇기에 윤리는 법과는 성격이 다르

---

9 C. 레비-스트로스, 박옥줄 옮김, 『슬픈 열대』, 한길사, 2020, 695~697쪽.

다. 법규범을 위반했을 때 우리는 물리적, 신체적 제약을 받게 된다. 반면에 윤리를 위반했을 경우, 사회구성원으로부터 도덕적 비난을 받을 수는 있겠지만 그 이상의 강제적 제재를 받지는 않는다. 윤리란 구성원들의 자율적인 판단과 결정에 의해서 자발적으로 준수되기를 요청받는 근본 규범이기 때문이다.

그럼에도 적지 않은 사람들이 이러한 윤리를 단순히 개인과 집단의 자유를 가로막는 강요, 제약, 간섭, 억압 등과 동일시한다. 이는 많은 사람이 자유의 의미를 단순히 '외부적인 구속이나 무엇에 얽매이지 아니하고 자기 마음대로 할 수 있는 상태'[10]로만 해석하기 때문으로 생각된다. 보통 '무엇을 해야 한다.' 혹은 '무엇을 해서는 안 된다.'와 같이 당위 명제로 표현되는 윤리적 언명들이 많은 경우 인간의 본능(욕구)을 억누르거나 금지하기를 요청하는 것은 사실이다. 예를 들면 '도둑질하지 마라.', '거짓말하지 마라.', '약속은 지켜야 한다.', '사회적 약자를 도와야 한다.' 등이 대표적인 윤리적 언명들이다. 이런 까닭에 자유의 가치를 최고로 여기는 오늘날 사람들은 윤리의 금욕적 특성을 불편하게 여기고, 심지어는 윤리 자체의 필요성에 의문을 품기도 한다.

하지만 자유의 의미에 대해서 더 생각해 볼 필요가 있다. 전통 윤리학의 견해에 따르면 윤리는 다름 아닌 자유롭고 합리적인 인간의 고유한 본성으로부터 기인하는 것이다. 예로부터 윤리학자들은 인간과 다른 자연 존재와의 차이점에 주목해 왔다. 가

---

10 네이버 국어사전, https://ko.dict.naver.com/#/entry/koko/c35cb8c05b36448781c64c89309ecd11

령 동물, 식물 등은 본래 자연으로부터 주어진 운동법칙대로 기계적으로 움직인다는 점에서 자유롭지 못하지만, 인간의 의지와 이성은 물리적 인과법칙의 직접적인 구속으로부터 자유롭다는 의미에서 인간은 본질적으로 자유로운 존재라는 것이다.

이 때문에 아리스토텔레스, 칸트와 같은 철학자는 인간만의 고유성을 '인간은 삶의 질서를 가져다주는 도덕원리를 실천이성으로써 인식하고 그에 맞춰 자발적으로 자신의 욕구를 조정하고 다스리는 존재'라고 설명한다. 이처럼 그들은 공통적으로 바람직한 행위를 분별하여 실천할 수 있는 능력이 모든 인간에 내재해 있다고 본다. 이러한 이해에 따르면, 인간은 자유로운 의지대로 바람직한 행위를 실천할 수도 있지만, 반대로 자신의 의지로 바람직하지 못한 행위를 범할 수도 있는 '의지적 존재'이다. 그들은 자유를 단순히 외부의 구속이나 간섭이 부재한 상태로 보기보다는, 인간이 고유한 본성을 적극적으로 발휘하는 과정 및 성취로 여긴다.[11] 이것이 윤리적 의미에서의 자유 혹은 자율이다.

이처럼 윤리학자들이 말하는 자유는 개인의 자율적인 도덕적 판단 및 실천과 연관된다. 그렇다면 윤리적 삶을 영위한다는 것은 강요받고 억압된 삶과는 거리가 먼, 그 자체로 자유로운 삶이라고 할 수 있다. 이러한 삶은 우리 각자가 누구의 도움을

---

[11] 영국의 철학자 이사야 벌린(Isaiah Berlin)은 자유의 개념을 두 가지로 구분했다. 첫째는 외부로부터 그 어떤 물리적·법적 구속이나 강요를 받지 않는 해방된 상태를 뜻하는 소극적 자유이고, 둘째는 주체가 자신의 본성을 실현하기 위하여 자기 지도, 자기 통제하는 것을 뜻하는 적극적 자유이다. 이사야 벌린, 박동천 옮김, 『(이사야 벌린의) 자유론』, 아카넷, 2014, 344~368쪽.

받지 않고 사회 관습이나 규범의 타당성을 스스로 깨달아 그에 맞추어 자발적으로 자기 자신을 지도하고 발전해 나가는 삶을 의미한다. 이런 맥락에서 볼 때, 윤리를 단순히 강제적이고 금욕적으로 바라보는 견해는 인간의 자유롭고 자율적인 본성과 윤리의 특성을 피상적이고 협소하게 이해한 결과가 아닐까 한다.

(4) 윤리는 불이익을 가져다준다?

많은 사람은 자신의 상황과 이득에 따라 행위 판단의 기준으로 존재하는 규범을 준수할 수도, 위반할 수도 있다고 생각한다. 또 이들 중 많은 사람이, 윤리적으로 살아가는 것이 이득보다는 손해를 가져다준다고 믿는다. 앞에서 말했듯 인간은 누구나 도덕적 숙고와 가치 평가를 하며 살아간다는 의미에서 윤리와 관계하고 있다.

어떤 사람이 사회 관습이나 규칙을 어기면서까지 자기 이득, 자기 행복만을 추구하기로 결정했다고 가정해 보자. 그의 결정은 그가 사회질서, 정의, 공공선公共善, 친애, 유대감 등 다른 어떤 대상들보다도 자기 이득, 자기 행복을 가장 가치 있게 평가한 결과라고 볼 수 있다. 따라서 사회 관습과 규칙을 위반하기로 결정할 수 있는 그는 윤리적 행위자이다.

그런데 정말로 공공선과 같은 윤리적 가치를 따르며 살 때 우리는 그렇지 않을 때보다 손해를 보며 살게 될까? A와 B 두 사업가가 계약을 맺었다고 해 보자. 의무감이 강한 A는 계약대로 사업을 꾸려 나간다. 그러나 그 무엇보다도 자신의 이득이 더 중요한 B는 계약을 위반해서라도 자기 이득에 도움이 되는 방식으로 사업을 꾸려 나간다. 말하자면, B는 이따금 A에게 거짓말을 하면서 계약을 불이행한다. 시간이 흘러 A는 이 계약과 관련하여 별다른 소득을 얻지 못했고, B는 계약 이전에 비해서 사업소득이 크게 늘었다고 해 보자(B의 소득의 절반은 A의 몫이라고 볼 수도 있다).

이런 경우, 일반적으로 우리는 계약을 충실히 이행한 A를 윤리적이라고 평가하는 반면, 상대방을 기만하고 약속을 무시한 B를 비윤리적이라고 평가할 수 있을 것이다. 하지만, '경제적 이득'의 측면에서 봤을 때, 윤리적인 A보다 비윤리적인 B가 훨씬 합리적인 선택을 했다고 평가할 수 있다. 이것은 가상의 사례일 뿐이지만 실제 현실에서도 규칙을 준수하는 사람들은 금전적, 정신적 손해를 보는 반면, 그 반대의 사람들은 이득을 보는 경우가 허다하다. 이 때문에 윤리는 언제나 우리에게 이익보다는 손해를 가져다준다는 뭇사람들의 주장이 일견 타당해 보인다.

그러나 만일 모든 개인이 B와 같이 사회적 신뢰와 약속을 무시하고 오로지 자기 이득, 자기 행복만을 추구한다고 상상해 보자. 이기적인 각자는 자기가 원하는 대로 행복한 삶을 살 수 있을까? A를 속이면서까지 본인의 이득만을 추구하는 B는 계속해서 승승장구할 수 있을까? 이러한 가정 아래서는 A도 B를 속일 수 있을 것이고, 제3의 인물도 A, B를 속일 수 있을 것이다. 어느 누구도 이익과 행복을 안정적으로 얻지 못할 것이다.

굳이 이런 상황을 전제하지 않더라도, B의 기만이 알려지는 순간 B는 A를 비롯하여 동종 업계 사람들로부터 신뢰를 잃게 될 것이다. 그렇게 되면 B는 더 이상 자신의 사업을 유지하기 어렵게 될 것이다. 현실적으로, 신뢰할 수 없는 사람과는 그 누구도 사업 파트너가 되려 하지 않기 때문이다. '엎지른 물은 다시 담을 수 없다.'라는 말이 있듯이, 한번 깨져 버린 신뢰는 쉽게 회복되지 않는다. 이런 점에서 A를 기만한 B는 단기적 이익을 얻을 수 있을지는 모르지만, 장기적으로 봤을 때 손해를 볼 가능성이 있다.

오히려 '윤리적 가치와 지침을 따르는 삶은 우리에게 이득을 준다.'는 말도 일리가 있다. 사회 관습과 규범이 없는 상태는 무질서와 혼돈을 낳는다. 잘 알고 있듯이 홉스는 지극히 이기적이면서 동시에 (자기 이득을 산출하는 계산 능력이 뛰어나다는 의미에서) 합리적인 인간에게 행위 판단의 기준으로서의 윤리가 없다면 인간 사회는 '만인의 만인에 대한 투쟁 상태'와 다를 것이 없다고 주장한다.[12] 실제로 타인과 사회에 대한 고려 없이 자신의 이득만을 추구하는 우리가 완전한 무규범, 무질서 속에 놓인다면, 우리는 단순히 금전적·정신적 손해를 얻는 것을 넘어서, 각자의 생명과 최소한의 안전마저 보장받기 어려워질 것이다. 그러므로 윤리는 최소한 나의 생명과 안전을 보호받기 위해서라도 요청된다고 할 수 있다.

나아가 윤리는 생명과 안전이라는 최소한의 이득을 넘어 우리에게 '행복한 삶'을 가져다줄 수 있다. 앞서 살펴본 것처럼 인

---

[12] 토머스 홉스, 최공웅·최진원 옮김, 『리바이어던』, 동서문화사, 2020, 131쪽.

간은 원초적 욕구만을 지닌 다른 자연 존재와는 다르게 인간적 욕구를 지닌다. 인간은 다양한 고차적 욕구를 실현해 가면서 성장하고, 기쁨이 충만한 행복한 삶을 누릴 수 있는 잠재적 소질을 가지고 있다. 도덕적 자유의지와 실천이성 같은 인간의 도덕적 소질을 개발하고 실천할 때 '좋은 삶Good Life'[13]을 살 수 있다는 아리스토텔레스의 주장은 일견 고리타분해 보여도 조금만 생각해 보면 설득력이 있음을 알 수 있다.

그런데, 인간의 고차적 욕구는 인간이 무리를 지어 살기 때문에 발생한다. 예를 들면 사랑, 친애와 같은 욕구는 인간의 일반적 욕구라고 할 수 있는데, 이것들은 나 이외에 타인이 존재할 때 의미가 있다. 이런 점에서 타인과 사회는 행복한 삶을 실현하는 데 필요조건이라 할 수 있다.

그러므로 우리는 각자의 본성을 잘 발휘하여 나와 타인의 욕구를 조화롭게 실현하기 위해 '무엇을 행해야 할지', '어떻게 살아야 할지' 등의 문제에 대해 숙고하고, 해답을 찾아 실천해 나가야 한다. 우리가 경험할 수 있는 사회 관습, 행위 지침, 가치로서의 윤리는 결국 사회를 이루는 개인들의 도덕적 숙고와 합의, 실천을 통해 확립된 결과물이다. 이런 맥락에서 윤리란 특정한 누군가를 위한 것이라기보다는 무리 지어 살아가는 모두에게 행복한 삶이라는 고차원적 이익을 주는 길잡이와 같은 것이다.

지금까지 일상에서 흔히 접하게 되는 윤리를 둘러싼 선입견과 오해에 대해 알아보았다. 그리고 '인간은 어째서 윤리와 함께

---

[13] 아리스토텔레스, 이창우·김재홍·강상진 옮김, 『니코마코스 윤리학』, 이제이북스, 2007, 1097a15~1098b9쪽.

할 수밖에 없는지', 또 '윤리는 인간에게 어떻게 이득을 가져다 줄 수 있는지'에 대해 이야기해 보았다. 다음 장에서는 인공지능 시대를 살고 있는 우리가 꼭 집고 넘어가야 할 윤리에 대한 비판적인 견해, 윤리는 기술 발전에 저해가 된다는 입장에 대해 입체적이고 면밀하게 검토해 보고자 한다.

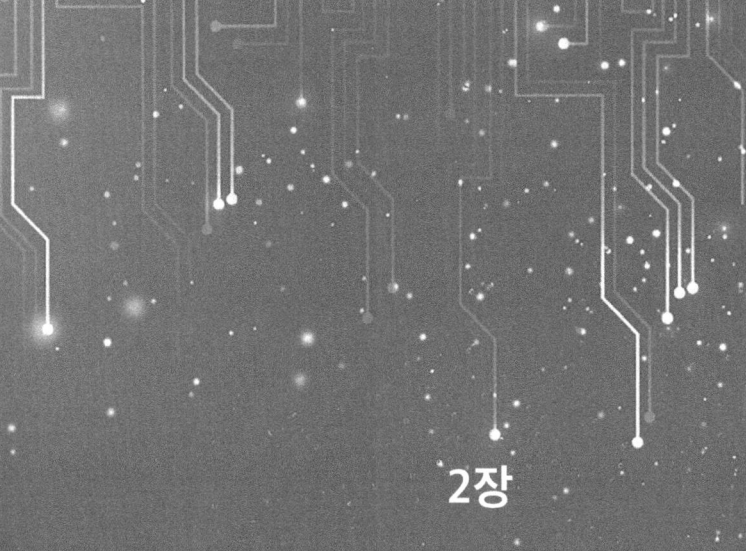

2장

인공지능 윤리와 기술의 긴장 관계

사람에게 윤리란 무엇일까? 우리 주변의 사람들이 갖고 있는 윤리에 대한 이미지는 어떠할까? 아마도 많은 사람들이 윤리를 고리타분한 것으로 여길 것이다. 또 문화마다 다르거나 개인마다 다른 주관적 감정이라고 생각할 수도 있고, 윤리적인 사람이 되기 위해서는 자신의 이익을 포기해야 한다고 생각할 수도 있다. 나이 든 세대는 국민윤리 수업 시간을 떠올리며 손사래를 칠 수도 있다. 그 수많은 이야기들을 몇 줄로 정리할 수는 없지만, 우리가 통상 가지고 있는 윤리에 대한 이미지는 썩 좋은 것 같지 않다.

 그렇다면 윤리가 없는 세상은 어떨까? 윤리에 그리 호의적이지 않은 사람들조차도, 윤리가 없는 세상에 살고 싶어 하지는 않을 것이다. 설사 내가 윤리적이지는 않더라도, 다른 사람들이 윤리적일 때 내가 조금은 더 안전할 수 있기 때문이다.

 그렇다면 기술이 환경이 된 오늘날, 윤리는 과연 무엇일까?

기술은 거부하기에는 너무나 매력적이다. 기술이 제공하는 편리함에 익숙해져서, 기계의 오작동은 불편함을 넘어 분노를 일으키기도 한다. 인간과 기술은 이제 단지 연결된 상태를 넘어 친밀한 관계를 맺고 있다. 기술을 우리 삶에서 분리해 내는 것은 돌솥비빔밥에서 계란 노른자를 골라내는 것만큼이나 어렵다.

이러한 상황에서 새롭게 등장하는 첨단 기술들이 초래할지도 모르는 여러 사회윤리적 문제들을 최소화하기 위해 각 분야에서 많은 노력을 시도하고 있다. 첨단기술로 인한 폐해를 완화할 수 있는 보호막으로 재조명받는 윤리를 사람들은 어떻게 바라볼까? 윤리는 기술의 발전을 저해하기만 하는 천덕꾸러기와 같은 것인가? 아니면 좀 더 나은 사회를 위해서 그나마 윤리에 한 줄기 희망을 걸어도 되는 것일까? '좀 더 나은 사회'라는 거대한 이름은 뒤로하고, 그냥 내가 좀 더 안전하게 살아가는 데 윤리가 기여할 수 있는 부분이 있지 않을까? 아니면 윤리학자들이 기술에 대한 이해의 부족이나 현실을 보지 않고 순진하게 윤리 원칙들만 나열하고 있는 건 아닌가? 이제 우리의 관심과 논의의 폭을 '인공지능 윤리'로 좁혀 보자.

인공지능 윤리에 대한 논의는 매우 활발하게 진행되고 있다. 기업, 정부, 학계, 시민단체, 종교계 등에서는 2022년 4월 현재까지 인공지능 윤리 가이드라인이나 윤리 원칙을 167개나 발표했다.[14] 시간이 지날수록 그 수는 점차 늘어날 것으로 예상된다. 한편에서는 기술 자본 거대 기업들이 적극적으로 인공지

---

[14] "AI Ethics Guidelines Global Inventory." *Algorithm Watch*, 2020, https://inventory.algorithmwatch.org/ (최종검색일 2022.4.21.)

능 윤리 가이드라인을 발표하는 현상에 대해 '윤리 세탁Ethichs Washing'15이라는 이름의 의심의 눈초리를 보이고 있고, 또 다른 한편에서는 인공지능 윤리 가이드라인의 효용성에 의구심을 표명하고, 더 나아가 인공지능 윤리를 강하게 비판하기도 한다. 윤리 세탁과 윤리 때리기Ethics Bashing16는 인공지능 윤리 비판의 첨병 역할을 하고 있다.

　인공지능 윤리는 모두에게 이로운 기술의 방향을 제시할 수 있는 나침반과 같은 존재인가? 아니면 한창 발전하고 있는 기술의 발목을 붙잡는 성가신 존재일까? 이 장에서 우리는 '인공지능 윤리'가 기술과 긴장 관계를 형성하고 있는지, 현재 인공지능 관련 기업들이 서로 앞다투어 제시하는 인공지능 윤리의 의미는 무엇인지, 기술이 우리의 삶에 많은 영향을 미치고 있는 오늘날 인공지능 윤리의 역할은 무엇인지에 대해 살펴보고자 한다.

15　Bietti, Elettra. "From Ethics Washing to Ethics Bashing: A View on Tech Ethics from Within Moral Philosophy." *Proceedings of the 2020 Conference on Fairness, Accountability, and Transparency*, 2020.

16　Bietti, Elettra. 위의 글.

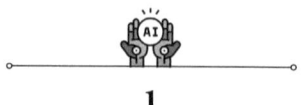

1
기술과 윤리 논쟁 사이에 '숨어 있는' 기업

　기술과 윤리의 관계에 대한 설명은 다양한 입장에서 시도되고 있다. 윤리는 이인삼각 경기를 하듯이 기술 개발의 시작부터 함께 논의되어야 한다는 관점과 윤리가 기술의 발달을 저해한다는 관점이 이루는 대척점은 그 대표적인 예를 선명하게 보여 준다. 전자는 주로 기술에 대하여 비판적인 입장을 취하는 윤리학자들의 경우이고, 후자는 주로 기업의 입장이나 개발자들의 주장일 경우가 많다.

　우리 사회에 나타나는 특이한 현상 가운데 하나는, 윤리가 기술 발달에 저해된다는 담론을 생산하는 주체가 기업가들과 개발자들만은 아니라는 것이다. 기업가나 개발자가 아닌데도, 윤리가 도외시된 기술로 인하여 피해를 입을 가능성이 있는데도 윤리가 기술 발전의 발목을 잡는다고 생각하는 사람들이 있다.

왜 그럴까?

그들은 아마도, 기술이 우리 사회에 가져다주는 이익이 다른 정신문화 가치가 주는 이익에 비해 월등히 크다고 생각하는 것 같다. 이렇게 생각하는 여러 이유 가운데 하나는, 우리가 오래전부터 과학기술을 상업화[17]하여 경제를 성장시켰고 그로 인해 삶의 질이 향상된 것을 직접 경험했기 때문이 아닐까 한다.

우리나라는 기술 후발국으로서 선진국들의 과학기술을 수입하고 모방하고 개선해 가면서 경제 발전과 기술 발전을 꾀하는 추격자 모델을 특징으로 발전하였다.[18] 과학을 상업화함으로써 국가의 경제를 발전시키려 했던 노력은 기술 발달 과정에서 고려해야 할 많은 것들을 눈감아 주었다. 기술 발달에 따른 위험 요소들, 사고 예방을 위한 안전장치나 연구 윤리에 대한 문제들, 전문가의 독립성과 자율성 같은 중요한 가치들은 기술 발달로 국가경제에 기여해야 한다는 당시의 사회적 분위기에 희생되었다.[19]

이러한 희생으로 이룬 국가 발전의 이면에는 많은 상흔들이 존재한다. 그러나 당시의 이러한 사회적 분위기에서는 기업이 살아야 국가가 살고, 그래야 모든 국민에게 이득이 된다는 의미로 확대되기도 했다.

이러한 의미에서 '기술과 윤리'의 관계에 대한 논의는 실제로

---

17 과학기술의 상업화에 대한 내용은 손화철 교수의 『호모 파베르의 미래』, 아카넷, 2020, 10장을 참조하라.
18 손화철, 위의 책, 361쪽.
19 손화철, 위의 책, 362쪽.

'기술-(기업)-윤리'의 논의와 다름없다. 따라서 이 기술-윤리 긴장 관계의 표면에 드러나지 않는 기업과 자본의 존재를 인식하는 것이 중요하다. 이 긴장 관계의 이면에 숨어 있는 기업은 윤리와 어떤 관계를 맺고 있을까? '인공지능 기술'과 '인공지능 윤리'의 관계를 살펴보기에 앞서 '인공지능 관련 기업'과 '인공지능 윤리'가 어떠한 관계를 맺고 있는지 살펴보자.

2

인공지능 관련 기업에서 '소비'되는 인공지능 윤리

ESGEnvironmental, Social and Governance라는 기업 운영의 새로운 가치 덕목이 이윤 추구가 기업의 본질적 가치라는 전통적인 분위기에 어느 정도의 반향을 불러일으킨 것은 사실이다. 하지만 윤리적인 기업이 되기 위해서는 기업이 어느 정도의 이윤을 포기해야만 하며, 윤리가 기술 발달의 발목을 잡는다는 주장은 (다수는 아닐지라도) 여전하다.

그런데 이러한 주장과는 다른 현상이 인공지능 윤리와 관련해서 나타나고 있다. 학계, 정부, 종교계, 국제기구들이 인공지능 기술이 초래할 문제들에 대한 우려를 표하면서 이를 대비할 방책에 대해 각각 입장을 표명하고 있다. 예컨대 구글이나 마이크로소프트 같은 해외 기업과 네이버, 카카오, CJ 같은 국내 기업이 인공지능 윤리 원칙이나 권고안 등을 매년 발표한다.

이러한 움직임의 주변에는 환영의 목소리와 의심의 눈초리가 공존한다. 각 기업들의 윤리 원칙 제작 및 공개의 배경에는 인공지능 기술로 인해 발생할 문제를 기업 내 문화 개선과 이해 당사자들의 자율적 자각으로 미연에 방지할 수 있다는 기대가 담겨 있다. 이 기대는 환영의 목소리를 자아낸다. 하지만 실제로는 개별 기업이나 국가의 산업적·경제적 이익을 증진하려는 목적만이 최우선시되는 것은 아닌지, 그 저의에 대한 의구심도 든다.

인공지능에 대한 논의는 주로 법제화하기 어려운 부분을 윤리 권고안에 따른 '자율 규제'로 대체하려는 경향이 두드러진다. 이는 윤리를 법이나 제도와는 분리된 별개의 수단 또는 절차나 의례로 단순화·형식화하려는 발상이자 시도이다. 그러나 이 같은 발상과 시도가 인간 사회와 공존 가능한 인공지능 기술을 사회에 기여하는 방향으로 이끌 수 있는지 아직은 확신이 들지 않는다. 오히려 기업이 기술을 신속하게 상품화하는 데 필요한 형식적인 통과의례로서 인공지능 윤리 개념이 소비되고 있는 형국에 아쉬움이 크다.

인공지능에 관한 '윤리적' 논의가 인공지능 윤리 개념의 외연과 함축을 협소화하고 그 개념을 한낱 수단이나 장식으로 전락하게 하는 역설적인 상황이 벌어지고 있는 것은 아닐까?[20] 이러한 인공지능 윤리 논의는, 실제로는 인공지능이 야기하는 사회적·윤리적 문제들로부터 기업이 그 책임을 회피하는 데, 나

---

[20] 허유선·이연희·심지원, 「왜 윤리인가: 현대 인공지능 윤리 논의의 조망, 그 특징과 한계」, 『인간.환경.미래』, no. 24, 인제대학교 인간환경미래연구원, 2020, 165쪽.

아가 책임의 면제를 당당하게 요구하는 데 기여할 수도 있다. 인공지능 윤리 논의의 양적인 증가는, 기업과 같은 이해관계자 Stakeholders가 수많은 인공지능 윤리 원칙들을 파는 시장에서 가장 매력적인 윤리 원칙 하나를 구입하는 일처럼 될 위험을 이야기한다. 선언적으로 제시한 윤리 원칙 및 권고안이 기업에서 실제로 이행되게끔 관리·감독할 수 있는 구속력 있는 규제로 이어지지 않는 한, 의심을 진정시킬 다른 방책을 찾기는 어려울 것이다.

이제 논의의 주안점은 '좋은 기업이 마련한 좋은 윤리 원칙'에서 그 윤리 논의가 단지 '윤리 세탁'의 수단이 되지 않도록 경계할 수 있는 실질적 장치 개발로 옮겨 가야 한다. 이러한 상황에서 인공지능 윤리 논의의 증대가 일종의 윤리 시장The Ethics Market으로 이어질 수 있다는 플로리디L. Floridi의 경고는 경종을 울린다.

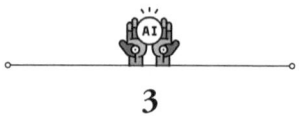

3

질문의 전환:
'윤리는 기술 발달을 저해하는가?'에서
'도대체 왜 윤리는 기술의 발달을
저해하려고 하는가?'로

 윤리가 인공지능 기술 발전에 장애물 역할을 한다는 기업가들의 입장에 대해서 윤리학자들은 윤리가 왜 필요한지, 왜 중요한지 많은 설명을 제시하고 있다. 윤리가 인공지능 기술의 발전에 장애가 된다기보다, 인공지능 윤리는 기술이 나아가야 할 지향점을 제시할 수 있다는 것이 그들 주장의 핵심이다.

 하지만 설명과 답변의 우선적 책임은 윤리학자에게만 부과되어야만 하는가? 공평한 입장에서—비록 현실적으로 일어날 일은 거의 없지만—윤리학자들이 기술 개발자나 기업가들에게 질문하고 그들의 답변을 요구해 보면 어떨까? 그들의 질문 형식을 그대로 빌려와 "윤리가 도대체 왜 기술의 발목을 잡았을까?", "도대체 기술이 어떠했기에 윤리학자들이 그렇게 기술의 발목을 잡는 걸까?"라고 물어보면 어떤 답이 돌아올까?

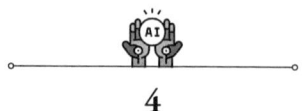

4

윤리가 소외된 기술의 모습

더 나아가 윤리 없는 기술의 모습은 어떠했는지, 그리고 어떠할지에 대해서 질문해 보면 어떨까? 아마도 윤리의 역할과 의미는 윤리가 없는 사회를 상상했을 때 가장 명확해질 수도 있다. 기술이 환경이 되어 가는 기술 시대에서 윤리의 존재 가치는 점차 약해지고 작아지는 것처럼 보인다. 그러나! 2021년 1월 미디어를 뜨겁게 달군 '이루다' 사건은 우리의 선입견에 큰 허점이 있음을 지적하기에 충분했다.

이루다[21]는 이른바 감정 분석 서비스 애플리케이션 '연애의 과학'에서 무려 100억 건의 연인 간 대화 데이터를 확보하여 그 가운데 1억 건 정도의 데이터를 기반으로 학습했고, 2020년 12

---

21 이루다 관련 내용은 다음의 논문에서 인용하였다. 심지원·이은재·김문정, 「인간의 윤리로서 인공지능윤리-인공지능윤리의 가치와 자리」, 『철학·사상·문화』, 38, 동서사상연구소, 2022.

월 23일 개발사인 스캐터랩Scatter Lab은 이루다 서비스를 공식 개시했다. 이루다는 마치 살아 있는 인간인 듯 고양이를 키우며 유명한 케이팝K-pop 그룹인 블랙핑크의 음악과 SNS 활동을 즐기는 20대 여대생이라는 구체적인 캐릭터와 외모까지 설정되어 있었고, 페이스북과 트위터, 인스타그램, 틱톡 계정에서 일상을 공유하기도 했다.

    이루다를 활용할 때도 별도의 애플리케이션이 필요하지 않고 페이스북 메신저만으로도 대화가 가능했다. 특히 대화를 나눌수록 친밀도가 높아지도록 프로그래밍되어 있어서, 친밀도가 높아지면 이루다가 먼저 개인적이고 흥미로운 주제의 메시지를 보내오기도 했다. 어떤 주제로도 대화가 가능한 '열린 주제 대화형 인공지능Open-Domain Conversational AI' 이루다는 폭발적인 인기를 누렸다. 서비스는 종료 전까지 일일 이용자 수 21만 명 이상, 총이용자 75만 명 이상을 기록했고, 누적 대화 건수는 7천만 건 이상에 달했다.

    하지만 서비스 개발 과정에서 개인정보가 유출되었고, 편향된 데이터 때문에 사용자들 간에 동성애자나 장애인에 대한 혐오 발언이 쏟아졌으며, 사용자들이 이루다에게 성희롱적 발언을 퍼붓는 등 큰 사회적 문제를 낳았다. 결국 이루다는 서비스 개시 후 불과 한 달도 안 된 2021년 1월 11일 종료했다. 이로 인해 이루다를 친근한 친구나 여자 친구로 사귀었을 누군가는 강제 이별을 맞이하게 되었다.

5

개발자나 기술만을
탓할 수 없는 이유

이루다 사건은 '인공지능 윤리'가 단순히 법(정책)을 보조하는 것, 기술 발전을 저해하는 것으로 간주될 수 없으며, 오히려 우리 사회의 기획, 그리고 사회를 구성하는 요소 중 하나인 기술 기획을 위한 대전제이자 불가결의 구성 요소라는 사실을 드러내 주었다. 특정 기술의 형식, 구성, 사회 내 도입을 당연한 사실로 받아들인 후 "어떻게 선용善用할 것인가?"를 묻는 것이 아니라, 기술 연구, 개발, 설계, 사회 내 도입 단계부터 그것이 우리 사회가 추구하는 가치에 부합하고 이를 증진하는 것인지를 철저히 검토해야 한다는 자성의 목소리도 이때부터 본격적으로 나오기 시작했다.

주요 뉴스와 신문들은 이루다를 주된 이슈로 다루었다. 평소에 그렇게도 많은 학자와 정책 연구원, 시민운동가들이 인공지능 윤리가 필요하다고 외칠 때는 아무도 귀 기울이지 않다가, 갑자기 모두가 입을 모아 인공지능 윤리가 중요하다고 말했다. 앞으로는 인공지능 윤리 교육을 확장할 것이며, 관련 법도 만든다고 했다. 평소에는 윤리를 기업의 발목을 잡는 장애물로, 때로는 고루한 대상으로 여기고 홀대하더니, 이루다가 떠들썩하게 문제를 일으키고 나니 너도나도 윤리를 소환한다.[22] 이제 와서?

  기술과 관련된 수많은 문제가 생길 때마다 사회는 윤리학자들에게 눈에 드러나는 해결책을 내놓으라며 닦달한다. 하지만 실제에 들어맞는 해결책을 내놓으려면 그 문제를 일으킨 배경까지 고려해야 한다. 오로지 개발자들에게만 이루다 문제에 대한 책임을 물어서는 안 된다. 이루다 이전에, 개발자들이 책임감을 느끼지 못하게 만든 사회적 분위기는 이미 존재했다. 이루다의 서비스를 종료한다고 해서 이 문제가 해결되는 것은 아니다. 이런 문제가 터질 때마다 사람들은 항상 큰 틀에서 거창하게 답변할 수밖에 없는 윤리학자들을 비웃곤 한다. "뻔한 대답이네." 하면서 그럴 줄 알았다는 듯이 말이다.[23]

  하지만 윤리의 역할은 문제가 터진 뒤에야 부랴부랴 수리하는 것이 아니다. 윤리는 기술 설계의 기획, 형성, 발전 단계 내에 이미 포함되어야 한다. 인공지능 윤리는 윤리의 맥락에서 이해되어야 한다. 무엇보다도 윤리적이지 않은 토양의 사회에서 인공지능 윤리만 따로 중뿔나게 윤리적일 수는 없다.[24] 윤리학의

---

[22] 심지원, 「코르셋에 갇힌 인공지능: 사람들은 윤리적인 '이루다'를 원할까?」, 『젠더법학』, 12(2), 2021.
[23] 심지원, 위의 글.

의의는 '해서는 안 되는 것'을 금지하는 역할이 아니라, '해야만 하는 것'에 대한 사고와 운신의 여지를 확장하는 역할에 있을 것이다.

자동차 운전자는 방지턱과의 만남을 피할 수 없다. 아무도 없고 빨리 달려도 사고가 날 것 같지 않은 도로에서도 불쑥불쑥 나타나는 방지턱은 성가신 존재다. 가끔 방지턱을 무시하려다가도 '내 차에 무리가 가는 건 아닐까?' 하는 생각이 들면서 속도를 낮춘다. 방지턱이 내 자동차에 해를 가하려는 존재인 양 밉기도 하다. 하지만 방지턱은 내 소중한 차에 해를 가하려고 존재하는 것이 아니다. 교통사고를 방지하기 위해서 '잠시 속도를 줄여 주세요.'라고 말하는 작은 장치이다. 방지턱은 내 차에 흠집을 내는 존재가 아니라 나, 동승자, 보행자, 나아가 도로 위에 있는 다른 차와 그 차에 탄 사람들의 안전을 위한 존재다.

기술의 효율성과 편리성은 거부할 수 없는 매력을 지닌다. 인간의 힘으로 해결하지 못했던 문제들을 아주 쉽게 해결해 주니 말이다. 이를테면 휠체어는 건강 약자뿐만 아니라 신체장애인의 이동 범위를 확장해 주었다. 굳이 복잡한 기술이나 인공지능 기술을 논의하지 않고 리모컨 같은 도구만 생각해도 그 매력은 쉽게 느낄 수 있다.

자동차가 없던 시절은 생각만 해도 끔찍하다. 멀리 떨어져 있는 사랑하는 사람을 만나기 위해 몇 날 며칠을 걸어가야 한다면 말이다. 더위가 온 세상을 삼킬 듯이 무더운 여름날, 에어컨

---

24 심지원, 앞의 글.

없는 일상을 우리는 견딜 수 있겠는가? 자율주행차는 끊임없이 엑셀과 브레이크를 밟아야 하는 발에 자유를 선사했고, 블루투스 스피커는 손에 자유를 주었다. 가끔 내 말을 잘 알아듣지 못해 짜증이 날 때도 있지만 말 한마디로 집 안의 많은 기계들이 잘 작동한다. 갑자기 그토록 편했던 리모컨이 불편하게 느껴지는 순간이다.

인공지능의 매력은 리모컨 따위와는 비교가 되지 않는다. 장미에는 가시가 돋아 있듯이, 인공지능의 매력에는 독이 될지 모를 무엇인가가 숨어 있다. 인공지능 기술을 선용하는 문제에서 중요한 것은, 인공지능 기술이 가져다주는 다양한 혜택 이면에 있는 보이지 않는 문제들을 발견하여 처방하는 것이다. 인공지능 시대를 만나 '기술을 어떻게 활용할 것인가?'라는 물음만큼이나 '왜 개발해야 하는가?' 하는 물음의 가치[25]가 중요시되고 있다. 반가운 일이다.

---

[25] 손화철, 『호모 파베르의 미래』, 아카넷, 2020.

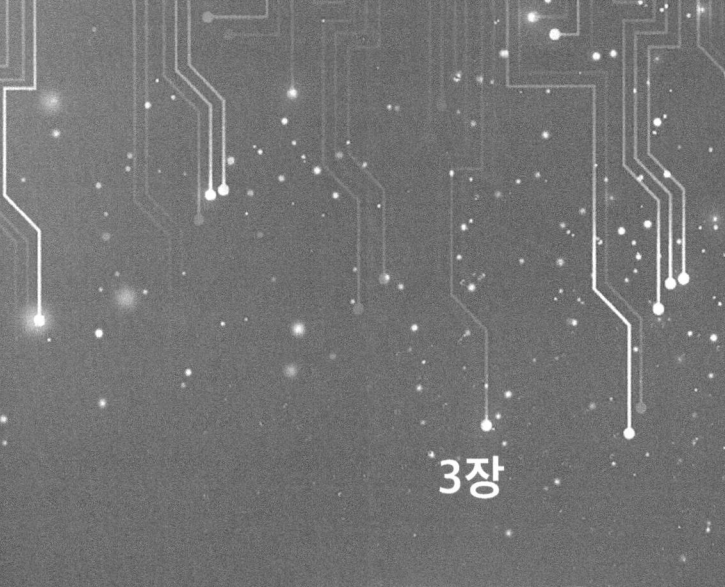

3장

인공지능
윤리의 정체

만일 누군가 무엇을 위해, 무엇을 바라며 사는지, 삶의 의미가 행복이나 헌신 혹은 자유 등에 있다면 그 말의 진정한 의미는 무엇인지, 지금 내 삶에서 최선은 무엇인지 등을 고민하며 산다면, 그 삶은 이미 윤리적이고 철학적이다. 철학자가 하듯 다듬어진 언어로 가치와 개념을 다루고 있지는 않지만, 삶의 본질적인 문제이자 근본적인 가치를 묻고 이를 검토하고 있기 때문이다.

굳이 어려운 윤리 이론을 떠올리지 않더라도, 좋음이나 옳음에 대한 생각을 아예 하지 않고 살아가는 사람은 없다. 인간과 윤리의 관계가 분리될 수 없듯이, 인간과 기술의 관계도 마찬가지다. 또한 인간이 좋은 삶을 추구하는 활동으로서 기술 역시 윤리와 분리될 수 없다. 그러나 윤리가 그러하듯 좋은 삶을 위한 좋은 기술이 무엇인지에 대한 질문은 우리를 더 깊은 논의의 장으로 인도한다. 인공지능 기술과 관련한 이 같은 논의가 '인공지능 윤리'이다.

1
인공지능 윤리는 누가 지키는 걸까?

(1) 인공지능 윤리, 그 주체에 대한 혼란: 먼저 해결해야 할 문제들

'인공지능 윤리'는 일견 '인공지능은 인간처럼 윤리를 지켜야 한다.'는 말로도 읽힌다. 인공지능이 '인공지능 윤리'의 주역, 어려운 말로는 윤리의 주체가 되는 셈이다.[26] 실제로 '인공지능 윤리'라는 표현이 처음 쓰이기 시작할 때 그와 관련한 의문이나 혼란이 꽤 있었다. 흥미로운 점은 '동물 윤리', '환경 윤리'처럼 인간이 아닌 것을 앞에 두고 뒤에 '윤리'라는 말을 붙여 만든 다른 개

---

[26] 여기서 주체는 전통적 관점(칸트 철학)에서 책임 귀속 및 자율적 목적 설정이 가능한 '도덕적 행위자'의 의미로 사용한다.

넘어에 대해서는 같은 반응이 나타나지 않는다는 점이다. 동물이나 환경이 인간'처럼' 윤리적이어야 한다고 생각하는 사람은 매우 드물 것이다. 그렇다면 왜 인공지능 윤리에 대해서는 다른 반응이 나타날까?

'인공지능 윤리'의 주체에 대한 착시 현상은 일단 상상력과 관련이 있어 보인다. 많은 SF 작품 속 인공지능은, 인위적으로 만들어졌다는 점을 빼면, 거의 모든 측면에서 인간과 같거나 때로는 인간을 능가하는 존재로 그려진다. 그 정도의 인공지능이라면 아마도 인간처럼 윤리의 주체가 될 수 있을 것이다. 그들에게도 추구할 가치나 책임이 있으며, 따라서 그에 관해 생각하고 행동하라고 요청할 수 있다는 뜻이다.

그런데 우리가 주목할 것은 인공지능 윤리에만 유독 다른 반응이 나타난다는 점이다. 인공지능이라는 개념 혹은 기술의 특성과 관련해서, 인간이 아닌 다른 것을 다룰 때와는 또 다른 기대나 가정이 있는 것이다. 사실 인공지능을 윤리의 주역으로 내세우기 위해서는 그와 같은 전제에 대한 정확한 해명과 근거가 먼저 제시되어야 한다.

일단 '인공지능이 윤리의 주역이 될 수 있다.'라는 생각에 숨어 있는 철학적 가정을 살펴보자. 이와 같은 입장은 인공지능이 윤리적 존재가 될 수 있다고 가정할 때 나올 수 있는 생각이다. 하지만 윤리적 존재란 도대체 무엇일까? 그 자격이나 기준 같은 것이 따로 있을까? 근대 서양 윤리의 관점으로 말한다면, 인공지능이 나름의 의도를 가지고 스스로 행위를 결정할 수 있는 존재일 때, 인공지능은 '윤리적 존재'가 될 수 있다. 또한 이러한 존재는 자기 행위에 책임을 질 수 있는 존재이다. 자유의지(자유롭게 자신의 일을 결정할 수 있는 능력), 마음, 책임 등 윤리적 존재와 관련된 철학적 개념을 일일이 따져 보려면 이야기는 더욱 복잡해질 것이다.

그러나 윤리적 '존재'를 단순하게 윤리적으로 영향을 미칠 수 있는 행동/작동을 한다는 의미로 해석한다면, 현재 기술 수준의 인공지능은 이미 윤리적 존재이다. 철학자 플로리디와 샌더스는 인공지능을 선과 악에 영향을 주는 결과를 야기할 수 있는 동작을 한다는 의미에서 '도덕적 행위자Moral Agent'로 간주한다. 인공지능의 작동 능력과 실질적 영향력을 고려하면, 인공지능을 윤리적 존재로 보기 위해 복잡한 논의가 반드시 필요한 것은 아니라는 입장이다. 그 같은 입장에 따르면 현재 기술 수준의 인공지능 역시 도덕적으로 영향력이 있는 행위자로 생각할 수 있다.[27] 인간과 인공지능은 '도덕적 행위자'라는 같은 그룹에 속하는 구성원인 셈이다.

이러한 관점은 꽤 현대적으로 보이지만, 여전히 그 기준이 인간과 인간의 윤리라는 점에서 고전적이기도 하다. 이것이 '인공지능 윤리'의 주역이 인공지능일 수 있다는 생각에 숨은 두 번째 가정이다.

인공지능이 윤리의 주역이 될 수 있다고 상상할 때, 사람들은

---

[27] 인공지능은 상호작용성(Interactivity, 상태 변화에 따른 자극 반응), 자율성(Autonomy, 자극이 없어도 상태 변화 가능), 적응성(Adaptability, 변화된 상태에 따라 '이행 규칙'을 바꿀 수 있음)을 갖고 있기 때문이다. Floridi, L. & J. Sanders. "On the Morality of Artificial Agents." *Minds and Machines*, 14, 2004, pp. 349~379, http://lps3.doi.org.proxy.cau.ac.kr/10.1023/B:MIND. 0000035461.63578.9d

보통 인간에게 요구하는 것과 동일한 윤리를 인공지능에게 요구할 수 있다고 생각하는 것처럼 보인다. 하지만, 이를테면 유기체와 기계의 차이, 인간과 인공지능의 차이를 완전히 무시할 수 없는 한, 인공지능이 윤리적 존재라 하더라도 인공지능의 윤리가 인간의 윤리와 꼭 같아야 한다는 주장은 설득력이 없다. 로봇 윤리 연구자 폴 뒤무셸Paul Dumouchel과 루이자 다미아노Luisa Damiano는 만일 인공지능이 윤리적 존재가 될 수 있다면, 그때 인공지능의 윤리는 인공지능만의 독자적인 것이 될 가능성을 염두에 두어야 한다고 주장한다.[28]

인간과 같은 기준을 가지고 윤리적 행위자인지 아닌지를 판별하며 인간과 같은 윤리를 요구하는 것은 지극히 인간 중심적인 논의이다. 그러나 우리의 지성이 지금껏 쌓아 올린 전통적인 철학 논의에서 완전히 자유롭기가 어려운 것처럼, 인공지능의 윤리적 지위에 관한 지금 우리의 논의를 인간중심주의와 무관하게 진행하는 것도 어려운 것이 당연하다. 전통적인 철학 논의에서 어떤 존재의 윤리적 지위에 대한 논의는 이성이나 정서 같은 인간적 특성의 소유 여부를 중심으로 전개되었기 때문이다.

이러한 생각은 인공지능 윤리의 주역에 대한 혼란 뒤에 숨어 있는 또 다른 가정이자 가장 근본적인 물음과 닿아 있다. 과연 인공지능은 인간과 '같은' 존재가 될 수 있을까?

만일 인공지능이 인간과 '똑같은' 존재가 될 수 있다면, 위에서 살펴본 두 가지 가정을 둘러싼 논쟁은 대부분 해소될 것이

---

[28] 폴 뒤무셸·루이자 다미아노, 박찬규 옮김, 『로봇과 함께 살기』, 희담, 2019.

다. 인공지능에 대해서도 인간에게 했던 것과 유사한 기준을 그대로 적용할 수 있기 때문이다. 하지만 이 물음이야말로 가장 풀기 어려운 문제다. 일단 인간이 무엇인지에 대한 확실한 앎이 필요하고—이는 철학의 오랜 주제이기도 하다—, 그 답을 얻더라도 인간이 인공지능을 인간과 똑같이 만들 수 있을지에 대해 답해야 하기 때문이다.

그러나 우리는 무엇보다도 '인공지능을 과연 인간처럼 만들어야 하는지', '그것이 좋은 결정인지'를 먼저 생각해야 할 것이다. 그러므로 인간과 같은 인공지능 만들기의 선결문제는 기술적 가능성만이 아니다. 여기에는 '인간은 무엇인지', '인공지능은 무엇인지(무엇이어야 할지)'를 묻는 근본적인 물음도 포함된다.

한편 이는 우리의 선택을 요구하는 문제이기도 하다. 물론 우리가 그 같은 선택을 할 자격을 갖추었는지도 자문해 보아야 한다. 이 선택은 지구 전체와 우리의 미래 세대에게 형언할 수 없을 정도로 큰 영향을 미칠 수 있기 때문이다. 20세기 철학자 한스 요나스Hans Jonas는 일찍이(그는 유전공학을 염두에 둔 것이지만) 현대 기술의 위험, 불확실성에 관해 깊이 생각하지 않고 기술 발전을 추구하는 것이 손해는 전혀 고려하지 않고 막대한 판돈을 거는 무책임한 도박꾼과 같은 태도라고 비판한 바 있다.[29]

---

[29] 한스 요나스, 이진우 옮김, 『책임의 원칙: 기술시대의 생태학적 윤리』, 서광사, 1994.

(2) 인공지능 기술의 특성: 인공지능의 자율성 문제

오늘날 인공지능과 윤리에 관한 철학적 논의는 '인공지능이 어떤 것인지', '인공지능을 무엇과 비슷하게 취급해야 하는지', '인공지능에 비추어 볼 때 인간 존재란 무엇인지'를 성찰하는 형이상학적 논의를 넘어서 실생활에서 마주할 수 있는 현실적인 문제에 대한 구체적인 논의로 전개되고 있다. 인공지능 기술 산업이 발전하며 인공지능 기술 제품 및 서비스가 상용화되었고, 해당 기술 제품 및 서비스를 둘러싼 사회적 여파, 위험, 가치 판단에 대한 요구가 현실적인 문제로 닥쳐왔기 때문이다.

그러나 현재 상용화된 기술 중심의 논의 역시 인공지능을 윤리적 주체로 볼 수 있다는 생각과 아주 관련이 없는 것은 아니다. 인공지능이 윤리적 주체가 될 수도 있다는 생각은 인공지능 기술의 고유한 특성과 깊은 관련이 있기 때문이다. 바로 인공지능의 '자율성'이다. 자율성 논제는 인공지능이 윤리의 주체가 될 수 있을지, 인간이 아닌 대상에 관한 윤리, 이를테면 동물 윤리, 음식 윤리와는 달리 왜 우리는 유독 인공지능 윤리에 관해서만 다른 반응을 보이는지에 대한 답을 찾을 수 있는 길잡이이다.

물론, 현재 우리의 기술은 인공지능이 인간처럼 사고하거나 인간과 같은 존재가 되는 것을 목표로 하지는 않는다. 인간처럼 사고할 수 있는 인공지능을 개념적으로 '강인공지능'이라 칭한다. 이는 철학자 존 설John R. Searle이 '강한 인공지능Strong AI' 입장과 '약한 인공지능Weak AI' 입장을 구분한 것에서 유래한다.[30] 강한 인공지능이 가능하다는 입장은, 인간의 마음이 복잡하기는 하지만 어쨌든 모종의 계산을 한다는 점에서 컴퓨터와 다를 바 없다는 것을 전제로 한다. 약한 인공지능만을 개발의 목표로 해야 한다는 입장은, 인공지능이 인간의 마음을 모의Simulation하며 마치 마음이 있는 듯이 행동할 수는 있지만, 단지 그렇게 보일 뿐 인간 마음과 인공지능은 본질적으로 다르다는 입장을 전제로 한다. 다시 말하자면, '강한 인공지능'이란 인간과 같은 인지적 역량을 지니며 '마음'이라 할 만한 것을 가진 인공지능을 뜻한다. 이 입장에 서면 자연스럽게 '인공지능도 생각할 수 있다.'는 주장에도 동의하게 된다. 한편 '약한 인공지능'은 인간의 행위를 돕는 부분적 지능 혹은 도구에 불과한 것으로 이해된다.

한편 미래학자 닉 보스트롬Nick Bostrom은 인공지능을 3단계로 분류한다. 첫째, 인간과 같은 지적 행위를 담당하지만 한 가지 종류의 특수한 임무만 수행할 수 있는 인공지능으로, 이를 '협의의 인공지능ANI, Artificial Narrow Intelligence'으로 분류한다. 이를테면 의료 영상 이미지 판독을 위한 인공지능은 협의의 인공지능이기에 이 인공지능은 작곡을 할 수 없다. 둘째, 인간과 거의 유사한 수준의 지능을 가진 인공지능으로, '범용 인공지능AGI, Artificial General Intelligence'이다. 이러한 인공지능은 인간과 같이 다양한 업무를 수행할 수 있다. 마지막으로, 범용 인공지능의 단계를 넘어서 인간 이상의 능력을 가지고, 현재 인간이 해결할 수 없는 문제를 다룰 수 있는 수준의 인공지능을 '초지능

---

30 Searle, John R. "Minds, brains, and programs." *Behavioral and Brain Sciences*, 3(3), 1980, pp. 417~457.

Artificial Super Intelligence, ASI'으로 분류한다.³¹ 그러나 이 세 가지가 명확한 기술적 잣대로 구분되는 것은 아니다. 그렇기 때문에 범용 인공지능의 범위는 규정하는 사람에 따라 조금씩 다르고, 협의의 인공지능에 대한 규정 역시 보편적으로 합의된 것은 아니다.³²

이처럼 인공지능의 규정은 저마다 상이하지만 오늘날 기술 수준의 인공지능은 약인공지능에 속하며, 더 상세하게는 협의의 인공지능을 의미한다는 것만은 명확한 사실이다. 인공지능 공학도들의 교과서인『인공지능: 현대적 접근 Artificial Intelligence: A Modern Approach』은 인공지능을 '합리적으로 행위하는 Acting Rationally' 시스템을 뜻하는 '지능적 행위자 Intelligent Agent'로 정의한다.³³ 여기서 합리적인 행동이란 주어진 목적에 따른 작동 또는 수행을 의미한다. 그리고 합리적인 행동을 하는 지능적 행위자는 보통 '자율성'을 갖는 것으로 간주된다.

'인공지능의 자율성'의 의미가 무엇인지 좀 더 자세히 알아보기 위해 먼저 OECD, EU 등 기술 산업과 정책을 다루는 전 세계적 논의에서 통용되는 인공지능의 규정을 살펴보자. 위의 책은 인공지능을 '인공지능 시스템 Artificial Intelligence System'으로도

---

31 Bostrom, N. *Superintelligence: Paths, Dangers, Strategies*, London: Oxford University Press, 2014.
32 이는 인공지능 연구가 현재도 진행 중이기 때문이다. 참고로 1980년대까지 인공지능 연구자들은 2000년경에는 범용 지능형 기계에 도달할 것이라 예상했다.
33 Russell, S, & Norvig. *Artificial Intelligence: A Modern Approach*, 3rd ed., Prendtice Hall, 2010.

표현하는데, 이는 인간이 규정한 목적에 따르는 기계 기반의 자동화된 행위자[34]로 보는 것이다. 인공지능 시스템은 인간의 목적에 따라, 인간에 의해 설계된 소프트웨어 시스템(하드웨어를 포함할 수 있다)을 기반으로, 데이터를 받아들이고 내부적으로 분석하여 외부 환경(가상 환경과 물리적 환경)에 영향을 주는 행위를 수행한다. 쉽게 말해서 인공지능의 자동화는 그것의 소프트웨어가 인간의 개입이 없거나 있어도 그 정도가 미비하며, 환경과 실시간으로 상호반응을 하며 작동할 수 있다는 것을 의미한다. 그러므로 인공지능에서 '자동화'는 인간이 개입하지 않는다는 의미의 자동화 수준이 고도화된 것을 의미하며, 이를 가리키기 위해 자율성Autonomy이라는 용어를 사용한다. 인공지능의 목적에 따라 인공지능의 자율성 수준Level 또는 정도Degree는 다양하게 달라진다.

우리가 주목해야 할 것은 '자율성'이 인간의 고유한 특성이자 핵심 가치로 철학에서 오랫동안 중요하게 다루어진 개념이라는 것이다. 우리가 흔히 듣는 "내 인생은 나의 것, 내가 꿈꾸는 대로 살고 내 인생을 개척할 거야."라는 포부 어린 고백은 자율성을 잘 표현한다. 타인의 지도나 간섭을 받지 않고 독립적으로 자신의 삶을 생각하고, 나름의 기준을 세워 그에 따라 살아갈 수 있는 인간적 역량이 자율성이다.

---

34 이하의 규정은 특히 다음의 문헌에서 제시하는 인공지능 규정을 참조했다. European Commission's High-Level Expert Group on Artificial Intelligence. "Ethics Guidelines for Trustworthy AI." 2019, p. 36, https://ec.europa.eu/digital-single-market/en/news/ethics-guidelines-trustworthy-ai, OECD, "Artificial Intelligence in Society." 2019, p. 15, https://doi.org/10.1787/eedfee77-en.

자율성에 관해서는 여러 규정이 있지만, 우리는 독일의 철학자 칸트로부터 자율성의 철학을 음미할 수 있다. 칸트 철학에서 자율성은 자신의 합리적이고 비판적인 생각에 근거하여 삶의 원칙을 스스로 제시하고, 스스로 그 원칙에 따라 행동을 결정할 수 있는 이성적 사고 및 행위 능력이다. 그러므로 이성을 지닌 인간이라면 누구나 자율적으로 행위할 수 있으며, 자신의 생각과 의지에 따라 결정한 만큼 자신의 행동에 대한 책임이 있다. 그리고 이처럼 스스로 책임 있는 행동을 할 수 있는 것이 바로 칸트가 말하는 인간의 자격 곧, 인격Personality이다. 그러므로 칸트 철학에서 자율성은 자유로운 의사결정 능력, 책임, 인격 개념과 결합한 아주 중요한 개념이다.

  인공지능의 '자율성'이 이런 의미라면 인공지능이 '자율성'을 지닌다는 것은 어마어마한 일이 될 것이다. 인공지능은 윤리적 주체일까? 그렇다면 인공지능의 윤리는 인간의 윤리와 같을까, 다를까? 다르다면 과연 어떻게 다를까? 등의 물음이 나올 수밖에 없다. 그러나 미리 짚어 둔 것처럼, 현재 인공지능 기술의 자율성은 철학적 전통에서의 인간 자율성과 그 의미가 같지 않다.

  인공지능의 자율성은 고도로 자동화된 기술을 뜻한다. '고도'의 자동화란 미리 입력된 프로그램에 따라서 작동하고, 스스로 그 움직임을 변경할 수 없는 과거의 단순한 자동화와 달리, 환경의 변화를 알아차리고 그에 따라 스스로의 작동을 변경할 수 있다는 뜻이다.[35] 산업화 초기 공장의 단순한 컨베이어 벨트와 오늘날 사람의 말에 응답하는 인공지능 스피커를 비교하면 이해하기 쉬울 것이다.

그런 의미에서 현재 기술 수준의 인공지능이 갖는 자율성은 '준자율성Semi-Autonomy'으로 이야기된다. 인간 자율성과 유사하지만 완전히 같은 수준은 아니라는 것이다. 다르게 표현하면 '현상적(차원의) 자율성'이라고도 한다.[36] 인간이 일일이 지시하거나 개입하지 않아도 주변 환경에 따라 변화하며 작동할 수 있다는 점에서는 겉보기에 자율적으로 움직인다고 할 수 있지만,[37] 그 속까지 인간과 같은 자율성인가 하면 그렇지는 않고 다만 자율성을 지닌 것'처럼' 작동하는 것에 더 가깝다는 것이다.

그러나 인공지능의 자율성은 앞으로 더욱 커질 것이다. 인공지능의 자율성 증대와 인간의 자율성, 그리고 인공지능 윤리의 관계는 크게 두 가지 측면에서 생각해 볼 수 있다. 먼저 기술적 발전으로 인공지능이 마치 인간과 같은 수준의 자율성을 갖거나 인간을 능가하는 자율성을 지니는 경우를 생각할 수 있다. 물론 그 같은 시점을 정확하게 예견할 수도 없고, 그런 시점

---

[35] 신상규, 「인공지능은 자율적 도덕행위자일 수 있는가?」, 『철학』, 132, 한국철학회, 2017, 273쪽.

[36] 이중원(2019), 83쪽 참조. 고인석, 「아시모프의 로봇 3법칙 다시 보기」, 『철학연구』, 93, 철학연구회, 2011, 114쪽. 한편 이중원은 인공지능이 인간과 같은 내재적 자율성을 가진다고는 할 수 없으나, 인공지능 시스템이 인간사회와 맺는 관계 혹은 인간 사이의 사회적 관계에 대한 패턴 인식을 통해 자율적으로 판단하고 행동하며, 그런 의미에서 인공지능 시스템은 사회적 관계망 속에서 구성된 '관계적 자율성'을 갖는 행위자로 간주할 수 있다고 주장한다. 이중원, 「인공지능과 관계적 자율성」, 이중원 외, 『인공지능의 존재론』, 한울아카데미, 2018, 117~136쪽.

[37] 맹주만, 「인공지능, 도덕적 기계, 좋은 사람」, 『철학탐구』, 59, 중앙대학교 중앙철학연구소, 2020, 217쪽.

이 당연하게 올 것이라고 단정 지을 수도 없다. 인간과 같은 수준의 자율성이 무엇인지 규정하기도 어렵고, 따라서 그 같은 인공지능을 만들기 위한 기술적 조건 역시 알기 어렵기 때문이다. 또한 인간이 반드시 그 같은 기술적 존재를 만들어야 할 필요는 없다. 앞에서 말했듯 이것은 선택의 문제다.

하지만 지금까지의 기술 발전에 비추어 볼 때, 인공지능이 인간과 유사한 수준의 자율성을 갖출 수 있을 것이라는 생각이 완전히 불가능하다고 단정 지을 수는 없다. 인공지능의 자율성이 인간과 같거나 인간을 능가하는 수준까지 증대한다면, 우리는 불가피하게 인공지능이라는 존재와 그 윤리적 위치, 특성을 다시 생각해야 한다. 그러므로 '인공지능 윤리'를 통해 인공지능이 윤리의 주역이 되는 논의를 떠올리는 것은 인공지능에 대한 상상력과 인공지능 기술의 '자율성'이라는 특성 및 그 발전에 대한 기대가 반영된 것이라 할 수 있다.

그러나 이 경우는 아직 오지 않은 미래에 관한 논의이다. 그렇다면 현재 기술 수준의 자율성은 인공지능 윤리와 어떤 관계가 있을까?

오늘날 인공지능 기술은 이미 우리에게 인간의 자율성을 다시 생각하도록 강요하고 있다. 현재 인공지능의 과제 수행 능력은 이미 많은 분야에서 인간의 능력을 능가하며, 인간 업무의 상당 분야를 대체하거나 보조하고 있기 때문이다. 여기에서 인공지능의 자율성이 더 높아지면 어떻게 될까?

인공지능이 대신하는 인간의 업무가 더 많아질 것이고, 인공지능이 단지 업무의 '보조'에 그치는 것이 아니라 업무의 핵심이 되는 경우가 더욱 늘어날 것이다. 그만큼 인공지능의 작업과 그 결과물에 대해 인간의 개입이 적어지거나 불필요한 부분 역시 증대된다. 내가 모르는 사이에, 또는 손을 쓰기도 전에 일이 처리되거나, 어떤 경우에는 인간 노동력이 거의 배제된 채 일이 진행될 수도 있을 것이다.

그러므로 충분한 주의를 기울이지 않는다면 인간이 뜻대로 인공지능 기술을 통제하는 일은 점차 어려워질 것이다. 대표적인 예로 인공지능의 작동을 인간이 잘 이해할 수 없거나, 원하는 대로 바꾸거나 고치기 어려워지는 기술적 문제가 생길 수 있다. 나아가 인공지능 시스템의 업무 수행 범위나 속도에 인간이 크게 의지할 때, 업무의 정보량은 더욱 증대하고 처리 속도는 더욱 빨라질 것이며, 그 과정에서 인공지능의 예측이나 권고 사항을 인간이 충분히 검토하거나 대안을 떠올리기는 더욱 어려워질 것이다. 기술 전문가나 기술 기업 종사자가 아니라 평범한 개인의 경우라면 사정은 더욱 어려워진다.

기업이나 정부가 인공지능 시스템에 많은 일을 맡길 때, 소비자나 시민 개인이 그 업무의 흐름을 이해하고 어디에 어떻게 인공지능이 쓰이고 있는지를 정확히 알기는 어렵다. 게다가 자신이 불이익을 받아도, 그 사실을 증명하고 다시 일처리를 해 줄 것을 요구하는 일은 더욱 어려울 것이다.[38] 이렇듯 인간의 필요

---

[38] Fjeld, Jessica, Nele Achten, Hannah Hilligoss, Adam Nagy, & Madhulika Srikumar. "Principled Artificial Intelligence: Mapping Consensus in Ethical and Rights-based Approaches to Principles for AI." Berkman Klein Center for Internet & Society, 2020, pp. 53~55.

에 의해, 인간에 의해 위임된 인공지능의 자율성은 역설적으로 인간의 자율성을 약화하는 결과를 낳는다. 비록 영화 속 인공지능과 다른 겉보기 수준의 자율성이라 해도 말이다.

이 같은 문제는 이미 발생하였고 지금도 발생하고 있다. 미국에서 재범 가능성을 예측하는 인공지능 알고리즘 콤파스Correctional Offender Management Profiling for Alternative Sanctions, COMPAS가 동일 조건에서도 흑인의 재범률을 더 높게 계산하는 것(2016), 우버에서 시범적 자율주행을 하던 차가 자전거를 타고 가던 사람을 '사람'으로 식별하지 못해 그대로 돌진하여 인명사고를 낸 것(2018), 화웨이가 안면인식 기술을 통해 소수민족을 감시하는 시스템 개발에 관여했다는 폭로(2020) 등이 그 같은 문제라 할 수 있다.[39] 이렇듯 실제로 발생하고 있는 사건들은 인공지능 통제가 점차 어려워지고 있다는 사실과 함께, 인간의 자율성이 약화하고 존엄성이 침해받을 수 있다는 사실에 대해 우리가 고민하고 대응할 수밖에 없게 만든다.

기술의 광범위한 활용에 따라 인공지능이 사회에 끼치는 영향이 커지면서, 더불어 그 부정적 영향 또한 더욱 커질 것이다. 이처럼 인공지능이 인간사회에 영향을 끼치는 문제를 둘러싼 인간의 숙고와 대응, 실천을 요구하는 것이 바로 오늘날의(현재의) '인공지능 윤리'이다. 그러므로 이 책이 다루는 '인공지능 윤

---

[39] 물론 이 같은 문제는 다시 인공지능의 편향성, 공정성, 비차별, 투명성, 설명 가능성, 해명책임, 보안, 안전, 프라이버시 등의 문제로 다시 구분되거나, 이들의 가치 및 관련 책무와 인간 자율성의 보호와 증진 사이에 상관관계가 있는 것으로 이해될 수 있다.

리'는 인공지능이 주역이 되는 인공지능의 윤리가 아니라, 인간이 기술과의 관계 속에서 책임 있는 행동을 하는 주역이 되어야 함을 강조하는 인간의 윤리를 뜻한다. 나아가 바로 지금이야말로 설계자, 제작자, 이용자 등 모든 사람의 진지한 고민과 논의, 실천이 필요하다는 것을 이야기하려 한다.

(3) 인공지능 윤리 논의의 전개: 인공지능에 대한 우려에서 인간의 윤리로

인공지능 윤리 논의의 전개, 또는 그 변화의 역사 역시 이 같은 맥락에서 이해할 수 있다. 인공지능에 대한 최초의 윤리적 접근, 곧 오늘날 인공지능 윤리 논의의 첫 단계로 거론되는 것은 아이작 아시모프의 과학소설이다.[40] 소설에서는 인공지능이 아니라 로봇이라는 용어가 사용되는데, 그 로봇의 특징을 뜯어보면 그야말로 고도의 자율성을 갖춘 인공지능 시스템이다. 아시모프는 1942년 작 「런어라운드Runaround」에서 로봇이 지켜야 할 '로봇 3원칙'을 제시한다. 이후 1985년 작 「로봇과 제국」에서

---

[40] 이성웅, 「인공지능 시대의 책임과 윤리: IBM 사례를 중심으로」, 『인공지능의 이론과 실제』, 2019, 131~132쪽; 고학수·박도현·이나래, 「인공지능 윤리규범과 규제 거버넌스의 현황과 과제」, 『경제규제와 법』, vol. 13, no. 1, 2020, 9~12쪽; 이원태·선지원·박혜경·정채연·한희원·김정언·이시직·안수현·최은창, 「4차 산업혁명시대 산업별 인공지능 윤리의 이슈 분석 및 정책적 대응방안 연구」, 『정책연구』, 18~23, 정보통신정책연구원, 2018, 43~48쪽; 이원태, 「인공지능의 규범이슈와 정책적 시사점」, 『KISDI Premium Report』, 2015, 5~11쪽.

는 최초의 3원칙에 0원칙을 더하여, 로봇 원칙을 네 가지로 확장한다. 로봇은 인류와 개별 인간에 미치는 위해를 방지하며, 그 한계 내에서 인간의 명령에 복종하고 스스로를 보호해야 한다는 것이다.[41]

아시모프의 로봇 원칙은 인공지능을 윤리의 주체로 간주하고 인공지능이 지켜야 할 윤리를 논한 것으로, 인간의 윤리가 아니라 기계 윤리Machine Ethics를 말한 것이다. 기계 윤리란 기계를 도덕적 행위자로 간주하고, 기계에 윤리적 행위를 요구하는 관점이다.[42] 그러나 기계에게 윤리성을 요구하는 것은 앞서 살펴본 강인공지능의 가능성과 같은 철학적 가정에 따른 것이며, 무엇보다 오늘날 기술 수준과는 거리가 있는 미래적 논의라 할 수 있다.

인공지능에 대한 윤리학적 접근 역시 주로 이 같은 미래의 존재로서 인공지능에 대한 물음에서 시작하였다. '인간과 같은 인공지능이란 무엇일까? 이러한 존재는 인간과 동등하게 대우받아야 할까? 인공지능도 인격체인가? 이 같은 존재가 가능하기는 한가? 인간과 비슷하거나 인간을 뛰어넘는 지능적 존재는 어떤 위험 요소가 있을까? 인공지능으로 인해 그동안 인간의 고유한 특성이라 생각되었던 특성이 위협받을까?' 등의 물음이 여기에 속한다. 이러한 물음들은 인공지능과 관련되어 있지만

---

[41] 이에 관해서는 Veruggio, G. "The EURON Roboethics Roadmap." EURON, 2006, pp. 612~617과 고인석, 「아시모프의 로봇 3법칙 다시 보기」, 『철학연구』, 93, 철학연구회, 2011, 97~120쪽을 참조하라.

[42] Veruggio, G. "TheEURONRoboethicsRoadmap." EURON, 2006, p. 613; 김효은, 『인공지능과 윤리』, 커뮤니케이션북스, 2019, viii 참조.

현실의 기술에 대한 구체적인 물음이라기보다는 인간과 인공적으로 만들어진 지적 '존재'에 관해 탐구하는 형이상학적 사변에 가깝다.

2015년경까지 인공지능 윤리에 관한 기술 산업·정책 논의 역시 자율성을 지닌 기계의 가능성 및 그로 인해 발생할 수 있는 윤리적 문제 등을 다루었다. 당시의 논의 중 가장 현장감이 있는 주제는 자동화로 인한 대량 실업 문제였다.[43] 그러나 이때의 논의 역시 인공지능으로 인한 인간의 노동 환경과 업무 수행의 변화, 그에 따른 삶과 사회의 변화를 구체적으로 다루는 것이라기보다 인간의 일자리가 인공지능에 의해 전적으로 대체될 것이라는 불안과 공포를 탐구하는 문제 제기 차원의 논의에 가까웠다.

한편 2016년 이후 인공지능 기술의 발전과 사회 내 활용 확대에 따라 인공지능 윤리의 주된 논제는 보다 현실 밀착형 주제로 이동한다. 인공지능 기술의 사회적 여파 및 현실적 위해 가능성을 검토하고, 그에 따라 사회가 신뢰하며 활용할 수 있는 인공지능 기술이 어떤 것인지 모색한다. 또한 그 같은 기술을 위해 각각의 사람들이 무엇에 어떻게 주의를 기울이며, 책임 있는 행동을 할지 논한다. 기계 윤리에서 사람의 윤리로 논의의 초점이 이동한 것이다. 인공지능의 사용이 점차 증대하면서 현실에서 이미 발생한 문제 및 향후 발생할 가능성이 있는 사회적 문제에 대한 대응이 시급하게 요청되었기 때문이다.

---

[43] 이원태 외, 「4차산업혁명시대 산업별 인공지능 윤리의 이슈 분석 및 정책적 대응방안 연구」, 『정책연구』, 18-23, 정보통신정책연구원, 2018, 48쪽.

이미 발생했고, 발생 가능성이 높은 사회적 문제에 대한 대응과 대비의 주체는 인공지능이 아니라 인간이 될 수밖에 없다. 인공지능 시스템의 작동으로 인해 생겨나는 차별, 프라이버시 침해, 자율주행차 등 인공지능 시스템의 사고 발생 시 책임 소재 여부에 대한 논의 등이 여기에 해당한다. '인공지능 윤리' 또는 '윤리적 인공지능(개발) 원칙'과 같은 용어를 직접적으로 포함하는 학술적 문헌, 정책 및 기술산업 보고서, 유네스코나 로마 교황청 등 다양한 조직의 성명 역시 이 시기를 기점으로 등장하였다.[44]

최근 몇 년간 인공지능 윤리는 인공지능 기술 산업 분야에서 발생할 수 있는 보다 구체적인 문제와 대응책, 기술 거버넌스 논의에 더욱 집중하게 되었다.[45] 여기서 거버넌스Governance란 기술 개발 및 사용과 관련하여 사회의 다양한 관계자(시민, 기업, 정부, 전문가 등)의 이해관계를 조정하는 모든 활동을 뜻한다.

전통적으로 거버넌스란 정부가 주도하고, 나머지가 이를 따르는 일방향적인 통치가 아니라, 다자간의 참여와 조정을 강조하는 맥락에서 사용되는 용어다. 기술 거버넌스는 기술 산업의 규제, 기술 산업의 발전 방향성, 기술이 사회에 미치는 유익 및 위험의 배분, 그 대응으로서 시민 교육 등 다양한 주제와 활동을 포함한다. 최근의 인공지능 윤리 논의가 이 같은 문제를 주로 다루게 된 것은 실질적 문제에 대한 대응이 시급함은 물론이

---

[44] 허유선·이연희·심지원, 「왜 윤리인가: 현대 인공지능 윤리 논의의 조망, 그 특징과 한계」, 『인간·환경·미래』, 24호, 2020, 176쪽.
[45] 허유선·이연희·심지원, 위의 글, 177쪽.

고, 기술 산업의 안정과 육성이라는 목적 때문이기도 하다. 기술을 많이 쓰려면 주의할 점, 구체적인 책임과 의무 등에 관한 논의가 필요했기 때문이다.

이러한 목적에 초점이 맞추어진 논의는 인공지능 기술이 부상하기 이전 로봇산업 관련 논의에서 그 시초를 찾아볼 수 있다.[46] 본격적으로 '인공지능' 윤리 논의에 영향을 미치기 시작한 것으로 손꼽히는 논의는 2017년 발표된 '아실로마 원칙 Asilomar Principles'이다. 이 원칙은 비영리 연구단체 '삶의 미래 연구소Future of Life Institute'가 미국 아실로마에서 개최한 '유익한 AIBeneficial AI 2017' 콘퍼런스에서 발표된 윤리적 논의를 정리하여 발표한 것이다. 저명한 과학기술 전문가, 해당 업계 종사자 등을 포함한 콘퍼런스의 특성상 이는 공학자 중심의 논의라 볼 수 있다.[47] 같은 해, 미국의 컴퓨터 전문가 단체인 ACMAssociation for Computing Machinery은 알고리즘과 관련한 윤리 원칙을 발표하고, 이를 반영하여 이듬해인 2018년 컴퓨팅 전문가 행동 강령 등을 제시했다.[48] 전기전자기술자협회인 IEEEInstitute of Electrical and Electronics Engineers 역시 비슷한 시기에 인공지능 윤리에 관한 보고서를 두 차례 발간하고[49], 최종적

---

[46] 허유선·이연희·심지원 「인공지능 윤리와 로봇 윤리, 차이와 연속성 -모두의 윤리로서 인공지능 윤리를 향하여-」, 『철학사상문화』, 34, 2020, 41~72쪽.

[47] Future of Life Institute. "Asilomar AI Principles." 2017. https://futureoflife.org/ai-principles/

[48] Association for Computing Machinery US Public Policy Council. "Statement on Algorithmic Transparency and Accountability." 2017 ; Gotterbarn, Don et al. "ACM Code of Ethics and Professional Conduct." Association for Computing Machinery, 2018.

으로 2019년 자율적 시스템의 윤리적 설계를 위한 지침을 공표하였다.[50]

논의 참여 및 발표 조직에서 보이듯이, 초기의 인공지능 윤리 논의는 주로 기술 관련 종사자들의 전문가 윤리, 곧 직업인으로서의 책무를 강조하는 성격이 짙었다. 물론 인공지능 윤리 논의에서 전문가의 책무를 강조하는 것은 공통적이다. 인공지능 윤리가 인간의 윤리를 말하는 것이라면, 결국 누가 어떤 책임을 다해야 하는지가 중요한 안건이 된다. 그리고 이처럼 전문기술이 관련된 경우에는 기술에 대해 더 많이 알고 더 할 수 있는 일이 많은 쪽의 책임이 강조되며, 더욱 직접적이고 실질적인 책무가 요청되기 때문이다.

그러나 기술 전문가의 책무만이 인공지능 윤리 논의의 전부는 아니다. 오늘날 인공지능 기술은 단독으로 작동하는 기술이 아니라 통신 등 다른 기술과 결합하여 사회 전반에 영향을 준다. 더욱이 인공지능 기술 기반 디지털 플랫폼, 예를 들어 유튜브, 페이스북, 인스타그램, 네이버 등을 누구나 사용한다는 점에서 사회생활 전반에 필수적인 일종의 인프라로 자리매김하고 있다. 곧, 알고리즘 개발자와 같은 기술 전문가나 실무자 외에

---

49 Institute of Electrical and Electronics Engineers. "Ethically Aligned Design Version 1: A Vision for Prioritizing Human Well-being with Artificial Intelligence and Autonomous Systems." 2016 ; Institute of Electrical and Electronics Engineers. "Ethically Aligned Design Version 2: A Vision for Prioritizing Human Well-being with Autonomous and Intelligent Systems." 2017.

50 "Ethical Aligned Design First Edition: A Vision for Prioritizing Human Well-being with Autonomous and Intelligent Systems.", IEEE, 2019.

도 인공지능 시스템에 직·간접적으로 영향을 주거나 받는 사람의 범위가 더욱 확대된 것이다. 예를 들어 사용자 맞춤형 학습을 위해 상시적으로 사용자의 데이터를 수집하는 인공지능 스피커는 해당 스피커를 직접 사용하는 사용자의 정보 이외에 주변인의 정보까지도 함께 수집하여 데이터베이스화하고 있다.

2016년 마이크로소프트의 챗봇 테이나 2020년 한국 스타트업 기업의 챗봇 이루다의 경우를 생각해 보자. 이들은 차별·혐오 발언을 하여 사회적 물의를 일으켰다는 공통점이 있다. 이 경우 우리는 1차적으로 개발자 측(이 경우는 기업)에 책임을 물을 수 있지만, 챗봇에게 혐오 발언을 유도하여 말을 건 챗봇 이용자(양자 모두), 챗봇에 제공된 대화 데이터의 생산자로서 수많은 인터넷 이용자의 영향도 간과할 수 없다. 그러므로 오늘날 인공지능 윤리 논의에서 인공지능 관련 이해당사자에는 기술 전문가와 최종 사용자 이외에 네트워크 서비스 제공자부터 이용자, 그리고 해당 제품 및 서비스를 직접 사용하지는 않지만 그로부터 영향을 받는 사람까지, 인공지능 기술에 직간접적으로 영향을 주고받는 모든 사람이 포함된다.

한편 윤리적 가치나 원칙은 단순히 선언적 차원에서 그치는 것이 아니라 실천으로 이어져야 그 가치가 구현된다고 할 수 있다. 그러나 앞서 살펴본 것처럼 인공지능은 다양한 상황에서 다양한 행위자와 얽혀 있으므로 원칙을 실천하기 위한 상황과 맥락, 실행을 뒷받침해 줄 환경이나 이를 위해 꼭 필요한 것 등을 생각하는 일이 쉽지 않다. 매우 많은 것을 함께 고려해야 하기 때문이다. 또한 실천은 원칙과 원칙에 따른 책무가 무엇인지,

왜 필요한지를 설명하는 이론 교육만으로 이루어지는 것이 아니다. 예를 들어 소프트웨어 전문가의 윤리적 의사결정에 관해 2018년 발표된 연구에서는 인공지능 윤리 교육을 받은 전문가가 그렇지 않은 전문가에 비해 더 윤리적인 의사결정을 한다는 뚜렷한 증거가 없다고 보고하고 있다.[51] 그러나 이는 윤리 교육이 쓸모없다는 뜻이 아니라, 윤리적 원칙과 가치의 실질적 이행을 촉진하려면 우리가 생각해 보아야 할 숙제가 많이 남아 있다는 의미로 이해해야 할 것이다.

무엇보다 윤리는 벌금이나 징역 등 구속력을 갖는 법과 달리, 개인의 행위에 직접적이고 강제적으로 개입하지 않으므로 실천을 유도하는 동력이 약하다. 이제 우리는 인공지능 윤리의 실천을 위해, 누군가가 강제하지 않아도 자발적으로 윤리적으로 행동하려는 마음을 갖고 움직일 수 있도록 장려할 방법을 찾아야 한다. 그러므로 행위의 필요성을 절감하고 실행을 유도하는 제도적 유인책, 동기부여에 효과적인 교육 방법, 사회문화적 변화의 유도 등 다양한 요인이 함께 총체적으로 논의되어야 한다. 이렇게 생각하면, 원칙의 실천을 위해 고려해야 하는 맥락이란 역사적, 정치적, 문화적 요인 등 기술에 대한 하나의 책무 이상을 포함한 복합적인 것임을 알 수 있다.

---

[51] McNamara, Andrew, Justin Smith & Emerson Murphy-Hill. "Does ACM's Code of Ethics Change Ethical Decision Making in Software Development?" *Proceedings of the 2018 26th ACM Joint Meeting on European Software Engineering Conference and Symposium on the Foundations of Software Engineering - ESEC/FSE 2018*, edited by Gary T. Leavens, Alessandro Garcia, and Corina S. Păsăreanu, New York; ACM Press, 2018. pp. 1~7.

이에 따라 최신 인공지능 윤리 논의는 지금까지 논의된 가치, 원리, 책무 등을 현실의 특수한 상황과 맥락 내에서 실천하도록 촉진하는 필수 요인 및 구체적 실행 조건에 주목한다. EU의 가이드라인(2018)은 신뢰할 만한 인공지능을 위한 구체적인 평가 항목을 제시하고, IEEE(2019)의 논의 역시 윤리적 가치에 부합하는 인공지능 설계를 위한 지표를 개발하거나, 정서를 다루는 인공지능 기술의 구체적인 문제와 법적·정책적 제안을 포함한다.

한편 이 같은 원칙 및 행위 가이드라인의 실천을 어렵게 만드는 사회적 조건에 대한 분석 또한 최신 인공지능 윤리 논의에서 주목하는 주제이다. 여기에는 인공지능 윤리와 관련된 법 제정 등 제도적 뒷받침에 관한 고찰, 시민사회 내 인공지능 윤리 교육의 도입 및 보급 방법, 기술 전문가가 아니지만 인공지능 기술에 직접적인 영향력을 행사하는 사람(기술 기업, 기술 선진국 등)의 책무 강조, 상대적으로 인공지능 기술에 개입할 힘은 거의 없는 반면 많은 피해를 입을 수 있는 사회적 취약계층에 대한 고려, 인공지능 기술이 인간의 노동 조건에 미치는 영향 및 위험을 드러내는 일, 인공지능의 편향성과 불공정성을 야기하는 근본적 원인으로서 정치적 구조 고찰 등이 모두 포함된다. 오늘날 인간의 윤리로서 인공지능 윤리는 점차 그 논의를 확장하며 현실과 다양한 연결 고리를 만들어 가는 중이라 하겠다.

2

인간은 인공지능이 벌인 일을
다 책임질 수 있을까?

인공지능 윤리가 전통적인 인간중심주의 책임 윤리에 속한다면, 인공지능 윤리는 인간이 기술을 윤리적으로 사용해야 한다는 전통적인 논의에, 단지 인공지능이라는 새로운 기술이 하나의 대상으로 추가된 것에 불과한 걸까? 그렇다면 인공지능 윤리 역시 특정 영역, 또는 이슈에 초점을 맞춘 윤리적 논의라는 점에서 기존의 응용윤리와 큰 차별점이 없을 것이다. 이 경우 기술을 다루는 다른 응용윤리와의 차이는 '인공지능'이 무엇이 될 수 있을지에 관한 상상력, 그리고 인간과 같은 것은 아니지만 '자율성'을 갖는다는 기술적 특성이다. 그러나 바로 그 기술적 특성으로 인해 우리는 이를 전통적인 응용윤리와 차별화한다.

(1) 누군가의 책임을 말하는 것 자체가 어렵다

전통적인 철학에서 도덕적 책임은 자유의지를 갖는 개인The Individual 행위자Agent에게 속한다.[52] 전통적으로 책임 논의의 출발은 집단이 아닌 개인이었다. 집단의 일 또한 개인의 행동을 통해 구성되기 때문이다. 행위자란 인간 존재의 여러 특징 중에서 특히 행동을 하여 자신과 타인, 이 세상에 영향을 줄 수 있다는 의미를 강조한 말이다.

자유의지는 행위자가 행동의 결과는 마음대로 통제할 수 없지만, 어떤 행동을 어떻게 '하고 싶다/할 것이다'라는 마음 속의 의지Will만큼은 자기 나름으로 자유롭게 형성할 수 있다는 뜻을 담은 개념이다. 물론 자유의지가 정말로 자유로울 수 있을지는 철학적으로 오랜 논쟁거리였다. 그러나 최소한 행위자가 어떤 행동을 하겠다고 생각하고 마음을 먹어야만 어떤 행동이 생겨난다. 예를 들어 학교에 가기 위해 새벽에 일어나야 한다면, 새벽에 일어나는 일을 좋아하지 않더라도 어쨌든 자신이 '새벽에 일어나야겠다'는 마음을 먹지 않으면 이를 행동으로 옮길 수 없다. 그런 의미에서 행위자는 특정한 행동을 이 세상에 등장시키는 결정적 원인이며, 따라서 자신의 행동에 책임이 있다.

이처럼 전통적 의미에서의 도덕적 책임은 행위자가 자유롭게 의지해서 그 행동이 생겼다는 자유의 인과 관계를 전제한다.

---

[52] 허유선, 「인공지능에 의한 차별과 그 책임 논의를 위한 예비적 고찰—알고리즘의 편향성 학습과 인간 행위자를 중심으로—」, 『한국여성철학』, 29, 2018, 174쪽.

그렇다면 이런 경우는 어떨까? 강도가 나의 목숨을 위협했기 때문에 어쩔 수 없이 그 말에 따른 경우, 천재지변이 일어났기 때문에 하던 일을 중단하고 갑작스레 몸을 피한 경우를 생각해 보자. 이때 행동의 결정적 원인은 외부의 강제적 위협이나 기타 불가피한 조건이지, 행위자 본인에게서 기인한 것이라고 보기 어렵다. 산사태 때문에 하던 일을 중단하고 몸을 피한 사원에게 회사가 책임을 묻지 않는 이유는 이 때문이다. 그러므로 행위자와 그의 행동이 '자유로운' 인과 관계가 아닐 때, 행위자에게 그 행동에 대한 책임을 물을 수는 없다.

한편 자신의 뜻과 생각에 따라 행동하는 사람이라면, 자신의 행동 방식과 과정, 결과를 어느 정도 예상할 수 있다. 예를 들어 누군가와의 약속을 위해 저녁 5시 즈음에 서울 시내를 버스로 이동하려고 마음먹은 사람이라면, 자신이 시간에 맞추어 버스 정류장에 가서 버스를 타야 한다는 것, 퇴근 행렬과 겹쳐 버스에 타는 사람이 많고 교통 정체를 겪을 수도 있다는 것을 대략적으로 미리 그려 볼 수 있다. 그러므로 이 같은 예상에 따라 자신의 행동을 조정할 수 있다. 버스 대신 전철을 이용할 수도 있고, 더 일찍 나오거나 약속 시간을 더 늦게 조정할 수도 있는 것이다. 그렇게 충분히 예상할 수 있으며, 그에 따라 자신이 조정하고 바꿀 수 있는 행동에 대해서는 그 사람에게 책임이 있다. 따라서 이를 충분히 생각하고 대응하지 않은 사람은 대개 책임감이 없다는 비난을 받는다. "퇴근 시간인 것을 알면서도 왜 늦게 나왔어?" 라고 화를 내는 반응이 바로 그런 것이다. 그러나 일반적인 퇴근길 교통 정체 외에 추돌 사고나 갑작스러운 폭설,

외계인의 등장과 같이 예상이 불가능한 일로 교통 정체가 발생했다면 우리는 보통 그 사람이 약속에 늦어도 그를 비난하지 않는다. 예상이 불가능한 상황 앞에서 그 행위자는 자신의 행동을 조정할 수 없었고, 그렇게 되기를 의도한 것도 아니기 때문이다.

그러므로 도덕적 책임은 첫째, 행위자 개인과 그의 행동이 자유를 매개로 한 인과 관계를 맺고 있으며 둘째, 자신의 행동과 결과를 대략적으로 예상할 수 있고, 셋째, 그에 따라 자신의 행동을 조정할 수 있다는 사실을 근거로 논의가 이루어진다. 즉 행위의 예상 가능성과 통제 가능성이 도덕적 책임의 전제이다.

한편 법적 책임 개념Liability 역시 도덕적 책임 개념의 핵심 전제를 공유한다.[53] 다시 말해, 법적 책임을 다룰 때도 행위자와 행위의 인과 관계, 예상 가능성, 통제 가능성을 핵심적으로 다루게 된다.

주목해야 할 것은 인공지능에 의해서 발생한 문제에 이 같은 전통적인 책임 논의의 특성을 그대로 적용하기는 어렵다는 것이다. 인공지능 기술의 특수성 때문에 행위자를 특정하는 것, 그리고 행위자와 행위 사이의 인과 관계를 규정하는 것이 어렵기 때문이다.

첫째, 현대 기술은 매우 복잡하다. 오늘날의 기술은 많은 개인과 많은 집단이 서로 영향을 주고받으면서 행동하는 복합적

---

[53] 고학수·박도현·이나래, 「인공지능 윤리규범과 규제 거버넌스의 현황과 과제」, 『경제규제와 법』, 13권 1호, 2020, 12쪽.

체계이자 과정이다.⁵⁴ 따라서 특정한 결과를 가져온 원인이 정확히 누구의 어떤 행동인지 파악하기가 쉽지 않다. 이러한 현상은 그 결과와 관련된 주체가 너무 많다는 의미에서 '많은 손Many Hands' 문제라고 부르기도 한다.⁵⁵

인공지능의 경우에 이 문제는 더욱 두드러진다. 인공지능 시스템은 빅데이터, 클라우드 컴퓨팅 환경, 사물인터넷 시스템, 정보 수집 센서 등 다양한 기술이 결합하여 작동한다.⁵⁶ 빅데이터 공급자, 클라우드 컴퓨팅 환경 설계 및 운영자, 사물인터넷 제작자, 정보 수집 센서 제작자 등 다양한 사람들이 서로 다른 방식으로 인공지능 기술에 개입하는 것이다. 특히 인공지능을 기획부터 폐기까지 하나의 생애주기를 갖는 시스템으로 이해할 때, 인공지능 시스템의 설계, 모델링, 모니터링 등 시스템의 생애주기 단계마다 그와 관련된 수많은 사람이 있음을 알 수 있다. 챗봇의 사용자가 인공지능을 희롱하거나 인공지능에게 차별 및 혐오 발언을 유도하고 학습시킨 마이크로소프트의 챗봇 테이 사건(2016)과 한국 기업의 챗봇 이루다 사건(2020) 등을 생각하면 챗봇 사용자로서 인공지능 이용자, 즉 최종 사용자End-User 역

---

54 Lenk, Hans. "Ethics of responsibilities distributions in a technological culture." *AI &Society*, 32, Springer, London, 2016, p. 220 참조. 이러한 관점에서 현대기술과 인간의 책임은 개별 주체에게 책임을 귀속하는 전통적 책임 논의를 벗어나, 분배적(분산된) 책임 논의가 되어야 한다는 주장도 제기된다. 이에 관해서는 Floridi, Luciano. "Faultless responsibility: on the nature and allocation of moral responsibility for distributed moral actions." 2016을 참조하라.

55 Nissenbaum, Helen. "Accountability in a Computerized Society." *Science and Engineering Ethics*, vol. 2, no. 1, 1996, pp. 28~32.

56 이중원, 「인공지능에게 책임을 부과할 수 있는가?: 책무성 중심의 인공지능 윤리 모색」, 『과학철학』, 22(2), 2019, 81쪽.

시 인공지능 시스템에 개입하며 영향을 미치는 행위자라고 할 수 있다. 또한 어떤 문제가 발생했을 때 그 원인은 다수의 개인이 각자 특별한 의도 없이 행동한 것이 조금씩 영향을 준 것일 수도 있고, 의도를 지닌 특정 집단의 고의적 행위일 수도 있다. 그러나 어떤 결과에 대해 누구의 행위가 얼마만큼 영향을 주었는지 파악하기는 쉽지 않다. 이렇게 자기 행동이 무엇에 얼마만큼 영향을 줄지 파악하기 어려울 때, 개인은 자기 행동의 결과를 예상하고 조정하기 어려워진다.

둘째, 인공지능 기술의 '자율성'은 이 문제를 심화한다. 앞서 설명한 것처럼 인공지능의 자율성이 인간 자율성과 동일한 의미는 아니다. 인간의 직접적 제어나 개입 없이도 작동할 수 있는 고도의 자동화 기술로 이해하는 것이 더욱 적절하다. 실제로는 인간의 제어나 개입이 아예 없는 것도 아니다. 그러나 근대 산업화 시대의 기계에 비해 오늘날 인공지능의 자동화는 비교할 수 없을 만큼 고도화되었다. 이 같은 특징을 가장 잘 보여 주는 것이 기계학습Machine Learning이며, 인공지능의 알고리즘은 기계학습을 통해 스스로를 향상시킨다.

알고리즘은 간략하게 말해 데이터를 처리하는 규칙, 또는 "컴퓨터가 수행할 일을 순서대로 알려주는 명령어의 집합"이다.[57] '기계학습'이란 인간이 하나하나 알고리즘을 위한 규칙을 제시하지 않아도, 알고리즘이 데이터를 통해 스스로 학습하는 것이다. 즉 알고리즘의 자동 학습이라 할 수 있다. 이세돌 9단

---

[57] 페드로도밍고스, 강형진 옮김, 『마스터 알고리즘』, 비즈니스북스, 2016, 29쪽.

과의 바둑 대결로 잘 알려진 알파고의 학습 방법인 '딥러닝Deep Learning' 역시 이 같은 기계학습의 한 종류이다.

그러나 기계학습에서 '학습'은 비유적 표현이다. 이전의 작업 결과에 영향을 받아 다음 작업 활동을 조정한다는 수준의 이야기이지,[58] 인간이 무엇인가를 배우는 일과 똑같은 것은 아니기 때문이다. 인간이 보통 '배운다'고 할 때에는, 여러 가지 단계를 거쳐 하나의 결론을 도출한다. 그러나 오늘날 기계학습은 거꾸로 주어진 결과에서 출발하여 그 결과를 낳기 위한 최선의 업무 수행 과정을 찾는다.[59] 인간의 추론 '과정'을 모방하기보다 인간의 추론 '결과'를 모방하려 하는 것이다. 그러므로 특정 결과를 가져오는 선택이 무엇인지는 단지 확률적으로 추정된다.

이러한 기계학습의 특성으로 인해 인간이 인공지능 알고리즘의 작동을 온전히 이해하거나 파악하는 것은 불가능하다. 이는 기술 전문가라 해도 마찬가지이다. 입력값Input과 출력값Output은 볼 수 있지만, 어떤 과정을 거쳐 어째서 이런 결과가 도출되었는지, 그 과정을 정확하게 설명하기는 어렵다는 의미다. 이것이 소위 알고리즘의 '불투명성Opacity' 문제다. 알고리즘의 자동화된 의사결정 절차가 인간에게는 일종의 '블랙박스'처럼 여겨질 수 있는 것이다.[60]

자율성과 불투명성에 관한 문제 분석에서 알 수 있듯, 인공지

---

[58] Surden, Harry. "Machine Learning and law." *89 Wash. L. Rev. 87*, 2014, (주 1), 89쪽; 설민수, 「머신러닝 인공지능의 법 분야 적용의 현재와 미래 - 미국의 현황과 법조인력 구조 및 법학교육에 대한 논의를 중심으로」, 『저스티스』, 한국법학원, 제156호, 2016, 271쪽, 재인용.

[59] 허유선(2018), 186쪽.

능으로부터 비롯된 윤리적 문제에 접근할 때, 예전처럼 특정 개인의 특정 행동을 문제의 원인으로 파악하고 그 사람에게 책임을 묻는 전통적 관점의 책임 논의는 한계를 갖는다. 살펴본 바와 같이 책임의 원인이 단일하고 명확하게 특정되지 않으므로, 해당 문제에 연관된 사람들이 각자 책임을 회피하고 이를 통해 책임의 공백이 생길 수 있다.

보통 책임을 묻는다고 할 때는 업무에 따른 역할, 배상책임 등 법적 책임 등을 생각하지만, 책임이라는 개념의 범주는 그보다 더 넓다. 우리는 나 자신의 행동이 자신을 포함한 다른 많은 사람에게 영향을 줄 수 있음을 알기 때문에, 행동을 신중하게 생각하고 결정하여 행동한다. 이것이 바로 도덕적 책임의 가장 단순한 의미이다. 그러나 내 행동으로 인해 발생할 영향을 파악하기 어렵고 그로부터 영향받는 사람의 범위가 불확실하다면, 신중하게 행동하기 위해 어디까지, 얼마만큼 생각해야 할지 혼란스러워진다. 곧, 도덕적 책임에 의거하여 행동한다는 것이 무엇인지 판단하기 어려워지는 것이다. 특히 법적 책임 논의와 달리 도덕적 책임 논의에서는 행위의 결과만큼이나 그 행동을 하게 된 동기와 성품이 중요시된다. 그 사람이 어떤 사람이고, 무슨 생각으로 이 일을 시작하였는지가 중요해지는 것이다.

따라서 책임 논의의 어려움은 심각한 문제가 될 수 있다. 인공지능의 자율적 행위가 인공지능 시스템에 관여한 개개인의

---

60 "Big Data: A Report on Algorithmic Systems, Opportunity, and Civil Rights." Executive Office of the President, 2016.5., pp. 8~9, https://www.whitehouse.gov/sites/default/files/microsites/ostp/2016_0504_data_discrimination.pdf

의도 및 통제 가능성을 넘어선다면, 그 결과로 발생하는 사건은 일종의 불가피하고 불가해한 천재지변처럼 느껴질 것이며, 또한 좋은 사람이 되어 좋은 마음으로 행동하라는 전통적인 도덕적 책임론도 공허한 이야기가 될 것이기 때문이다.

그렇다면 인공지능을 둘러싼 문제를 다룰 윤리적 주체로 인간을 간주하고, 그에 대한 책임을 요구하는 인공지능 윤리는 애초에 불가능한 것을 요구하는 것일까? 이에 답하기 위해서는 먼저 해당 기술의 특성 및 기술과 인간의 관계를 더욱 상세히 고찰해 봐야 할 것이다.

(2) 인공지능을 시스템으로 이해할 때 인간의 책임

인공지능 기술의 특성은 기술을 인간의 도구로 여겨 왔던 전통적인 기술-인간 관계에 대한 해석과 정면으로 충돌한다. 도구는 인간이 정한 목적을 위해 인간의 통제하에서 쓰이는 수단을 뜻한다. 그러나 앞에서 살펴보았듯 인공지능 기술은 내 손 안의 지우개나 볼펜처럼 손쉬운 통제가 가능한 대상이 아니다. 문제는 이렇다. 내 뜻대로 통제하기 어려운 것에 대해 책임을 묻는 것은 불합리한 것인가? 조직 전체에 책임을 묻는다면 모를까, 그에 속한 한 명 한 명에게는 책임을 요구하는 것은 불합리한 것인가? 정말 그렇다면 개인에게 인공지능 윤리를 말하는 일은 비합리적이고 불가능한 일일 것이다.

그러나 전적인 예측, 이해, 통제가 불가능하다는 말이 반드시 인공지능 기술에 대한 개입이 아예 불가능하다는 뜻은 아니다. 심지어 인간의 직접적 개입이 없어 보일 때조차, 인간은 인공지능 작동의 전체 과정에 개입하며 영향력을 발휘하고 있다. 그 이유에 대하여 살펴보자.

1) 인공지능의 이해: 시스템으로서 인공지능 기술의 함의

'인공지능'에 대해 학계에서 보편적으로 합의된 규정은 없다. 학문적 논의는 20세기 이후에야 본격화되었고, 시기나 학자에 따라 인공지능은 다르게 규정된다. '인공지능'이라는 개념 자체가 '인공적Artificial'과 '지능Intelligence'의 합성어라는 점을 생각하면 그 이유를 쉽게 알 수 있다. '지능'을 어떻게 정의하는지에 따라 인공지능에 대한 정의 역시 달라지는 것이다. 인공지능이 무엇인지, 또는 무엇이 될 수 있을지를 탐구하는 것 역시 인공지능 연구의 일환이다.

한편 현재 기술 발전 수준에 따라 인공지능의 의미를 규정하려는 시도 역시 일반적 합의에 이르기가 쉽지 않다. 인공지능은 지금도 발전 중인 기술이며, 적용 영역에 따라 요구되는 인공지능 기술의 수준 역시 다르기 때문이다.[61] 인공지능은 "기술의 발전에 따른 프로그램 또는 로봇, 그리고 넓게는 이를 다루는 학문 분야를 추후적으로 가리키는 개념"이기에, 전통적인 개념 규정의 방식으로는 인공지능을 말할 수 없다는 것이다.[62]

---

61   허유선·이연희·심지원(2020), 181쪽.
62   김형주(2016), 164~165쪽.

그러나 기술 거버넌스를 목적으로 하는 문헌들은 오늘날 우리가 실제로 사용하며 대응이 필요한 문제로 다루고 있는 인공지능을[63] '인공지능 시스템'으로 확장하여 말한다. 인공지능 시스템은 인간의 목적에 따라, 인간에 의해 설계된 소프트웨어 시스템(하드웨어 포함 가능)을 기반으로, 데이터를 받아들이고 내부적으로 분석하며 외부 환경에 영향을 주는 행위를 수행한다. 시스템은 내적 작동 논리에 따라 데이터를 분석하고 추론하여 현실적(예: 물리적, 사회적, 정신적) 혹은 가상적(예: 디지털 게임 등) 환경에 영향을 미치는 행위(예측, 권고, 의사결정 등)를 수행한다.[64]

인공지능을 하나의 시스템으로 이해할 때, 다음과 같은 시사점이 생긴다. 인공지능은 단일한 기술 대상(매체)이 아니라 다양한 기술이 결합한 복합적 시스템이다. 인공지능을 내가 쓰고 있는 스마트폰처럼 완성된 하나의 물건이 아니라 여러 가지 기술이 얽혀 있는 시스템으로 이해할 때, 우리는 기술이 처음 생각되고 완성되기까지의 기술 생애주기Lifecycle를 함께 고려할 수 있다. '기술의 생애주기'라는 표현은 본래 신기술의 태동에서 쇠퇴까지의 과정, 또는 기술 및 기술 제품이 시장을 거쳐 수용되는 과정을 논하는 맥락에서 나온 것인데,[65] 인공지능 기술의 생애주기는 인공지능 기술 시스템의 시작부터 활용까지, 전체 과정을 뜻한다.

---

[63] 허유선·이연희·심지원(2020) 참조.
[64] 허유선·이연희·심지원(2020), 182쪽.
[65] 이원태 외, 「4차 산업혁명시대 산업별 인공지능 윤리의 이슈 분석 및 정책적 대응방안 연구」, 『정책연구』, 18~23, 2018, 112쪽 참조.

인공지능 시스템의 생애주기는 일반적으로 다음과 같이 분류할 수 있다. 그러나 기술의 생애주기 단계가 반드시 연속적이라 할 수는 없으며, 경우에 따라 다시 이전 단계로 되돌아갈 수도 있다.[66] 먼저 시스템의 개념과 목표, 기본 가정, 맥락 및 요구 사항을 명료화하고 프로토타입을 구축하는 과정을 포함하는 '설계, 데이터 처리, 모델' 단계가 있다. 이후 해당 시스템의 검증과 확인Verification and Validation, 모델화된 시스템의 실제 활용을 위한 서비스화인 배치Deployment, 운영 전반인 오퍼레이션 Operation과 모니터링Monitoring이 기술 생애주기 혹은 인공지능 시스템 기술 구축의 전체 단계를 구성한다.[67]

복합적 시스템으로 이해하는 인공지능: 인공지능 시스템을 위한 기술구성단계

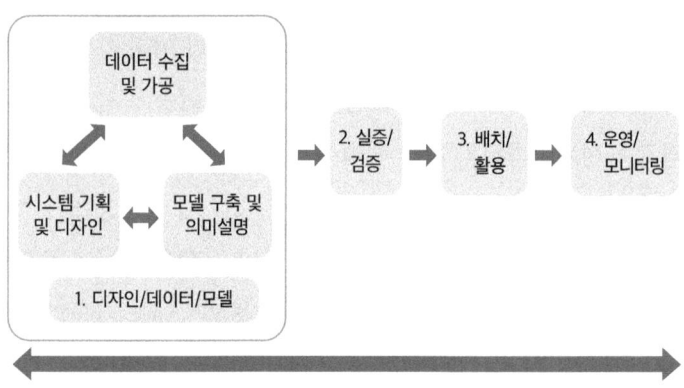

그림 3. AI 시스템 라이프사이클의 기본단계[68]

---

[66] European Commission's High-Level Expert Group on Artificial Intelligence. "Ethics Guidelines for Trustworthy AI." https://ec.europa.eu/digital-single-market/en/news/ethics-guidelines-trustworthy-ai 참조.

[67] OECD, *ARTIFICIAL INTELLIGENCE IN SOCIETY*, 2019, p. 15.

[68] OECD, 한국정보화진흥원 번역, 『공공기관 신뢰가능 AI 구현 실용가이드』, 2019, 8쪽.

둘째, 인공지능의 생애주기 매 단계마다 다양한 인간 행위자, 곧 다양한 개인들이 연관되어 있다. 대표적으로 인공지능 기획자, 개발자, 운영팀, 모니터링을 위한 직원, 기술 제품/서비스의 사용자 등을 떠올릴 수 있다. 그러나 우리는 인공지능 시스템에 직접적으로 영향을 주고받는 사람들만이 아니라, 시스템의 생애주기 매 단계마다 간접적으로 영향을 받는 사람도 많다는 것을 고려해야 한다. 예를 들어, 자율주행차가 상용화되면 자율주행차를 직접 이용하지 않는 사람 역시 자율주행차의 영향을 받게 된다. 보행자로서, 혹은 같은 도로를 나란히 달리는 운전자로서 자율주행차의 영향을 받을 수 있기 때문이다.

이러한 이유에서 2019년 발간된 OECD의 인공지능 권고안은 인공지능과 관련된 당사자의 범주에 '인공지능 행위자'뿐 아니라 이해관계자도 포함한다. 인공지능 행위자는 인공지능 시스템 생애주기에서 적극적 역할을 수행하는 조직과 개인을 뜻하며, 인공지능 이해관계자는 인공지능 시스템에 의해 직·간접적으로 영향받는 모든 개인과 조직을 의미한다.[69] 이는 인공지능 시스템의 설계와 조작에 인공지능 행위자가 반드시 개입하고, 이들의 행위가 인공지능이라는 기술적 대상뿐 아니라 그로부터 영향을 받는 다른 인간에까지 광범위하게 영향을 미친다는 사실을 시사한다.

다음의 그림은 이러한 사실을 잘 나타내 준다.

---

[69] OECD. "Recommendation of the Council on Artificial Intelligence." OECD/LEGAL/0449, 2019, p. 7.

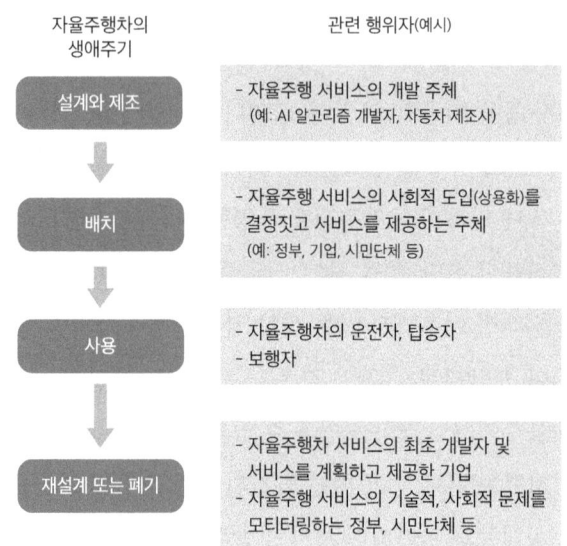

그림 4. 자율주행차 사례로 본 인공지능의 생애주기와 연관된 인간 행위자

    이렇게 단계별로 나누어 생각하면 동일한 기술 제품 및 서비스일지라도 기술이 도입되거나 운영되는 문화적, 정치 경제적 조건이 다르면 기술은 다르게 사용된다는 것 또한 생각할 수 있다.[70] 똑같은 인공지능 기술 서비스라고 해도, 애초에 기획 단계에서부터 고려된 대상이 아니거나 해당 기술을 쓸 수 있는 다른 기술적 환경(전기, 인터넷 보급 등)을 충분히 갖추고 있지 않다면 같

---

[70] 2017년 브라질에서는 경제적, 기술적으로 선진국을 중심으로 발전하는 인공지능 기술 산업이 그 외의 지역(소위 지구의 '남반구')이나 신흥국가에는 최초의 의도와 다르게 사용되거나 불이익을 발생시킨다는 점을 보고 토론하는 심포지엄(Global Symposium on AI & Inclusion)이 개최되기도 했다.

은 기술이 사용되더라도 그 결과에 차이가 날 수밖에 없다. 그러므로 인공지능 시스템은 표준화가 가능한 기술적 대상이면서, 동시에 역사적·문화적·사회적 맥락과 영향을 주고받는 사회적 산물인 셈이다.[71]

결론적으로 인공지능의 작동과 그 결과를, 특히 누구에게 어떠한 위해를 미치게 될지를 정확하게 예측하거나 통제할 수 없다고 하더라도, 인공지능 시스템의 작동에서 인간 행위자의 책임이 면제될 수는 없다. 인공지능 시스템의 생애주기 전체에 인간 행위자가 개입하고, 기술과 관련된 중요한 결정에 영향을 미치기 때문이다. 인간 행위자와 전적으로 유리된 인공지능 시스템은 존재할 수 없으며, 따라서 인간 행위자는 인공지능 시스템의 작동 및 귀결의 원인으로 간주될 수 있다. 따라서 논의의 방향은 특정인의 책임 유무를 가리는 것이 아니라, 어떤 개인이 무엇을 얼마만큼 주의하고 수행할 것인지로 향해야 할 것이다. 행위자로서 인간에게는 항상 책임이 동반되는 것이다.

2) 데이터, 알고리즘 설계 및 학습과 인간 행위자

그렇다면 우리는 인공지능의 자율성, 알고리즘의 불투명성과 인간 행위자의 관계를 구체적으로 어떻게 이해할 수 있는가? 특히 인간이 직접 개입하지 않는 것처럼 보이는 인공지능 시스템의 경우, 이 관계를 우리는 어떻게 설정해야 할까? 기계

---

[71] 허유선, 「인공지능 시스템의 다양성 논의, 그 의미와 확장-인공지능의 편향성에서 다양성까지」, 『철학사상문화』, 35호, 동국대학교 동서사상연구소, 2021, 205쪽.

학습의 경우를 살펴보자.

기계학습은 크게 지도학습Supervised Learning과 비지도학습 Unsupervised Learning으로 구분된다. 지도학습은 문자 그대로 인간의 지도 혹은 감독하에서 알고리즘의 학습이 진행되는 것이다. 인간이 상정한 입력값에 상응하는 올바른 출력값을 짝지어 알고리즘을 학습시킨다. 다시 말해 인간이 특정 데이터를 입력했을 때 기대하는 결과 데이터를 입력 데이터와 한 세트로 만들어 알고리즘을 학습시키는 것을 말한다.[72] 따라서 트레이닝 세트, 곧 훈련용 데이터의 역할이 매우 중요하다. 예를 들어 인간 사용자가 스팸 메일로 분류된 훈련용 데이터를 제공하면 알고리즘이 그 자료에서 유효한 특징을 찾아내고 검증하는 과정을 거쳐 스팸 메일을 분류하기 위한 규칙을 만들어 내고 자동으로 스팸 메일을 분류하는 경우가 이에 해당한다.[73] 지도학습 알고리즘은 이 같은 과정을 통해 인간의 직접적인 개입 없이도 인간이 해당 업무를 수행한 것과 유사하거나 인간보다 나은 결과를 산출할 수 있다.

인간이 직접 인공지능의 학습을 위한 훈련용 데이터를 제공하는 점에서 알 수 있듯이, 지도학습 알고리즘에 기반한 인공지능은 독립적으로 작동하는 것처럼 보여도 여전히 인간의 의도 및 통제에서 완전히 벗어났다고 할 수는 없다. 동일하게 설계된 알고리즘이라 해도 훈련용 데이터에 따라 서로 다르게 학습이

---

[72] 심우민, 「인공지능의 발전과 알고리즘의 규제적 속성」, 『법과 사회』, 제53호, 법과사회이론학회, 2016, 46쪽 참조.
[73] 피터 플래치, 『머신 러닝』, 비제이퍼블릭, 2016, 1~4쪽 참조.

이루어질 수 있기 때문이다.

　훈련용 데이터의 목적과 종류는 인간 행위자에 의해 규정된다. 따라서 지도학습에서는 인간의 의도와 개입, 이에 따른 영향력이 명확히 드러난다. 물론 이것이 기계학습의 전체 과정을 투명하게 이해하고, 이로부터 산출될 수 있는 모든 결과를 인간이 미리 예측할 수 있다는 것을 의미하지는 않는다. 그러나 알고리즘의 의사결정이 어떤 훈련용 데이터로 학습되었는지에 달려 있다는 점에서, 관련 인간 행위자의 의도(기대)와 훈련용 데이터의 제공(의도에 근거한 행위)은 인공지능의 학습 및 작동에 매우 중요한 영향을 미친다.

　반면 비지도학습은 문자 그대로의 의미를 살펴볼 때, 알고리즘의 학습 과정에 인간의 직접적 지도나 감독이 없는 것이다. 비지도학습에서 우리는 기대하는 결과값을 도출할 수 있는 훈련용 데이터를 알고리즘에 제공하지 않는다. 알고리즘은 스스로 데이터를 분석하여 내재된 패턴이나 규칙을 찾아 분류한다. 구글 딥마인드팀이 알파고 이후 개발한 알파고 제로AlphaGo Zero가 이 같은 경우다.[74] 기존 알파고는 수천 개에 달하는 인간의 바둑 기보라는 훈련 집합을 통해 학습했지만 알파고 제로는 오직 바둑의 기본 규칙만을 입력치로 갖고 다른 훈련 집합 없이 혼자 바둑을 두고, 시행착오를 거치면서 바둑의 규칙을 스스로 학습했다. 이러한 학습 방식은 분류되지 않은 거대한 자료가 주어졌을 때 그 자료의 새로운 특징, 패턴을 찾아 분류하는 작업

---

[74] Hassabis, Demis, David Silver. "AlphaGo Zero: Learnin from scratch." 2017. 10.18., https://deepmind.com/blog/alphago-zero-learning-scratch/ 참조.

에 유용하다.[75]

   그렇다면 지도학습의 경우 인간의 개입을 인정할 수 있지만 상대적으로 비지도학습에서는 그렇지 않다고 할 수 있을까? 비지도학습에는 인간이 직접적으로 훈련용 데이터를 제공하지 않기 때문에, 일견 그렇게 생각할 수 있다. 그러나 비지도학습에도 인간의 개입이 있으며, 인공지능 시스템의 작동에 중요한 영향을 미친다. 인간의 1차적인 자료 선별 작업 없이 알고리즘 학습이 이루어질지라도, 데이터에는 여전히 인간이 개입하고 있기 때문이다.

   알고리즘 학습을 위한 필수 재료인 데이터는 인간사회에서 생산되고 누적된 것이다. 따라서 무작위의 데이터에도 인간의 역사적 편향성Bias이 반영되어 있다. 인공지능의 비지도학습 데이터 내에 인간이 역사적으로 쌓아 온 구조적 억압 등 부정적 편향이 있다면 인공지능 역시 이를 그대로 학습한다.[76] 2012년, 스탠퍼드 대학 연구팀을 중심으로 한 젠더 혁신 프로젝트 Gendered Innovations Project는 당시 기계번역Machine Translation 시스템의 대부분이 원문에서 명백하게 여성을 뜻하는 문장조차 대부분 남성 대명사로 번역한다고 보고했다.[77] 전통적인 영어

---

[75] 허유선(2018) 187쪽.

[76] 허유선(2018) 참조.

[77] 그 외에도 "기존 구글 번역은 '힘센(strong)'이나 '의사(doctor)'와 같은 단어는 남성형으로, '간호사(nurse)'나 '아름다운(beautiful)'과 같은 단어는 여성형으로 번역하는 경향이 강했다." 이기범, "구글,사회적 편견 제거한 공정한 AI 만들겠다." 블로터, 2019.6.25., https://www.bloter.net/news/articleView.html?idxno=29452 구글은 기계번역의 이러한 편향이 현재는 시정된 상태라고 밝혔다. 기사 참조.

권 텍스트에 이미 남성 대명사가 많고, 기계번역 개발에 사용된 텍스트 자료에도 남성 대명사가 남용되어 있기 때문이다.[78] 데이터 내의 역사적 편향성을 염두에 두지 않은 인공지능 기술은 기존의 차별을 재생산하고 고착화하여 차별을 영속화할 수 있다. 또한 비지도학습 알고리즘에도 알고리즘이 목적에 따라 적절한 학습을 하고 있는지 확인하기 위한 검증용 데이터Validation Data가 요구되며, 이 과정에서 역시 인간 행위자가 개입한다. 어떤 데이터가 해당 목적에 적절한 것인지를 판단하는 것은 여전히 인간 행위자의 역할이다.

더 주의를 기울여야 할 것은 인공지능 시스템의 목적 설정 및 알고리즘 설계가 인간에 의해 이루어진다는 사실이다. 예를 들어, 앞서 언급한 인공지능의 편향성과 그로 인한 차별의 문제는 데이터의 개선만으로 해결될 수 없다. 알고리즘이 개인 맞춤 서비스를 제공한다는 명목으로 특정 집단의 정보 흐름을 제한하고 사용자의 선택을 더욱 협소하게 만드는 방식으로 설계될 수 있기 때문이다. 유튜브의 추천 알고리즘이 이용자를 더욱 자극적인 콘텐츠로 이끌고 있다는 문제 제기가 대표적이다.[79]

또한 인공지능 시스템의 데이터에 주의를 기울이거나, 인공

---

[78] Stanford's Gendered Innovations project. "Machine Translation: Analyzing Gender." http://genderedinnovations.stanford.edu/case-studies/nlp.html; 젠더 혁신 한국어 사이트. http://genderedinnovations.wiset.re.kr/case-studies/nlp.jsp#tabs-1, 기계번역의 젠더 이슈에 대한 최초의 보고는 2007년에 시작되었다.

[79] Roose, K. "The making of a YouTube radical." *The New York Times*, 2019.6.8, https://www.nytimes.com/interactive/2019/06/08/technology/youtube-radical.html

지능 시스템이 기술적으로 더욱 개선될지라도 그 효과는 여전히 최초에 규정된 시스템의 목적에 근거하며 그 목적을 강화한다는 점을 생각해야 한다.[80] IBM은 2019년, 100만 개의 얼굴 이미지로 인공지능을 학습시킨다고 밝혔다.[81] 기존의 IBM 얼굴인식 시스템이 '백인' '남성'에 편향된 데이터로 학습하여 상대적으로 피부가 어두운 남성, 그리고 여성의 경우에는 인식률이 떨어진다는 비판을 의식하여 기술을 개선한 것이다.[82] 그러나 우리가 생각해야 할 것은 다양한 인종, 성별을 인공지능 시스템의 학습을 위한 데이터에 포함하는 것만이 아니다. 안면인식 기술은 종종 공권력에 의한 시민감시를 목적으로 사용된다. 이 감시는 대개 기존의 권력 구도에서 배제되고 주변화된 사람, 예를 들면 빈민 계층이나 유색인종 공동체를 향한다. "흑인을 소프트웨어에 동등하게 드러나게 만드는 일은 우리 흑인에게 명백히 무기로 사용될 수 있으며, 사회적 진보라고 할 수 없다. 우리는 범죄자로 간주되며 더 많이 감시당한다. (…) 우리가 언제나 드러나 보여야 한다고 믿는다는 국가에 의해 (우리의 프라이버시) 권리는 감소하고 있다."[83] 그리고 이 같은 인공지능 시스템의 목적 설정 및 활용은 여전히 인간의 몫이다.

---

[80] 허유선, 「인공지능 시스템의 다양성 논의, 그 의미와 확장 – 인공지능의 편향성에서 다양성까지 –」, 『철학사상문화』, 35, 2021, 217~219쪽 참조.

[81] "IBM hopes 1 million faces will help fight bias in facial recognition." CNBC, 2019.1.29., https://www.cnbc.com/2019/01/29/ibm-releases-diverse-dataset-to-fight-facial-recognition-bias.html.

[82] "Facial Recognition Is Accurate, if You're a White Guy." The NewYork Times, 2018.2.9., https://www.nytimes.com/2018/02/09/technology/facial-recognition-race-artificial-intelligence.html.

이렇듯 자율성, 불투명성과 같은 인공지능 기술의 특성이 인간의 책임에 면죄부를 주는 것은 아니다. 인간이 인공지능 시스템의 매 단계에 개입하고 결정권을 행사하는 행위자라는 사실은 명확하다. 인간은 전적으로 통제 불가능한 시스템에 휘말린 것이 아니라 인공지능 시스템의 설계, 작동, 결과에 개입하며 영향을 미치는 행위자로서 자신의 개입과 영향력에 따른 책임을 부여받은 존재다. 그렇기 때문에 인공지능 시스템을 완벽하게 이해, 예측, 통제할 수 없다고 하더라도 인간 행위자의 책임이 면제되는 것은 아니다.

또한 기술에 대한 완벽한 이해와 예측이 불가능하다는 것과 인간이 그 자신의 목적에 따라 설계하고 활용하는 기술 제품 및 서비스에 대한 통상적 예측이 전적으로 가능하지 않다는 것은 그 의미가 다르다. 인공지능 기술의 특수성이 후자를 불가능하게 만들지는 않는다. 우리는 이 같은 특성을 지닌 기술이 인간에게 유익하고 치명적인 위험을 불러오지 않도록 그 사용 목적, 범위, 정도 등에 대해 더욱 신중히 주의를 기울여야 한다.

인공지능 기술의 자율성, 불투명성, 그로 인해 높아지는 불확실성과 통제의 어려움은 인간 행위자의 책임을 면제하는 근거가 아니라, 오히려 책임의 범위와 그 이행 가능성 및 조건을 더욱 광범위하고 신중하게 생각해야 하는 근거가 되어야 한다. 우리는 종종 기술의 변화를 돌이킬 수도, 개입할 수 없는 불가항

---

83 Samudzi, Z. "Bots Are Terrible at Recognizing Black Faces. Let's Keep it That Way." *The Daily Beast*, 2019.2.8., https://www.thedailybeast.com/bots-are-terrible-at-recognizing-black-faces-lets-keep-it-that-way.

력의 것으로 간주하고, 그에 적응하는 것만이 남은 과제인 것처럼 생각한다. 그러나 기술은 언제나 사회 속에서 생겨나며, 인간의 의지는 언제나 기술에 개입한다. 우리가 적응하기 위해 진지하게 숙고해야 할 것은 기술에 대한 인간 영향력을 둘러싼 조건이 변화하고 있다는 사실, 그리고 그에 따라 인간 책임의 조건 및 그 이행을 위한 환경이 변화하고 있다는 사실일 것이다.

(3) 인공지능 기술, 책임자는 따로 있는가?

인공지능의 자율성은 전통적인 인간의 책임론, 곧 행위의 인과관계를 토대로 개별 인간 행위자에게 책임을 요구하는 논의를 어렵게 만든다. 그러나 특정 개인에게 책임을 묻는 일이 쉽지 않다 하더라도 책임 요청이 불가능한 것은 아니며, 무엇보다 인간의 책임이 면제되는 것도 아니다. 인공지능 시스템은 사회적 맥락 속에서 인간에 의해 시스템의 목적이 설정되고 알고리즘이 설계되는 사회적 산물이며, 인간은 인공지능 시스템의 매 단계마다 개입하고 영향력을 행사하기 때문이다.[84]

또한 인공지능의 기계학습은 그 표현 자체와는 달리 인간의 어떤 개입도 존재하지 않는 기계만의 학습이 아니다. 살펴본 바와 같이, 기계학습에 필수적인 데이터에는 인간사회의 역사적

---

[84] 인공지능시스템에서 인간에 의한 주재(감독, Supervison)은 필수적 요소이다. 김중권, 「인공지능(지능형) 시스템의 도입을 위한 법적 규율의 문제」, 『공법학연구』, 제22권 제1호, 2021.2.,

편향이 누적되어 있으며 훈련용 데이터의 선정에도 인간의 의도가 반영된다. 인간이 훈련용 데이터를 선별하여 제공하지 않는 비지도학습 역시 실제로는 곳곳에 인간이 개입하며 조정한다. 인간은 인공지능 시스템에 영향력을 발휘할 수 있고, 인간의 행위에 따라 인공지능 시스템의 목적, 설계, 배치 등이 달라지는 것이다. 그러므로 인간은 인공지능의 작동과 귀결의 원인으로서 그 인과 관계를 부인할 수 없으며, 그것에 책임이 있는 행위자이다.

그러나 모든 인간이 인공지능 시스템에 동등하게 개입할 수 있는 것은 아니다. 일단 인공지능 시스템에 가장 직접적인 영향력을 끼치는 인간 행위자 집단 중 하나로 인공지능 기술 전문가가 있다. 이들은 데이터 선별, 알고리즘 설계, 발생하거나 발생할 수 있는 문제에 대한 이론적 이해 및 기술적 해법의 제시 등 인공지능 시스템 생애주기의 모든 단계에 직접적인 영향력을 행사한다. 그러므로 인공지능 시스템과 사회에 강한 영향력을 행사할 수 있는 기술 전문가 집단에게 1차적 책임이 요구되는 것은 합리적이다. 인공지능 시스템의 최종 이용자 또는 비전문가가 기술과 관련된 문제를 인지하지 못하거나 피해를 입증할 충분한 인지적·물리적 정보가 부족할 때, 이들을 대신하여 문제를 제기하거나 증거를 제시하는 등의 일도 여기에 포함된다. 전문적인 의료 지식과 영향력을 지닌 의료인에게 그에 합당한 주의 및 설명 등의 책임이 요구되듯이, 인공지능 기술에 직접 개입하며 그에 관한 가장 많은 전문 지식을 갖고 있는 기술 전문가에게는 전문가 윤리Professional Ethics로서 인공지능을 둘러싼 문제와 사회적 영향에 주의를 기울이고 이를 해소하려는 노력이 요청되는 것이다.

1) 인공지능 윤리는 모두의 윤리

그렇다면 인공지능 윤리는 일종의 직업윤리, 전문가 윤리로서 기술 전문가에게만 그 책임을 요구하는 것일까? 인공지능 윤리가 인간의 책임을 강조하는 논의이며, 인간에게 책임 역량이 있음을 이해했다고 하더라도 인공지능 윤리가 말하는 책임이 누구의 책임인지에 대해서는 여전히 의문이 있을 수 있다.

나의 일, 곧 내가 개입하여 영향력을 발휘할 수 있는 일과 그렇지 않은 일을 구분하여 책임을 논한다면 인공지능 윤리 논의는 얼핏 보기에 기술 비전문가, 일반 시민과는 무관한 논의로 보인다. 그러나 인공지능은 공동체와 독립적인 기술이 아니라 공동체의 가치와 함께, 공동체의 감시와 더불어 발전하는 사회적 영역이다. 따라서 인공지능 윤리의 책임은 우리 공동체 모두의 몫이라 할 수 있다.

무엇보다 기술 전문가 역시 사회 내에서는 한 명의 시민이며, 사회적 요인에 의해 영향받는다. 기술에 대한 그들의 결정과 판단은 사회와 전적으로 무관할 수 없다.

알고리즘 설계의 경우를 생각해 보자. 이 경우 직접적으로 관련된 기술 전문가의 판단에는 역사적 편향성, 동료 집단의 특징, 자본의 이해관계 등 사회 내 다른 행위자들이 직·간접적으로 연루된 다양한 외적·사회적 압력이 작용한다. 예를 들어 채용을 위해 인공지능 시스템을 개발, 활용하기로 한 회사가 있다. 현재 성취가 뛰어난 사원들의 공통점을 조사해 보니, 어린 나이부터 컴퓨터에 흥미를 갖게 된 백인 남성이라는 공통점을 발견하였다. 그러므로 알고리즘이 학습할 유관 요소를 결정하는 사람은 구직자 채용 알고리즘의 주요 요소로 이 같은 특징을 활용할 수 있다. 그러나 그 사회는 역사적, 문화적 편향성, 소득 수준 등의 이유로 다른 소녀, 소년보다 '백인' '소년'이 컴퓨터를 더 빨리, 많이 접하는 사회일 수 있다.[85] 이를 고려하지 않은 알고리즘은 특정 인종, 성별을 차별하려는 의도가 없어도 고용 패턴을 왜곡할 것이다. 실제로 아마존은 2018년, 인공지능을 이용한 채용 심사를 목적으로 여러 해에 걸쳐 개발해 온 알고리즘이 여성 지원자를 차별하는 결과를 낳는다는 점을 발견하고 해당 프로젝트를 폐기한 바 있다.[86]

한편 구글은 2018년 미 국방부와 공동으로 진행하던 AI 기반 무인 항공기 개발 프로젝트의 참여를 그 이상 연장하지 않을 것이라고 발표했다. 연구원을 비롯한 구글 직원들이 해당 프로젝트에서 기술이 인간에게 치명적인 피해를 입힐 것을 우려하며 강력하게 저항했기 때문이다. 이들은 반대 성명서를 발표하고, 프로젝트 폐지 청원을 진행하며 일부 연구원은 사표를 쓰는 등 강하게 반발하였다. 군 시스템에 대한 인간의 검토가 약화하거나 사라질 것이며, 표적 살인을 목적으로 군사 감시 데이

---

[85] Executive Office of the President(2016.5.), 15쪽의 예시를 참조, 재구성하였다. 허유선(2018), 193쪽.
[86] 곽예하 기자, "AI 판단, 다시 고려해 봐야 하는 이유…다양한 AI 편향성 논란," *Tech M*, 2018.12.8., http://techm.kr/bbs/board.php?bo_table=article&wr_id=5403

터와 사용자 개인의 데이터가 통합될 수 있다는 우려가 그 근거였다.[87] 구글 연구원들의 행동은 인공지능 기술에 직접적 연관을 미치는 기술 전문가로서 책임을 다한 것이기도 하지만, 전체 시민 공동체의 구성원으로서 책임 있는 행동을 한 것이기도 하다.[88] 알고리즘의 설계를 위한 개인의 판단은 진공 상태에서 이루어지는 것이 아니며, 그 자신이 몸 담고 있는 사회와 전적으로 분리될 수 없다. 그러므로 "알고리즘은 사회적 상호작용과 독립된 것이 아니라 그 자체가 사회적 상호작용의 한 기능"이다.[89]

한편 시민은 알고리즘 학습을 위해 꼭 필요한 데이터 생산자이기도 하며, 알고리즘의 학습은 사용자의 피드백과 상호작용에 의해 향상되고 강화된다. 사용자 역시 알고리즘의 학습에 영향력을 행사할 수 있는 것이다. 이 같은 영향과 개입은 사용자 개인이 자신의 영향력을 의식적으로 인지하지 못하거나, 다른 의도가 없어도 발생할 수 있다.

가장 쉬운 예로 추천 알고리즘에 대한 사용자의 영향을 생각해 볼 수 있다. 추천 알고리즘은 우리의 선택을 편리하게 하지만, 우리의 선택을 더욱 협소하게 제한하기도 한다. 그러나 이 추

---

[87] 신제남 기자, "[4차산업혁명, 세계는 지금] 구글, AI 군사 프로젝트 '메이븐' 중단." 스트레이트뉴스, 2018.6.5., https://www.straightnews.co.kr/news/articleView.html?idxno=33394

[88] 이와 비슷하게 한국과학기술원(카이스트)이 한화시스템과 공동으로 추진하는 인공지능 무기 연구에 항의하며, 세계 인공지능(AI) 및 로봇 연구 분야 학자 50여 명이 카이스트와의 연구에 보이콧 선언을 한 바 있다. "'카이스트 보이콧' 신인한 세계 악사들, AI 무기 개발 비판." 한겨레, 2018.4.5., https://www.hani.co.kr/arti/science/science_general/839279.html

[89] 이원태, 「EU의 알고리즘 규제 이슈와 정책적 시사점」, 정보통신정책연구원, 2016, 7쪽.

천 목록을 만들어 내는 일에는 게시물의 '클릭' 등 사용자의 관여가 영향을 미친다. 유튜브의 영상 추천 알고리즘은 여러 요인이 복합적으로 작용하는데, 그중에서도 추천 순위를 정하는 알고리즘은 추천 영상에 대한 사용자의 반응을 예측하여 점수를 매기며, 이를 위해 사용자의 관여도Engagement와 만족도Satisfaction를 근거로 활용한다. 관여도는 클릭 여부와 클릭한 후의 시청 시간 등을, 만족도는 사용자의 '좋아요'와 별점 등을 활용한다.[90] 따라서 사회에 유해한 극단적인 영상, 폭력적인 영상도 사용자의 클릭 수와 '좋아요'에 따라 다수에게 널리 노출될 수 있다.

알고리즘의 설계에 대해서도 마찬가지다. 시민은 기술에 대해서는 비전문가이지만 시장의 소비자이기도 하다. 개별 시민은 차별을 강화하는 개인별 맞춤 자동 광고 제안 시스템을 활용하는 기업에게 윤리적 알고리즘 설계와 운영을 요구하는 압력을 가하고, 외부자의 관점에서 기업의 시스템을 감시할 수 있다.[91] 비전문가인 일반 공중 역시 다양한 방식으로 인공지능 시스템의 목적, 설계, 학습, 배치 등에 영향력을 행사할 수 있는 것이다.[92] 사회의 모든 행위자는 "기술적이든 제도적이든 알고리즘의 책임성, 공정성, 투명성을 제고하기 위한 사회적 제어 노

---

90 오세욱, 송해엽, 『유튜브 추천 알고리즘과 저널리즘』, 한국언론진흥재단, 2019.
91 허유선(2018), 200쪽.
92 Crawford, Kate, Roel Dobbe, Theodora Dryer, Genevieve Fried, Ben Green, Elizabeth Kaziunas, Amba Kak, Varoon Mathur, Erin McElroy, Andrea Nill Snchez, Deborah Raji, Joy Lisi Rankin, Rashida Richardson, Jason Schultz, Sarah Myers West, and Meredith Whittaker. "AI Now 2019 Report." *New York: AI Now Institute*, 2019, https://ainowinstitute.org/AI_Now_2019_Report.html

력"에 참여할 수 있다.[93] OECD의 인공지능 권고안(2019)은 인공지능 시스템에 직간접적으로 영향을 받을 수 있는 인공지능 이해 당사자 전체가 인공지능 시스템과 관련된 공적 대화에 참여할 수 있도록 해야 한다는 것을 강조한다.[94] 그러므로 인공지능 윤리는 특수한 분야, 특정한 행위자만의 책임에 대한 논의가 아니라 사회 공동체 전체의 책임을 요청한다.

특히 인공지능 기술의 활용 영역 및 범위가 점차 증대하고 있다는 사실과 그에 따른 잠재적 영향력까지 고려할 때, 관련된 이해당사자가 광범위하게 확대될 수 있다는 점에도 유의해야 한다. 예를 들어, 자연어 처리를 위한 인공지능 모델을 하나 만들 때 60만 파운드의 이산화탄소가 배출된다는 사실이 최근의 연구에서 밝혀지면서, 인공지능 시스템이 기후변화에 미치는 영향 또한 인공지능 기술의 우려할 만한 문제로 부상하였다.[95] 이 같은 위험은 인공지능 시스템을 직접적으로 사용하지 않거나 그로부터 혜택을 얻을 수 없는 전 세계의 사람들에게도 고루 분배되며, 미래 세대를 포함하여 생태계 전체에 영향을 미친다. 따라서 인공지능 윤리에서 책임 논의는 단순히 인공지능 기술이 야기하는 단기적 위험, 혹은 단기적이고 국지적인 변화만이 아니라 장기적이고 사회 전반적인 변화까지 고려해야 한다.

---

[93] 이원태,「EU의 알고리즘 규제 이슈와 정책적 시사점」, 『KISDI Primium Report』, 2016권 12호, 정보통신정책연구원, 2016, 7쪽.

[94] Yeung, Karen. "Recommendation of the Council on Artificial Intelligence(OECD)." *International Legal Materials*, vol. 59, Published online by Cambridge University Press, 2020.

[95] Crawford et al.(2019), p. 13.

예를 들어 오늘날 많은 사람이 자동화된 알고리즘에 의해 제공되는 정보를 습득하여 일상적인 선택을 한다. 그러나 알고리즘은 이미 역사적 편향성을 반영하는데, 개인맞춤화 서비스 제공이라는 명목으로 이용자의 정보 습득과 선택을 더욱 협소하게 만들 수 있고, 악의를 가진 집단에 의해 허위정보가 제공되기도 한다. 접할 수 있는 정보량은 더 많지만 개인의 선택에 영향을 미치는 정보는 오히려 더욱 제한되며, 특정한 방향으로 의사결정을 유도할 수도 있는 것이다. 이는 쇼핑이나 동영상 시청 같은 개인의 일상적인 의사결정 외에, 선거 등 사회에 중요한 영향을 미치는 정치적 결정에도 영향을 끼친다. 특히 딥페이크 등 알고리즘 기술을 활용한 허위정보의 생성 및 유포가 더욱 쉬워졌기 때문에, 이제는 정보를 신뢰하는 일 자체가 어려워지고 있다.[96]

이처럼 기술의 변화는 단지 기술의 변화만이 아니라 개인과 사회에 대한 의사결정의 조건, 환경의 변화로 이어진다. 따라서 인공지능 기술에 대한 인간의 책임 논의는 특정한 개인이나 집단에게만 책임을 돌리는 것도 아니며, 특정한 문제에 대한 즉각적인 대응 요청만도 아니다. 인공지능 윤리가 요구하는 인간의 책임은 보다 폭넓은 의미로 이해되어야 한다. 이 책임은 한 개인만이 아니라 인간 공동체 전체에 기술과 사회의 관계, 전반적이고 장기적인 변화에 대한 근본적인 숙고와 반성을 요청한다. 곧 인공지능 윤리의 책임 논의는 '응용윤리' 또는 '전문가 윤리', 단기적이고 기술적인 해법의 제시라는 제한을 넘어 그에 영향

---

[96] 이민영, 「딥페이크와 여론 형성-알고리즘의 권력화와 탈진실의 규제담론-」, 『미국헌법학회 미국헌법연구』, 31(1), 2020, 199~241쪽.

을 받는 다양한 입장의 사람들, 미래 세대, 전 지구적 생태계까지 함께 고려하는 '모두의 윤리'로 전개되어야 한다.[97]

따라서 인공지능 윤리가 말하는 책임은 인간의 역량으로 불가능한 것에 대한 요구가 아니라, 인공지능 시스템에 직·간접적으로 영향력을 행사할 수 있는 모든 사람에게 최선의 행동을 요청하는 것이다.

2) 책임에 대한 폭넓은 이해가 필요하다

지금까지 인공지능 시스템의 모든 단계마다 인간이 개입하고 있음을 짚어 보았다. 인간은 여전히 인공지능 시스템의 작동 및 귀결에 직간접적으로 영향을 미치는 행위자이다. 곧, 인간에게는 인공지능 기술에 대한 책임 역량이 있다. 그러므로 새로운 유의점과 추가로 고려해야 할 사항이 있을지라도 우리는 여전히 우리에게 가장 익숙한 방식의 책임 논의를 인공지능 시스템과 관련된 논의에 적용할 수 있다.

그럼에도 인공지능 시스템과 관련된 문제의 명확한 인과 관계를 파악하기 어렵기 때문에 누구에게 얼마만큼의 책임이 요청되는지, 어떻게 그 책임을 다할 수 있을 것인지의 문제가 여전히 숙제로 남는다. 특히 인공지능의 기술적 특성을 충분히 고려한 법제가 아직 정착되지 않은 까닭에 법적 책임은 더욱 까다로운 문제가 된다.

---

[97] 허유선·이연희·심지원, 「인공지능 윤리와 로봇 윤리, 차이와 연속성-모두의 윤리로서 인공지능 윤리를 향하여-」, 『철학사상문화』, 34, 동국대학교 동서사상연구소, 2020, 66쪽.

가령 소위 자율주행차라 불리는 자율주행 시스템Automated Driving System, ADS을 장착한 차량에 사고가 난 다양한 경우를 생각해 보자. 자율주행 시스템이 차량의 운전을 인간 대신 맡아 운전하던 중에 사고가 났고, 해당 시스템을 구성하는 데이터, 알고리즘 학습, 네트워크 시스템 등에서 여러 문제가 발견되었으나 이 중 어떠한 요인이 사고의 결정적 원인인지 밝히는 것은 어렵다.

이때 차량의 사고 책임이 자율주행 시스템에 있다고 할 것인가, 아니면 제조사, 네트워크 설비 회사, 개발자 등 다양한 인간 행위자에게 책임이 있다고 할 것인가? 지금까지의 논의에 따르면, 우리는 여전히 인간의 책임을 고려해야 할 것이다. 그런데 이 경우 책임이 있는 행위자의 범위와 수, 특히 과실 책임의 분배가 문제가 된다.[98]

또한 사고가 인간 운전자에서 자율주행 시스템으로 권한이 이행되는 순간, 또는 그 반대의 순간에 발생했다면 어떨까? 이에 연관된 인간 행위자의 책임 중 운전자의 책임은 얼마만큼인지 어떻게 말할 수 있을까?

이 같은 어려움 앞에서 오늘날 인공지능 윤리의 책임 논의는 특정 시스템 및 제품에 대해 구체적으로 대응해야 하는 사람과 역할을 미리 설정하는 문제(소위 'accountability'의 문제[99]), 기술적

---

[98] 자율주행 시스템 차량의 사고에 대한 법적 책임 논의는 다음의 논문을 참조하라. 이중기·황창근, 「자율주행차의 운전자는 누구인가? – 자율주행 시스템(ADS)에 의한 운전행위와 그에 대한 ADS Entity의 민사적, 행정적 책임」, 『홍익법학』, 20권 3호, 홍익대학교법학연구소, 2019, 343~370쪽.

[99] 이에 대해서는 책의 후반부, 인공지능 윤리의 주요 가치를 서술하는 부분에서 상술하겠다.

방법 개발, 법의 개정 및 제정, 시민의 기술 문해력 증진, 아동이나 노인 등 사회적 취약계층을 포함하여 기술 비전문가도 이해할 수 있는 정도로 인공지능 시스템에 대한 설명을 제시하는 문제 등으로 확장된다. 이를 위해 (현재 기술이 그만큼 상용화되지는 않았지만) 인공지능 시스템 자체에 법적 의무를 부과하는 논의도 진행 중이다.[100] 책임의 이행을 위해 사회 전반의 변화, 다자간의 협력과 제도화 등이 요청되는 것이다.

한 가지 더 고려해야 할 점은 이 같은 변화와 책임을 요청하는 일이 개인의 책임만을 강조하는 것으로 이해되어서는 안 된다는 것이다. 어떤 문제는 사회적 상호작용의 결과로 야기된다. 특정 개인의 무책임한 행위, 의도적인 악의가 없이도 문제가 발생할 수 있다. 특히 인공지능 시스템에는 다양한 개인의 행동이 복합적으로 영향을 미치기 때문에 데이터 생산자, 알고리즘 설계자 등 각 개인의 서로 다른 행위, 그 자체로는 윤리적으로 문제가 없는 행위들이 복합적으로 작용하여 의도하지 않은 결과를 낳을 수 있다. 또한 모든 개인의 행위는 다른 사람만이 아니라 사회의 구조, 제도, 관습, 문화에 영향을 받으며 그와 상호작용하는 것이기도 하다.

---

[100] 이에 관한 다양한 관점의 논의는 다음의 논문들을 참조하라. 고학수·박도현·이나래, 「인공지능 윤리규범과 규제 거버넌스의 현황과 과제」, 『경제규제와 법』, 13(1), 2020, 7~36쪽. 이중원, 「인공지능에게 책임을 부과할 수 있는가?: 책무성 중심의 인공지능 윤리 모색」, 『과학철학』, 22(2), 2019, 79~104쪽. 자율주행 시스템 차량의 사고에 대한 법적 책임 논의는 다음의 논문을 참조하라. 이중기·황창근, 「자율주행차의 운전자는 누구인가? - 자율주행 시스템(ADS)에 의한 운전행위와 그에 대한 ADS Entity의 민사적, 행정적 책임」, 『홍익법학』, 20권 3호, 홍익대학교법학연구소, 2019, 343~370쪽.

2019년 자율주행 모드로 시범 운행 중이던 우버 차량이 도로에서 자전거를 끌고 가던 보행자를 치어 사망에 이르게 하는 사건이 발생하였다. 미국 교통위원회의 조사에 따르면 사고의 결정적인 원인 중 하나는 자율주행 시스템이 자전거를 끌고 가는 보행자를 인간으로 인식하지 못한 것이었다.[101] 카렌 나카무라는 이와 유사하게 자전거를 끌고 가거나 자전거를 타고 있는 사람만이 아니라 휠체어를 탄 사람 역시 인식에 실패할 확률이 높다고 지적한다.[102] 자율주행 시스템의 학습에 이용되는 데이터에 휠체어를 탄 사람의 이미지는 드물기 때문이다. 한편 미국 보스턴시는 '스트리트 범프Street Bump'라는 스마트폰 앱을 활용하여 도로의 구멍 위치를 파악하고 이 결과를 도로 보수에 활용하려 했다. 그러나 이것은 시의 자원을 특정한 계층에 보다 유리하게 배정하는 결과를 낳을 수 있다(Crawford, 2010). 계층별로 스마트폰 보유율에 차이가 있으며, 각 계층에 따라 주로 이용하는 도로가 다르기 때문이다.[103]

이는 인공지능 시스템이라는 기술이 불려오는 새로운 위험이자, 인공지능 시스템이 이를 직접적으로 활용하지 않는 사람

---

[101] "'Uber's Self-Driving Car Didn't Know Pedestrians Could Jaywalk." *Wired*, 2019.11.5., https://www.wired.com/story/ubers-self-driving-car-didnt-know-pedestrians-could-jaywalk

[102] Nakamura, Karen. "My Algorithms Have Determined You're Not Human: AI-ML, Reverse Turing-Tests, and the Disability Experience." *the 21st Inter-national ACM SIGACCESS Conference*, 2019.10.12., https://doi.org/10.1145/3308561.3353812

[103] 오요한·홍성욱, 「인공지능 알고리즘은 사람을 차별하는가?」, 『과학기술학연구』, 18(3), 한국과학기술학회, 2018, 164~165쪽.

에게까지 영향을 주며, 그 이익과 위험이 고르게 분배되지 않음을 보여 준다. 인공지능 시스템으로 야기될 수 있는 위해는 특히 사회적 취약 계층에게 더 큰 부담을 지운다. 그러나 이와 관련하여 특정한 개인이나 집단이 의도적으로 악의를 가지고 행동했다고 말하기는 어렵다. 기술 전문가는 기술에 매진하며, 기업은 시장경제와 법의 한계 내에서 자신의 이익을 추구하고, 행정기관은 기존의 사업에 첨단기술을 활용할 뿐이다. 그렇다면 이 일의 책임은 누구에게 있는가?

 이 같은 문제는 우리가 지금까지 쌓아 온 데이터와 현재 기술 산업계가 사회적 구조 및 권력관계를 반영하고 있음을 보여 준다. 이런 문제를 다루기 위해서는 최소한 발생하는 피해 또는 위험의 범위를 상세히 검토하고, 이를 누가 얼마만큼 감당해야 하는지를 고려하는 일이 필요하겠지만, 실제 기술 발전과 활용에서 이 같은 논의는 뒷전이 되기 쉽다. 그러나 이러한 위험을 고려해야 한다는 사회적 인식 및 합의, 그리고 이를 실행하기 위한 적절한 규제가 없다면 이들은 사회가 공동으로 대응해야 할 위험으로 간주되지도 않을뿐더러, 그럴 만한 능력이 없는 개인이 알아서 조심해야 하는 개인의 몫으로만 전가되기 쉽다. 그럴 경우, 기술에 대한 전문 지식이 부족하고 그와 관련된 결정권을 행사하기 어려운 개인의 피해가 커질 것은 자명한 일이다. 그러므로 우리는 인공지능 시스템의 책임에 대해서 개인의 책임과 구조적 문제의 개선을 동시에 고려해야 할 것이다.

 아이리스 영은 『정의를 위한 정치적 책임』에서 사회의 어떤 문제는 다양한 개인의 허용 가능한(윤리적으로 특별히 문제되지 않는)

행위와 제도가 상호작용한 결과이며, 이는 사회에 광범위하고 장기적인 영향을 미친다고 지적한다.[104] 아이리스 영은 이 같은 사회적 문제에 대한 책임을 구조적 책임, 혹은 정치적 책임으로 명명하고, 이러한 문제와 관련해 개인에게만 책임을 요구하는 관점은 한계가 있다고 주장한다.

실제로 사회에는 개인이 아니라 구조에 의해 발생하는 문제가 많다. 그러나 이를 모두 개인의 책임론으로만 다루려 하면 개인의 문제가 아닌 것도 개인의 부족함 탓으로 돌리거나, 개인의 역량이 미치지 않는 부분에 대해서는 실천을 포기하게 만들기 쉽다. 이 같은 관점은, 인공지능 윤리의 주제가 새로운 기술의 특성에 따른 문제에 국한되는 것이 아니라 현존하는 사회 구조의 관계망 속에 놓여 있다는 사실을 보여 준다. 구조적 책임 논의의 특징은 각 개인에게 책임을 할당하는 소위 '분산된 책임'론에 비해 사회적 상호연관성을 강조한다는 점이다.

여기서는 분산된 책임의 관점과 구조적 책임의 관점 중 어느 것이 더 나은가를 말하려 하는 것이 아니다. 핵심은 책임의 지속적 실천을 위한 현실적 조건을 생각할 때, 인공지능 윤리의 논의에서 책임에 대한 다양한 관점이 고려되어야 한다는 것이다.

인공지능 윤리의 책임 논의에서 필요한 것은 구조적 책임론의 관점에서처럼 개인의 문제와 구조적 문제의 차원을 구분하면서도, 동시에 모든 개인이 이 같은 문제를 심사숙고하며 스스로 변화할 윤리적 역량과 의무가 있음을 인정하는 일이다. 인공

---

[104] 아이리스 매리언 영, 허라금·김양희·천수정 옮김, 『정의를 위한 정치적 책임』, 이화여자대학교출판문화원, 2018.

지능 윤리는 우리가 사회를 보다 바랄 만한 것으로 개선하고 만들어 가는 모든 활동, 곧 좋은 삶을 위한 활동 안에 포함되는 것이기 때문이다. 그러므로 인공지능 기술에 '모두'의 책임을 요청한다는 것은 해당 기술을 둘러싼 다양한 문제에 사회구성원 개개인이 주의를 기울이고 반성적으로 사고할 도덕적 책임 및 그 실행을 고려하는 것뿐만 아니라, 동시에 이를 정치적이고 구조적인 문제로 고찰한다는 의미이기도 하다.

지금까지는 책임에 관한 인간의 역량을 강조한 관점을 중심으로 논의를 진행하였다. 우리가 어떤 실천을 통해 변화를 가져오려 한다면, 이 같은 관점을 인정하지 않고서는 논의가 진행될 수 없기 때문이다. 그러나 개인의 윤리적 책임을 최선의 삶에 대한 성실한 추구로 이해한다면, 인간은 인간의 역량을 넘어서는 것에 대해서도 여전히 책임이 있다.

천재지변의 경우를 생각해 보자. 한 개인은 물론이고 인간 집단 전체의 역량으로도 자연에 대한 전적인 예측이나 통제는 가능하지 않다. 한 개인의 행동이 자연 전체에 어떤 영향을 미치며, 구체적으로 어떤 귀결을 가져올지 파악하는 일 또한 쉽지 않다. 그러나 이 경우에도 인간에게는 여전히 자연에 대한 행동에 책임이 요청된다. 이는 물론 그가 자연에 영향을 주는 행위 역량에도 이유가 있지만, 동시에 어떤 식으로든 그 자신이 자연에 영향을 받는 입장이라는 것도 하나의 이유이다. 개인의 역량을 넘어서 있고, 책임의 전적인 분배가 가능한 것도 아니며, 어떤 행동이든 불확실성 속에서 이루어진다. 그러나 우리는 지속적으로 자연 현상을 연구하며, 특히 영향력이 큰 집단에게 행동의 시정이나 신중함을 요구한다. 또한 특정한 시간과 장소에서 천재지변이 발생하더라도 우리는 그 문제가 특정 지역, 특정 인구 집단만의 문제가 아니며, 단기적인 해법을 찾는 문제만도 아님을 인지한다.

인간은 자연과 분리될 수 없으며, 그러므로 자연재해의 영향을 벗어날 수 없다. 자연재해는 완전한 통제나 예측이 불가능하지만 그 발생 가능성을 전적으로 제거할 수 없으며, 우리 삶에 현존하는 조건이라는 점에서 불확실한 필연성이다. 반드시 일어나기는 하지만 그 외에는 확언할 수 있는 것이 없으며, 우리는 이로부터 장기적이고 지속적인 영향을 받는다.

인간은 자신이 커다란 영향을 받는 것에 대해서는 자신의 힘이 아무리 미약하고 그 인과 관계의 파악이 쉽지 않더라도 깊이 주의를 기울여 생각하며 행동하고, 그 행동을 다시 반성하곤 한다. 물론 새로운 기술은 언제나 사회 속에서 인간과 함께 구성된다는 점에서 천재지변과는 다른 종류의 존재 혹은 사건이다. 그러나 이를 천재지변을 마주하여 가졌던 인간의 태도와 견주어 생각해 보면, 새로운 기술 및 그로 인한 여파를 그저 '언젠가는 일어날 수밖에 없는 대처 불가능한 것'으로만 치부할 수 없다는 사실은 명확하다.

그러므로 우리는 인공지능 윤리에서 말하는 책임에 대해, 현실 사회의 여러 가지 문제를 개선하고 더 좋은 삶을 보장하는 공동체로 나아가기 위한 구체적이고 현실적인 논의와 더불어, 보다 근본적인 시각에서도 고찰해야 할 것이다. 그리고 이때 책임이란 단지 사후 수습과 해명을 가리키는 것이 아니라 최선의 삶을 위한 심사숙고와 주의 깊음, 반성적 사고와 부단한 행위의 개선 및 지속을 의미해야 한다.

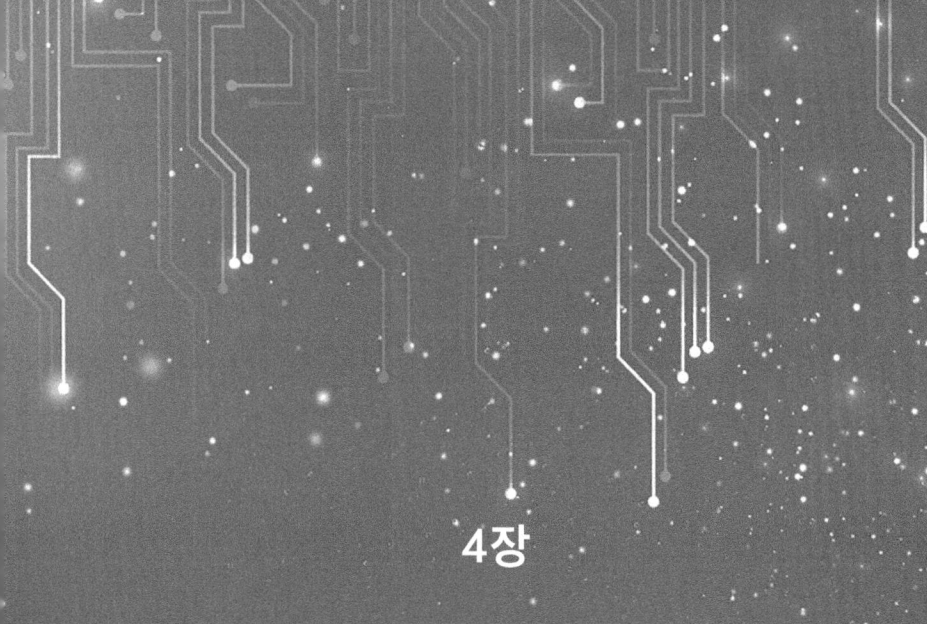

4장

인공지능 윤리의 핵심 가치·개념 분석

인공지능 윤리는 사회 내 기술의 방향과 활용, 그 여파에 관한 인간의 역할과 책임을 강조한다. 기술은 인간이 좋은 삶을 추구하는 것과 분리될 수 없고, 그러므로 인간의 가치와 분리될 수 없다.

　인간은 자신이 만들고 동시에 그로부터 영향을 받는 기술-사회에 책임이 있다. 인간은 인공지능 시스템을 통해 다양한 분야의 업무 자동화를 성취하는 만큼, 이 자동화의 방향이 인간이 추구하는 가치에 부합하도록 인도하고 감독할 책임과 의무가 있다. 이 책임과 의무를 충분히 이행하지 않는다면 우리의 삶은 새로운 기술이 가져오는 변화(우리의 삶을 더욱 어렵게 만드는 변화를 포함하여)에 우리 자신의 일상과 공동체의 방식을 끼워 맞추거나 따라가기에 급급하게 될 것이다.

　그렇다면 인공지능 시스템과 관련한 인간의 책임과 의무는 구체적으로 무엇일까? 우리는 이 물음에 답하기 위해 2016년 이래 급격하게 성장한 인공지능 윤리 논의를 폭넓게 검토해 보고자 한다. 인공지능 윤리 논의의 현재에 대한 지형도를 그려 보기 위해서다.

인공지능 윤리에 대해서는 기존의 응용윤리와 달리 학계뿐 아니라 전 세계의 정부 및 기술 기업들도 주체적으로 담론을 형성하고 있다. 향후 인공지능 기술 및 산업은 더욱 커질 전망이며, 사회 내에서 인공지능 기술 산업을 적절하게 다루기 위한 정책에 대한 요청도 더욱 높아질 전망이다. 그러므로 바로 지금 이 시기에, 인공지능 윤리의 전체적인 모습을 조망하는 것은 유의미한 일이 될 것이다.

이를 위해 우리는 인공지능 윤리의 공통적이고 핵심적인 원칙과 내용을 해명하고, 현재 논의의 난점과 과제를 분석해 보고자 한다. 아울러 오늘날 인공지능 윤리의 논의에 대해 전체적으로 조망하고, 인간의 좋은 삶을 위한 실천을 안내하는 가치는 무엇이며, 그 의미와 구체적 내용이 무엇인지를 밝히려 한다. 이로써 '지금-여기'에서 요청되고 앞으로 더욱 중요한 주제가 될 '인공지능 윤리'에서 불필요한 용어나 개념적 혼란을 해소하며, 윤리적 원칙과 가치가 우리의 실제 삶에서도 효력을 발휘할 수 있는 논의 및 실천으로 이어질 수 있도록 공통의 이해를 위한 초석을 놓으려 한다.

1

인공지능 윤리 원칙 현황 개괄

학술적 논의에서 말 그대로 '인공지능'에 대한 논의는 1950년대에 최초로 등장한다. 1956년 미국 다트머스 대학에 컴퓨터, 수학, 심리학, 행정학 등 다양한 분야의 전문가 20명이 모인 다트머스 회의에서 '인공지능'이라는 말을 쓰기 시작한 것이다.[105]

그러나 인공지능의 탄생과 설계의 배경에는 철학적 논의가 있었다. "실제로 당시 미국을 지배하고 있던 철학은 사변철학에 대한 염증에서 비롯된 경험주의적 실증철학"[106]이었으며, 무엇보다 1950년 발표된 앨런 튜링의 논문 「컴퓨터는 생각할 수 있는가」에서 이미 인간'처럼' 사유한다고 '간주할 수 있는' 컴퓨터에 관한 사유 실험이 있었다.

---

[105] McCarthy et al.(2006), p. 12.
[106] 김형주, 「인공지능인문학: If의 미래학에서 As-If의 철학으로」, 『철학연구』, 151, 2019, 110쪽.

인공지능 윤리에 관한 논의는 1960년대에 들어 등장하였다.[107] 그러나 오늘날 우리에게 익숙한 '인공지능 윤리' 논의는 최근 몇 년 사이 폭발적으로 증대했다. 인공지능 윤리 논의를 분석하는 2019년의 보고서에 따르면 인공지능 윤리를 직접적으로 포함하는 문건의 88%는 2016년에 발표되었으며, 이후로도 인공지능 윤리 논의는 계속 증가 추세를 보인다[108][109]. 이러한 추세는 국내 연구 동향에서도 마찬가지이다.

오늘날 대부분의 '인공지능 윤리'는 아시모프의 SF 소설같이 먼 미래가 아니라, 인공지능 기술의 발전과 산업의 성장에 따른 현실적 차원에서 논의된다. 그로 인해 '인공지능 윤리'에 대한 이목은 학문적, 특히 '윤리학'적 논의보다 기술 기업, 세계 정부, 국제기구 등 인공지능 기술 산업과 거버넌스에 주된 영향을 미치는 다양한 기관의 인공지능 윤리 원칙 및 가이드라인으로 쏠린다.

인공지능 윤리 원칙 및 가이드라인에 대한 내용 분석, 요약 논의는 많은 곳에서 찾아볼 수 있다. 이 책은 특히 윤리학의 관점에서 윤리적 내용을 다루는 자료에 초점을 맞추고, 그 전체를 조망하여 비판적으로 고찰한다.

본격적 논의 전에, 이해를 위한 예비 작업으로 2016년 이후의 인공지능 윤리 원칙 및 가이드라인에 대한 간략한 개요를 안내한다. 보다 포괄적이고 영향력이 큰 것을 중심으로 국가, 기

---

[107] Samuel(1960), pp. 741~742 ; Wiener(1960).
[108] Jobin, Ienca, Vayena(2019), p. 391.
[109] Fjeld et al.(2019).

2016
- **Preparing for the Future of Artificial Intelligence,** President National Science and Technology Council Committee on Technology
- **Tenets,** Partnership on AI

2017
- **Asilomar AI Principles,** Future of Life Institute
- **DeepMind Ethics & Society Principles,** DeepMind
- **Statement on Algorithmic Transparency and Accountability,** ACM

2018
- **OpenAI Charter,** OpenAI
- **Microsoft AI Principles,** Microsoft's AETHER(AI and Ethics in Engineering and Research)
- **Principles for Trust and Transparency,** IBM
- **Artificial Intelligence at Google: Our Principles,** Google
- **The Montreal Declaration for a Responsible Development of Artificial Intelligence,** University of Montreal
- **Malicious AI Report,** The Centre for the Study of Existential Risk
- 지능정보사회 윤리가이드라인, 정보문화포럼(과기정통부)
- 카카오 알고리즘 윤리헌장, 카카오

2019
- **Ethics Guidelines for Trustworthy AI ,** The European Commission's High-Level Expert Group on Artificial Intelligence
- **OECD Principles on Artificial Intelligence,** OECD
- **Ethically Aligned Design (verson.2),** The IEEE Global Initiative on Ethics of Autonomous and Intelligent Systems
- **Beijing AI Principles,** Beijing Academy of Artificial Intelligence
- **Social Principles of Human-Centric AI,** 일본 총무성

2020
- **Rome Call for AI Ethics,** 로마 교황청
- **first draft of the Recommendation on the Ethics of Artificial Intelligence,** UNESCO
- **Policy guidance on AI for children,** UNICEF
- 사람이 중심이 되는 「인공지능(AI) 윤리기준」 대한민국 관계부처 합동

2021
- 신뢰할 수 있는 AI 실현전략, 과학기술정보통신부
- 네이버 AI 윤리준칙, 네이버

그림 5. 인공지능 윤리 가이드라인 등 주요 자료 타임라인

업, 학계, 종교계, 국제기구, 국내의 인공지능 관련 정책 흐름 등을 볼 수 있는 자료를 선별하여 타임라인을 소개한다.

해당 자료의 내용, 그 외의 자료, 이들에 대한 메타 문헌 등 다양한 문헌 리스트 및 자료 각각의 특성은 다수의 문헌에서 찾을 수 있다.

다음 장에서 논할 현대 인공지능 윤리의 전체적 경향은 131쪽의 타임라인에 소개된 것 이외에 방금 말한 기타 문헌, 메타 문헌 등을 포괄적으로 분석, 고찰하였다.[110] 상세한 연구 범위 및 목록, 자료 선별을 위한 고려 사항 등은 다음 장에서 논한다.

---

[110] 그러므로 타임라인에 소개된 문헌이 반드시 우리의 연구 범위에 포함되는 것은 아니다.

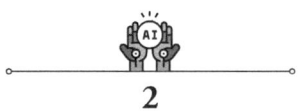

2

인공지능 윤리의 핵심 원칙 및 가치

'인공지능 윤리 논의'의 전체적 조망을 위해 최근 발표된 인공지능 윤리 원리, 권고안 등 현실적으로 영향력을 발휘하고 있는 주요 문헌과 이들에 대한 메타 연구를 검토하였다. 이 연구 결과는 2020년 논문 「왜 윤리인가: 현대 인공지능 윤리 논의의 조망, 그 특징과 한계」로 첫선을 보였다. 지금까지의 서술 역시 이 최초의 공동 연구에서 출발한 것이다. 여기에서는 첫 연구 이후 새롭게 발표된 문헌을 추가로 검토하고, 보다 상세히 내용을 설명하며, 이해를 돕기 위해 사례에 대한 구체적인 서술을 덧붙였다.

(1) 연구 방법과 범위

첫째, 현재 활용되고 있는 기술 수준에서의 인공지능 시스템과

번호	제목	발간처	발간지역	연도	비고
1	AI NOW Report 2016	AI Now Institute, New York Univers	USA	2016	메타
2	Tenets	Partnership on AI	USA	2016	비영리기구
3	Preparing for the Future of Artificial Intelligence	Executive Office of the President; National Science and Technology Council; Committee on Technology	USA	2016	정책
4	AI NOW Report 2017	AI Now Institute, New York Univers	USA	2017	메타
5	DeepMind Ethics &Society Principles	DeepMind	UK	2017	민간영역(기업)
6	AI Policy Principles	Information Technology Industry Council (ITI)	International	2017	학계
7	4차 산업혁명시대 산업별 인공지능 윤리의 이슈분석 및 정책적 대응방안 연구	정보통신정책연구원	대한민국	2018	메타
8	AI NOW Report 2018	AI Now Institute, New York Univers	USA	2018	메타
9	OpenAI Charter	OpenAI	USA	2018	민간영역(기업)
10	Artificial Intelligence at Google: Our Principles	Google	USA	2018	민간영역(기업)
11	Microsoft AI principles	Microsoft	USA	2018	민간영역(기업)
12	Principles for Trust and Transparency	IBM	USA	2018	민간영역(기업)
13	카카오 알고리즘 윤리 헌장	카카오(kakao)	대한민국	2018	민간영역(기업)
14	The Montreal Declaration for a Responsible Development of Artificial Intelligence	University of Montreal	Canada	2018	학계
15	Linking Artificial Intelligence Principles	AAAI-Safe AI	각주확인	2019	메타

16	Principled Artificial Intelligence: A Map of Ethical and Rights-Based Approaches	The Berkman Klein Center for Internet &Society at Harvard University	USA	2019	메타
17	The Global Landscape of AI Ethics Guidelines	Health Ethics & Policy Lab	Switzerland	2019	메타
18	신뢰 가능 AI 구현을 위한 정책 방향-OECD AI 권고안을 중심으로	한국정보화진흥원	대한민국	2019	메타
19	Discriminating Systems - Gender, Race, and Power in AI. AI Now	AI Now Institute, New York Univers	USA	2019	메타
20	AI NOW Report 2019	AI Now Institute, New York Univers	USA	2019	메타
21	The Ethics of AI Ethihcs: An Evaluation of Guidelines	International Center for Ethics in the Sciences and Humanities	Germany	2019	메타
22	A Unified Framework of Five Principles for AI in Society	Harvard Data Science Review	USA	2019	메타
23	Ethics Guidelines for Trustworthy AI	The European Commission's High-Level Expert Group on Artificial Intelligence	Europe	2019	정책
24	OECD Principles on Artificial Intelligence	The Organisation for Economic Co-operation and Development (OECD)	International	2019	정책
25	대한민국 2019 AI 국가 전략	대한민국 정부	대한민국	2019	정책
26	Artificial Intelligence in Society	The Organisation for Economic Co-operation and Development (OECD)	International	2019	정책
27	Beijing AI Principles	Beijing Academy of Artificial Intelligence (BAAI)	China	2019	학계

28	Ethically Aligned Design (verson.2)	The IEEE Global Initiative on Ethics of Autonomous and Intelligent Systems	International	2019	학계
29	Policy guidance on AI for children	Unicef	International	2020	비영리 기구
30	FIRST DRAFT OF THE RECOMMENDATION ON THE ETHICS OF ARTIFICIAL INTELLIGENCE	United Nations Educational, Scientific and Cultural Organization (UNESCO)	International	2020	정책
31	사람이 중심이 되는 「인공지능(AI) 윤리기준」	대한민국 관계부처 합동	대한민국	2020	정책
32	AI Rome Call for AI Ethics	The Vatican	Rome	2020	종교계
33	네이버 AI 윤리 준칙	네이버 (Naver)	대한민국	2021	민간영역 (기업)

표 1. 분석자료 목록

    이를 둘러싼 사회적 영향에 초점을 맞추어, 2016년 이래 급증한 인공지능 윤리 논의를 중심으로 비교적 최근의 관련 문헌을 분석 대상으로 선정하였다. 특히 인공지능 윤리 논의의 최신 경향을 살펴보기 위해 가능한 한 최근 3년간의 자료에 집중하였다.

    둘째, 학계만이 아니라 정부, 국제기구, 기술 기업, 종교계 등 다양한 분야의 행위 주체를 고려하였다. 그중에서도 공신력 있는 기관이 발간했거나 미디어 등을 통해 널리 알려진 것 등, 인공지능 기술 및 기술 거버넌스에 상대적으로 실질적인 영향력이 큰 행위자(개인 혹은 조직)를 중심으로 연구 자료를 선정하였다.

    셋째, 여러 논의가 포함된 문헌의 경우 인공지능 윤리 및 가치를 주로 다루는 것, 특수한 영역과 문제가 아닌 포괄적이고 일반적인 인공지능 윤리 논의를 다루는 것을 분석 대상으로 삼았다. 곧, 구체적인 사례 등 인공지능 윤리의 특수하고 제한적인 이슈를 부문에 따라(예: 기술 분야, 행정 분야 등) 다루는 논의 대신 인공지능 윤리 전반에 대한 논의, 즉 인공지능 원리 중 윤리 파트, 인공지능 윤리 원칙 및 헌장, 인공지능 윤리 권고안 등을 비교·검토하였다. 국가전략, 기업 정책, 산업적 논의 등 인공지능 윤리에 초점을 맞추지 않은 것은 되도록 배제하였다. 그러나 오늘날 AI 기술 산업 및 거버넌스에 큰 영향력을 행사하는 주요 국가 및 초국가 기관, 기업이 발간한 자료는 포함하였다. 오늘날 인공지능 윤리 논의에서 커다란 영향력을 발휘하는 주체가 인공지능 윤리를 다루는 방식과 관점을 고찰하기 위해서이다.

그러나 AI Now 연구소에서 발간한 보고서의 경우는 인공지능 윤리의 메타자료로 간주하여, 인공지능 이슈의 변천을 확인하는 목적으로 2016년부터의 모든 자료를 검토하였다. 그리고 한국 내 인공지능 윤리 논의 동향을 검토하기 위해 한국의 인공지능 국가전략 및 정책보고서, 윤리표준(안), 카카오 알고리즘 윤리 헌장, 네이버 AI 준칙 등을 포함했다.

마지막으로 인공지능 윤리 논의의 일반적 경향을 이해하고 우리 분석의 타당성 검증을 위해 지금까지 발간된 인공지능 윤리 논의에 대한 메타 연구 문헌을 함께 검토하였다. 여기서 분석한 자료는 총 33건이다.

'인공지능 윤리 논의' 조망을 위한 연구 문헌 선별 조건		
물음 1	시의성	현재 활용되고 있는 기술 수준에서의 인공지능 시스템과 이를 둘러싼 사회적 영향에 초점을 맞추고 있는가? 근래에 발표된 문헌인가?
물음 2	윤리적 관점 및 주제화	인공지능 윤리의 특정 영역, 한두 가지 이슈만이 아닌 전체적인 논의를 다루고 있는가?
물음 3		복합적 문헌의 경우, 전체 문헌에서 인공지능 '윤리'를 주로 다루고 있는가?
물음 4	논의 주체의 다양성	인공지능 윤리 논의의 행위 주체는 누구인가? 학계 외의 정부, 국제기구, 기업, 종교계 등 다양한 분야의 행위 주체를 고려하는가?
물음 5	사회적 영향력	오늘날 AI 기술 산업이 거버넌스에 주된 영향력을 행사하는가?
물음 6	비판적 접근	그 영향력과 별개로, 인공지능 윤리 논의의 전체 경향을 비판적으로 조망·고찰하는 문헌인가?
물음 7	한국사회 실태 반영	한국 사회의 인공지능 윤리 논의를 보일 수 있는 문헌을 포함하는가?

표 2. '인공지능 윤리 논의' 조망을 위한 연구 물음

(2) 인간 가치

'인간 가치Human Value'는 인간의 존엄성이라는 내재적 가치와 연결되며, 이는 모든 인간은 인간답게 살아야 한다는 의미를 포함하고 있다. 우리는 이 가치를 절대적 가치로 여기는바, 굳이 인공지능 윤리에서 따로 언급하거나 특별한 주의를 기울이지 않더라도 이 가치가 얼마나 중요하며, 이 가치를 어떻게 지켜

나가야 하는지는 다시 이야기할 필요가 없을 것이다. 물론 약자들을 학대하거나 살인을 저지르는 흉악한 범죄를 저지른 사람은 인간으로 존중받을 가치가 없다고 주장하는 사람들도 있다. 하지만 '인간 가치'는 개인의 행위를 판단하여 타인이나 사회가 그에게 부여하는 가치가 아니라, 인간이라면 누구에게나 해당하는 기본 가치이다.

그렇다면, 인공지능이라는 새롭고 낯선 존재의 등장은 인간 가치에 어떤 영향을 미칠 것인가?

인공지능 기술이 보여 주는 몇몇 긍정적인 사례는 인간 가치를 훼손하기보다는 오히려 증진하는 것처럼 보인다. 우선 인공지능 기술이 오늘날 발생하는 사회 문제를 해결하는 데 도움이 되는 사례를 살펴보자.

인공지능 기술을 활용하여 오랫동안 검거하지 못했던 범인을 찾아내 응분의 처벌을 내려 정의를 실현하기도 하고, 거동이 불편한 노인이 다른 이들의 도움을 받을 수 없는 상황에서 갑작스럽게 호흡곤란이나 긴급 통증, 낙상 등이 발생하여 응급상황에 처하게 되었을 때 인공지능 스피커의 도움으로 긴급구조를 한 사례도 있다. 할리우드 배우인 지나 데이비스는 그동안 영화에서 남성 배우의 등장 배경이나 대사 비율이 여성 배우에 비하여 많았다는 것을, 막연한 추측에 기반한 주장이 아니라 인공지능 기술을 활용한 실제 데이터를 기반으로 증명해 내기도 했다. 또 일본에서는 장애인이 집에서 원격으로 로봇을 조정하여 커피숍 운영을 한 사례도 있다.

이처럼 기술이 노인들의 건강을 지키기도 하고, 수많은 데이터를 기반으로 보이지 않았던 사회적 문제를 가시화하기도 하며, 사회적으로 소외되었던 사람들에게 새로운 일자리의 기회를 제공하기도 한다. 이러한 인공지능 활용 기술의 긍정적인 사례는 인공지능 기술이 인간다운 삶을 살아가는 데 기여할 수 있다는 사실을 보여 준다.

하지만 또 다른 사례들을 살펴보면 인공지능 기술이 개개인에게 미치는 악영향 또한 크다는 사실을 알 수 있다. 딥페이크 기술은 원래의 의도와 달리 여성들의 이미지를 활용해 디지털 성범죄를 일으키기도 하고, 보이스피싱 범죄에 악용되기도 한다. 딥페이크 기술을 양날의 검이라고 말하기에는 그 악영향이 너무 크다.

인공지능 기술은 데이터 없이는 작동이 불가능하기 때문에 데이터와 관련하여 마이크로 워커Micro Worker나 콘텐츠 모더레이터와 같은 새로운 직업들도 등장했다. 개발자들에게 필요한 데이터에 레이블링하는 작업을 한 개당 몇 센트의 보수를 받고 일하는 입력하는 마이크로 워커 또는 크라우드 워커Crowd Worker는 저임금의 근로자들이다. 마이크로워커, 크라우드 워커는 영어를 이해하는 저개발국가에 사는 저소득층 노동자나 가족을 돌보기 위해 외출이 어렵거나 정규 시간에 일을 할 수 없는 이들이 대부분이다. 또한 이 노동자들을 보호할 수 있는 업무 조약도 매우 조악하다. 설령 의뢰자가 임금을 지불하지 않더라도 그 이유를 노동자에게 고지할 의무조약이 없는 경우도 많다. 이렇듯 그들의 노동환경은 매우 열악하다.

또한 딥페이크 기술에 따른 비윤리적 데이터들을 사후 처리하는 직업도 파생되었다. 이를테면 콘텐츠 조정Contents Moderation은 온라인상에서 혐오 발언, 폭력, 아동학대, 강간, 고문, 자살과 같이 사람들에게 불쾌감을 주거나 유해하거나 불법적인 콘텐츠를 찾아서 삭제하거나 차단하는 일이다. 이러한 일은 유해한 콘텐츠를 걸러 내기 위해서 그 콘텐츠를 지속적으로 자세하게 관찰해야 하기 때문에, 경우에 따라서는 극복하기 힘든 정신적 스트레스를 유발하기도 한다. 실제로 페이스북에서 근무하던 콘텐츠 모더레이터인 세레나Selena Scola는 2018년, 페이스북을 상대로 집단 소송을 제기하기도 했다.

우리는 인공지능 기술을 개발할 때 부정적인 측면을 점차 줄여 가야 한다. 이때 그 지향점이 되는 것이 인간 가치 증진이다. 그런데 인간 가치 증진을 지향해야 한다는 말은 구체적으로 무엇을 의미하는가? 인공지능 윤리 원칙에서 '인간 가치'는 인공지능의 다른 윤리 원칙(프라이버시, 견고성, 공정성, 책임성, 설명 가능성)들을 모두 아우르는 일종의 상위개념Umbrella Term, 더 정확히 말하면 규제적 이념이다. 프라이버시, 견고성, 공정성, 책임, 설명 가능성과 같은 원칙은 그 자체로도 중요한 개념이지만, 인간 가치 개념을 구성하는 주요 개념들이기도 하다.

바꾸어 말하면 인간 가치 개념은 이와 같은 개별적인 윤리 원칙들이 구현되면 그 결과적 지표로 제시되는 이념이라 할 수 있다. 따라서 인간 가치 증진이라는 이념이 기술 개발의 나침반과 같은 역할을 한다는 것은 기술을 '어떻게' 선용할 수 있는지에 대한 문제뿐만 아니라 기술은 '왜' 진보해야 하며, '무엇'이 기술의 진보인지에 관한 물음까지도 포함한다.

(3) 프라이버시

프라이버시Privacy는 사생활과 개인정보 및 그에 관한 권리를 의미한다.[111] 오늘날 우리는 이를 각 개인이 마땅히 누려야 할 기본권으로 인정한다. 헌법 17조를 보면, 모든 국민은 타인이나 국가 등 외부에 의해 자신의 프라이버시를 침해받지 않을 권리가 있음을 명시하고 있다. 그런데 개인들로부터 수집된 데이터를 다루는 인공지능 시스템 운용은 자칫 잘못하면 프라이버시 침해로 이어지기 쉽다. 이를테면 인터넷에 접속한 순간부터 우리의 정보는 노출되기 시작한다.

　인공지능 알고리즘은 우리가 실시간으로 업로드한 문자, 사진, 영상뿐 아니라 사이트 접속 및 검색 기록을 분석함으로써, 개인의 취향과 성향 등 사적이고 내밀한 것들까지 파악해 낼 수 있다. 알고리즘의 분석력과 판단력은 그것이 다루는 데이터가 많으면 많을수록 강화된다. 사물인터넷IoT의 발전으로 인공지능 기술을 일상생활의 전 영역에 적용할 수 있게 되면서 음성, 지문, 홍채와 같은 개인정보마저 부지불식간에 수집되고 있다. 그 결과 알고리즘은 우리 각자가 누구인지, 또 우리의 하루는 어떠한지에 대해 점차 더 잘 알아 가게 된다.

　이러한 이유로 사생활과 개인정보 보호를 위한 인공지능 시스템의 신중한 설계, 철저한 데이터 관리, 개인정보의 수집·사

---

[111] 네이버 사전, https://ko.dict.naver.com/#/entry/koko/8bab6c749cb44ed79c1d2eb4b65dfc6a

용에 대한 충분한 고지와 사용자의 동의 등을 주문하는 원칙이 인공지능 윤리 원칙 리스트에 매우 자주 등장한다. 예를 들어 2019년 발표된 EU의 가이드라인에서, 개발자는 사용자가 최초에 제공한 데이터뿐만 아니라 인공지능 시스템과의 상호작용 속에서 생성된 사용자의 모든 정보를 인공지능 시스템의 전 생애주기 동안 보호해야 한다고 명시하고 있다. 더 구체적으로는 수집된 전체 데이터에 개인 데이터가 포함되어 있는지 평가하기, 잠재적으로 민감한 데이터나 개인 데이터 사용을 최소화하기, 개인정보 수집, 사용 및 해지 가능성에 대한 충분한 고지와 동의 구하기, 개인 데이터에 적합한 자격을 얻은 직원에게만 접근 허용하기 등을 행위지침으로 권하고 있다.[112] 또한 1980년부터 이미 개인정보 보호와 개인정보 이동 규제 지침에 관한 권고안(이른바 프라이버시 가이드라인)을 내놓았던 OECD는 2019년 내놓은 최근의 권고안에서 개인정보를 "식별된 또는 식별할 수 있는 개인(데이터 주체)과 관련된 정보"로 정의하고, 인공지능 시스템의 데이터 수집과 사용은 제한적이어야 하며 목적을 명시할 것 등을 가이드라인에 수록하였다.[113] 이와 비슷하게 작년에 발표된 우리나라의 「국가 인공지능 윤리기준(안)」(2020)도 인공지능 개발과 활용 전 과정에서 프라이버시 보호를 강조하고 개인 데이터의 오남용을 경계하고 있다.[114]

---

[112] "Ethics Guidelines for Trustworthy AI." *European Commission's High-Level Expert Group on Artificial Intelligence*, 2019, p. 17, p. 28.
[113] "Artificial Intelligence in Society." OECD, 2019, p. 88.
[114] 「국가 인공지능 윤리기준(안)」, 과학기술정보통신부, 2020.11.

한편 유니세프의 가이드라인(2020)은 특별히 아동의 프라이버시 문제를 환기한다. 아동은 성인에 비해 데이터를 관리하는 능력이 현저히 부족함에도 불구하고 데이터를 스스로 생산하고 이를 제공하는 주체가 될 수 있다. 따라서 유니세프는 아동들의 연령과 이해도의 변화에 따라 지속적으로 설명과 동의의 절차를 거치게 하여 아동의 프라이버시를 보호해야 한다고 제안한다. 이때 현실적으로 아동에게 전적으로 데이터 보호에 대한 책임을 맡길 수 없다는 점을 감안하여, 아동의 데이터 사용에 대한 설명과 동의에 대한 대리인으로 교육자, 사회복지사뿐만 아니라 아동의 부모 및 보호자까지 포함되어야 한다고 밝히고 있다.[115]

실제로 '스마트 토이'가 지난 몇 년간 꾸준히 아동 프라이버시 침해 논란을 일으키고 있다는 점을 생각해 보면, 이 제안은 주목할 만하다. 교육이나 놀이를 목적으로 개발된 스마트 토이는 인공지능이 장착된 장난감으로, 아동과의 상호작용 속에서 아동의 행동을 학습하면서 자가발전을 거듭한다. 예를 들어, 미국 마텔Mattel사에서 제조한 '헬로 바비Hello Barbie'는 아동과 일상적인 대화가 가능하다. 한 아이가 바비에게 좋아하는 아이스크림에 대해 이야기하면, 바비는 이 정보를 토대로 다시 아이가 좋아할 만한 대화를 만들어 낸다.[116] 그런데 여기서 우리가 주목해야 할 것은 스마트 토이가 수집한 아동과 부모의 음성 데이터

---

[115] "Policy guidance on AI for children." *Unicef, 2020*, p. 30.
[116] "말하는 장난감 '헬로 바비'…개인정보 유출 위험." 한국경제TV, 2021.7.21, https://www.wowtv.co.kr/NewsCenter/News/Read?articleId=A202107120163

가 기업에 공유되기 때문에 아동과 부모의 사생활이 노출될 수 있다는 사실이다. 이런 이유로 미국에서는 스마트 토이 제조사를 상대로 프라이버시 침해 소송이 진행되기도 하였으며, 독일에서는 아동의 프라이버시 보호를 위해 스마트 토이를 전면 금지하기도 했다.[117]

 인공지능 시스템 관계자들이 악의를 가지고 있거나, 악의는 없더라도 조금이라도 부주의하다면 우리의 프라이버시가 침해되거나 악용될 수 있는 길은 항상 열려 있다. 단적인 예를 들어, 인공지능을 활용한 안면인식 기술은 심각한 프라이버시 침해 가능성을 시사한다. 경기도 부천시는 지방자치단체 최초로 안면인식이 가능한 인공지능 CCTV 시스템을 구축하겠다고 밝힌 바 있다. 부천시는 시가 보유한 코로나 확진자의 정보를 인공지능에 학습시켜 확진자의 얼굴을 식별하고 추적하고자 한다. 개인의 신원과 얼굴을 특정할 수 있는 이 시스템은 나이, 성별, 체형, 옷차림, 마스크 착용 여부 같은 정보를 자동으로 수집하게 된다. 문제는 안면인식 기술로 획득된 얼굴 등의 생체정보는 주소나 전화번호와 달리 쉽게 바꿀 수 없어, 한번 유출되면 그 피해가 치명적일 것이라는 점이다. 실례로 중국 정부에서 수집한 국민의 생체정보가 쉽게 유출되어 헐값에 거래되는 일로 논란이 있었다. 게다가 이러한 시스템의 도입은 개인의 명시적 동의 없이 추진되고 있어, 현대판 빅브라더로 악용될 수 있다는 우려

---

[117] "우리 아이와 대화하는 스마트 토이, 알고 보니 아동 프라이버시 최대의 적." 코딩월드뉴스, 2021.7.14., https://www.cwn.kr/news/articleView.html?idxno=4659

가 크다.[118]

지금까지 우리는 위와 같은 사례를 통해 주로 인공지능의 설계와 배치가 어떻게 프라이버시를 침해하는지 살펴보았다. 그런데 인공지능에 데이터를 제공하는 사용자가 부주의할 경우, 자신뿐 아니라 타인의 프라이버시를 침해하는 결과로 이어지기도 한다. 예컨대 개인정보 수집·사용에 관한 약관을 제대로 읽지 않고 동의하는 바람에 사생활을 침해받을 수도 있고, 무심결에 업로드한 사진이나 영상으로 자신은 물론 타인의 정보를 노출할 수도 있다. 이렇듯 인공지능 윤리에서 등장하는 프라이버시에 관한 원칙은 인공지능 시스템의 설계, 제작, 배치, 사용 등 인공지능의 전 생애주기에 참여하는 모든 이해관계자들과 관련되어 있다.

(4) 안전

2013년 한맥투자증권은 자동 매매 시스템 알고리즘에 오류가 발생하여 단 1분 만에 막대한 손실을 본 뒤 결국 파산하였다. 2016년 미국 캘리포니아주의 쇼핑센터에서는 범죄를 예방하기 위해 설치된 자율주행 경비 로봇이 어린아이를 공격해 다치게 하는 사고가 벌어졌다. 2018년 미국 애리조나주에서는 무단 횡

---

[118] "[생활보안] 페이스북 생체정보 침해 논란, 우리나라는?" CCTV뉴스, 2021.3.10., https://www.cctvnews.co.kr/news/articleView.html?idxno=222044

단하려던 보행자가 시범 운행 중이던 우버Uber의 자율주행차에 치어 사망했다.[119] 2020년 영국에서는 과속을 단속하고 범죄와 테러를 억제하기 위해 설치한 거대한 자동차 번호판 자동 인식 시스템ANPR에서 약 860만 개의 운전자 기록이 유출되면서 사생활 침해 논란이 일었다.[120] 같은 해에 프랑스의 헬스케어 기업 나블라Nabla가 원격 건강상담을 목적으로 개발한 인공지능 챗봇은 자살 충동을 느끼는 환자에게 자살을 권유하여 많은 이들에게 충격을 주었다.[121]

위의 사고들은 논리적 오류나 오작동, 혹은 보안 취약점 등 인공지능 시스템의 기술적 문제로 인해 발생했다는 공통된 특징이 있다. 이 사례들이 암시하듯이 인공지능의 기술적 불안정성은 단순한 해프닝에 그치지 않고 심각한 경제적 손실이나 치명적인 신체적·정신적 피해, 내지는 기본권 침해로 이어질 수 있다. 달리 표현하자면 기술적으로 견고하지 못한 인공지능 시스템은 사회 전체의 안전과 복지를 위협할 잠재적 위험성을 내포하고 있다. 오늘날 우리가 인공지능 개발과 활용의 최우선 가치 중의 하나로 '안전성'을 강조하는 이유는 바로 이러한 사실 때문이다.

EU의 가이드라인(2019)에 따르면 신뢰할 수 있는 인공지능

---

[119] 강상욱, 「인공지능 기술의 안전성 확보 동향」, 『주간기술동향』, 1978호, 정보통신기획평가원, 2020, 3쪽.
[120] Ax Sharma, "개방성과 보안 사이의 균형은?…영국을 뒤흔든 ANPR 데이터 유출의 교훈." CIO Korea, 2020.6.17., https://www.ciokorea.com/interview/155661
[121] 장준하, "'그래 죽어버려' 인공지능 GPT3가 '악플'을 달았다." AI타임즈, 2020. 10.19., http://www.aitimes.com/news/articleView.html?idxno=133253

도달의 핵심 요건은 기술적 견고성Robustness이다. 기술적 견고성이란 개인과 사회에 악영향을 미칠 수 있는 기술적 오류나 오작동 등에 대하여 사전 혹은 사후에 대처할 수 있는 능력을 의미한다.

인공지능 시스템은 여러 이해관계자와 상호작용하면서 주변 환경에 적응하고 발전해 간다는 점에서 그 운영환경이 고정되었다고 할 수 없다. 따라서 이 문건은 이러한 특성에 주의하여 인공지능 시스템은 의도하지 않았거나 예상치 못한 피해를 최소화하고, 의도된 대로 안정적으로 작동할 수 있도록 튼튼하게 개발되어야 한다고 말한다. 한편 인공지능 시스템 또한 일반 소프트웨어와 마찬가지로 해킹Hacking의 공격에 노출되어 있다. 이 가이드라인은 이와 같은 점을 환기하며 개발자가 데이터 보안에 힘써야 하고, 시스템이 초래할 수 있는 위험을 정확하게 예측할 수 있는 판단능력을 갖춰야 한다고 강조한다. 아울러 이것이 높은 위험을 초래할 것으로 예견되는 경우 이를 방지하고 대처할 수 있는 안전장치를 적극적으로 개발하고, 지속적으로 테스트해야 한다고 제언한다.[122]

OECD 권고안(2019)은 인공지능의 견고성을 "디지털 보안 위험을 포함하여 불리한 조건을 견디거나 극복하는 능력"으로 정의한다. 그리고 이것이 인공지능의 안전성 문제와 밀접히 연결된다고 설명한다. 가령, 자율주행차의 알고리즘 보안이 취약할 때 해커가 침입하여 주행 설정을 바꿔 버리면 안전사고가 발생

---

[122] "High-level expert group on artificial intelligence for Trustworthy AI." EU, 2019, pp. 16~17.

할 수 있다는 것이다. 이런 점에서 이 문건은 주요한 이해관계자들이 인공지능 시스템의 생애주기 각 단계에서 위험을 평가하고 완화하는 데 주의를 기울이고 힘을 모아야 한다고 밝힌다. 또한, 만약 이러한 위험관리에도 불구하고 피해가 발생했을 경우를 대비해 사전에 책임자와 책임의 내용, 피해자에 대한 보상 여부 등을 명확히 하는 것도 안전한 인공지능, 신뢰 가능한 인공지능에 이르는 요건이 된다고 제안한다.[123]

한편, 우리나라의 국가 인공지능 윤리기준(안)(2020)에서도 안전성은 '인간성을 위한 인공지능AI for Humanity'이라는 최종목표를 이루기 위한 10가지 핵심 요건 중 하나로 제시되고 있다. 구체적으로, 국내 윤리기준은 안전성을 확보하기 위한 방안으로 '인공지능 개발과 활용 전 과정에서 잠재적 위험 방지 및 안전 보장'과 '인공지능 활용 과정에서 명백한 오류나 침해 발생 시 사용자가 제어할 수 있는 기능을 갖추기 위한 노력'을 제안하고 있다.[124]

이 밖에도 2016년 이후 발표된 총 38개의 인공지능 윤리문서를 검토한 하버드 버크만 센터의 분석 결과에 따르면 인공지능 기술의 안전 문제를 언급하는 윤리문서는 28건에 달한다. 이 문서들은 각각 정도의 차이는 있으나 생명과 환경에 위해를 가하지 않도록 인공지능의 안전성과 보안성, 예측 가능성 등을 최대한으로 확보할 것을 골자로 근본원칙을 설정하고, 이와 관련된

---

[123] "Artificial Intelligence in Society." OECD, 2019, pp. 95~99.
[124] 「사람이 중심이 되는 '인공지능(AI) 윤리기준'」, 과학기술정보통신부, 2020.

행위지침을 상술하고 있다.[125] 이상에서 살펴보았듯 안전은 인공지능 윤리 원칙에서 추구되는 주요한 가치이자 행위원리다.

지금껏 인간이 만들어 온 수많은 도구와 기술들이 그러했듯 이 인공지능은 궁극적으로 인류의 복지와 번영을 위해서 고안된 발명품이라 할 수 있다. 하지만 설계적 결함이나 안전 규정 위반, 부주의 등이 있을 때 이 첨단기술은 우리의 의도나 목적과는 전혀 다른 결과를 낳을 수 있다. 즉 안전하지 못한 인공지능은 곧장 위험, 사고, 재해로 직결될 가능성이 높다. 그러므로 인공지능 시스템의 전 생애주기에 참여하는 모든 이해관계자들은 안전성을 확보하기 위해 반드시 노력해야 한다.

(5) 투명성과 설명 가능성

2016년 5월 미국에서 자율주행 시스템 모드를 활용한 테슬라 S가 트럭과 충돌하는 사고가 발생하여 그 자리에서 운전자가 사망하였다. 자율주행 시스템이 브레이크를 작동시켰다면 사고를 막을 수 있었겠지만, 브레이크는 작동하지 않았다. 브레이크는 왜 작동하지 않았을까? 인공지능 시스템이 특정한 방식으로 작동한 이유를 해당 이해당사자(위의 경우에는 사건 관련자 및 이후 차량 이용 가능성이 있는 사회구성원 전체)에게 투명하게 밝히며 이해할 수

---

[125] Fjeld, Jessica, et al. "Principled artificial intelligence: Mapping consensus in ethical and rights-based approaches to principles for AI." Berkman Klein Center Research Publication 2020-1, 2020, pp. 8~9.

있도록 설명하고, 관련 정보를 공개해야 한다는 것이 설명 가능성 및 투명성 개념이다.

인공지능 생애주기가 투명하고 설명 가능하다면, 사고를 미연에 방지하기 위해 어떤 부분을 개선하는 것이 좋을지 추측할 수 있다. 예를 들어 자율주행 자동차를 구매하고자 하는 사람이 그 시스템의 작동 방식 및 잠재적 위험 가능성을 이해할 수 있을 정도로 그 시스템이 설명 가능하고 투명해야만, 그는 해당 차량을 선택할 것인지, 선택한다면 해당 차량의 오토파일럿 모드를 선택할 것인지 결정할 수 있을 것이다. 그리고 그 사용과 관련하여 자신이 어떤 점에 주의를 기울여야 하는지 알 수 있고, 나아가 자동차 생산 기업에 문제의 개선을 요구할 수 있다.[126]

투명성과 설명 가능성Transparency and Explainability은 인공지능 윤리 원칙 문헌에 따라 같은 개념으로 취급되기도 하고, 구분되는 것으로 간주되기도 한다. 그러나 그것이 구분되어 다루어지는 경우, 이 구분은 이 개념들이 전적으로 다른 것이라는 의미라기보다는 이들 간의 관계 및 강조점의 차이일 뿐이다. 투명성과 설명 가능성의 핵심은 인공지능 시스템 및 그에 기반한 의사결정이 왜, 그리고 어떻게 내려졌는지 알 수 있도록 하는

---

[126] 참고로 테슬라는 사고 예비 조사를 통해 사고 당시 맑은 날씨의 햇빛으로 인해 오토파일럿 시스템이 트럭의 흰색 옆면과 하늘이라는 배경을 정확하게 구분하지 못해 트럭을 인식하지 못했으며, 운전자의 주의 의무에도 미흡함이 있다고 밝혔다. 그러나 전문가들은 해당 시스템의 카메라와 레이다 및 시각 데이터를 처리하는 알고리즘의 신뢰도 자체에 의문을 제기했다. "테슬라 모델 S 사망 사고…오토파일럿은 완벽하지 못했다.", 조선비즈, 2016.7.14., https://biz.chosun.com/site/data/html_dir/2016/07/14/2016071402519.html 참조.

것이다.[127] 투명성과 설명 가능성의 내용 및 그 수준은 최첨단 기술에 부합하고, 관련 있는 핵심 정보를 이해당사자의 수준에 적합하고 시의적절하게 제공하는 것을 추구한다.

투명성과 설명 가능성의 요구는 기본적으로 인공지능 시스템의 기술적 특성에 기인한다. 인공지능 시스템은 빅데이터를 기반으로 하기 때문에 넓은 범위의 다양한 이해관계자와 얽혀 있으며, 이전 기술에 비해 더욱 복잡한 방식으로 이들에게 더 많은 영향을 미친다.[128] 그러나 시스템의 판단과정이 인간의 추론 방식과 동일하지 않기 때문에 설계자나 사용자의 의도와는 다른, 예측하지 못한 결과가 발생할 수 있고, 그 근거를 인간이 정확하게 이해하지 못할 수 있다.[129] 예견 및 이해가 어려운 기술은 당연히 그 '활용'이 쉽지 않으며, 무엇보다 그로 인해 발생할 잠재적 위해에 대응하기도 쉽지 않다. 그러므로 인공지능 시스템에 대한 사회의 신뢰를 형성하고 유지하기 위해서는 설명 가능성과 투명성의 보장이 필수적이다.

인공지능 윤리 문헌의 서술을 종합해 보면, 투명성과 설명 가능성은 크게 기술적 차원과 정치적 차원(의사결정권의 문제)으로 나뉜다. 기술적 차원에서의 설명 가능성은 인공지능 시스템의

---

[127] 버크만 클라인 센터의 인공지능 원칙 분석 보고서는 투명성을 인공지능 시스템이 그 작동에 있어 인간의 관리 감독이 가능하도록 시스템을 설계 및 구현해야 하는 것으로, 설명 가능성을 인공지능 시스템의 기술적 요소와 관련하여 시스템의 의사결정에 관한 근거와 절차가 명확하고, 검증 가능한 방식으로 충분히 제공되어야 하는 것으로 구분하고 있다. 42~43쪽 참조.
[128] IEEE, 28쪽 참조.
[129] 알고리즘 불투명성에 대한 앞선 설명을 상기하라.

작동과 시스템이 내린 결정이 기술적으로 어떤 요소에 근거하여 어떤 방식으로 내려졌는지 인공지능 사용자가 이해할 수 있어야 한다는 것을 뜻한다. 다시 말해, 인공지능 시스템의 결정에 영향을 미치는 기술적인 개별 요소를 설명할 수 있어야 하고, 연관 요소와 관련된 정보 및 절차가 투명해야 하며, 이러한 것들을 다양한 사람이 이해할 수 있어야 한다는 것을 뜻한다. 이러한 조건들이 갖추어졌을 때 해당 인공지능에 대한 충분한 설명이 가능할 것이다. 이는 기술적 해석 가능성Interpretability의 고려로도 불린다.

또한 이 개념은 인공지능 시스템이 수집한 데이터, 훈련용 데이터, 알고리즘, 알고리즘 설계와 개발에 사용된 방법 등이 인간에 의해 확인할 수 있도록 기록되어야 한다는 사실, 즉 추적 가능성Traceability과도 연결된다. 아울러 추적 가능성은 감사 가능성Auditability과 더 연결되며, 추적 가능성이 보장될 때 감사 가능성이 높아진다. 요컨대 설명 가능성, 해석 가능성, 추적 가능성, 감사 가능성은 상호 연결 가능하고, 경우에 따라서는 호환이 가능한 하나의 집단 개념군이라고 할 수 있다.

그러나 아직까지 기술적인 측면에서 완벽한 투명성과 설명 가능성 확보는 현실적으로 불가능하다. 가능한 한 최대로 설명 가능한 인공지능 시스템을 만들기 위해 노력할 뿐이다. 그러므로 인공지능 윤리 원칙에서 말하는 설명 가능성과 투명성은 관련된 모든 요소를 공개하거나 설명할 수 있어야 한다는 것이 아니라, 알고리즘을 블랙박스화하지 않을 의무에 가깝다.[130]

어느 정도의 설명 가능성이 확보되어야 할지는 인공지능 시스템이 영향을 미치는 맥락 및 그 정도에 따라 다르다. 그러나 EU의 인공지능 권고안이 밝히는 바와 같이, 인간의 기본권 및 중대한 사회적 영향을 야기하는 문제와 관련해서는 반드시 적절한 설명이 따라야 하며,[131] 이와 관련해 정치적 측면의 투명성 및 설명 가능성이 더욱 중요한 고려 대상으로 요청되고 있다.

투명성과 설명 가능성의 정치적 측면이란 인공지능 시스템과 연관된, 그리고 그에 기반한 인간 결정의 과정, 방법, 참여 대상, 결정을 위한 활용 요소 및 결정 근거 등에 대한 투명성과 설명 가능성을 보장하는 것이다. 다시 말해, 어떤 영역에는 인공지능을 도입하고 다른 어떤 영역에는 도입하지 않을지, 도입한 영역에서의 활용 폭은 어느 정도인지 결정하는 과정과 주체, 그리고 결정의 근거를 설명할 수 있어야 한다.

한편 그 설명의 정도와 투명성의 정도에도 차이는 존재한다. 민간 기업이 다음 분기 사업을 위해 인공지능 시스템을 사용하는 것과 의료자원 배분 등 공공부문에서 인공지능 시스템을 사용하는 것은 다른 정도의 설명 근거를 요구하고, 후자는 사용 결정 자체에 더욱 신중해야 하며 그 근거가 충분한지 검토가 필요하다. 사회구성원은 모두 인공지능 시스템의 자동화된 의사결정 및 그에 기반한 사회적 의사결정에 대해 인지하고, 그에 동의하거나 동의하지 않을 권리, 참여하거나 참여하지 않을 권리가 있다. 이를 위해 기술적 투명성 및 설명 가능성이 필요한

---

[130] EU, 13쪽 참조.
[131] EU, 18쪽.

것은 물론이다.

정치적 차원에서 인공지능 시스템의 투명성과 설명 가능성의 보장은 민주주의 체제에 합치하며 이를 보호하고 증진하는 인공지능 시스템의 추구 및 기술 권력화의 경계와도 밀접한 관련이 있다. '몬트리올 선언'의 경우, 설명 가능성 및 투명성이라는 용어를 직접적으로 사용하는 대신 인공지능 시스템이 이해 가능하고 정당화될 수 있어야 하며, 접근하기 쉬운 표준을 충족하고 민주적인 검토, 토론과 통제에 따라야 한다는 '민주적 참여'의 원칙을 제시한다.[132]

EU의 권고안은 이를 위해 인공지능 시스템의 목적 및 역량에 관해 '공적 영역에서의 투명한 소통'을 중요 요소로 꼽는다.[133] 여기에는 인공지능 시스템을 기반으로 의사결정을 내리는 공공기관이 주요 정보를 체계적이고 정기적으로 공개해야 한다는 것도 포함된다. 공공기관은 이러한 원칙에 입각하여 인공지능 시스템 및 그 구성 요소를 조달할 때, 공개적이고 투명한 기준에 따라야 한다. 또한 인공지능 시스템이 사용될 때, 그 대상자가 반드시 그 사실을 알도록 미리 고지해야 한다. 그리고 인간이 인공지능을 인간으로 착각하지 않도록, 인공지능과 상호작용을 할 때는 이 사실을 알려야 한다. 이러한 설명 가능성

---

[132] Abrassart, Christophe, Yoshua Bengio, Guillaume Chicoisne, Nathalie de Marcellis-Warin, MarcAntoine Dilhac, S bastien Gambs, Vincent Gautrais et al. "Montréal Declaration for Responsible Development of Artificial Intelligence 2018." https://monoskop.org/images/d/d2/Montreal_Declaration_for_a_Responsible_Development_of_Artificial_Intelligence_2018.pdf

[133] EU, 13쪽 참조.

및 투명성의 가치가 가장 직접적으로 반영된 법제도가 유럽연합의 정보보호법인 GDPR이다. GDPR은 자동화된 알고리즘 시스템에 기반한 의사결정과 관련하여 주요한 요인에 대해 유의미한 정보를 요청할 권리, 유의미한 정보를 제공할 권리를 포함한다.[134]

(6) 공정성

2020년 6월 인천국제공항공사는 공사에서 비정규직으로 근무하는 보안 요원 1,900여 명을 정규직으로 전환한다고 발표했다. 이에 대해서 공사 안팎에서 거센 반발이 일었고, 공사 내부에서는 정규직 직원들이, 외부에서는 취업 준비생을 중심으로 청년들이 공사의 조치에 맹렬한 반대 운동을 벌였다. 2020년 여름을 뜨겁게 달구었던 이른바 '인국공' 사태 이후 공정성은 우리 사회의 더욱 중요한 이슈가 되었다. 이처럼 '공정성'은 연일 미디어를 통해 오르내리지만, 정작 이를 사용하는 집단들 간에 공정성의 의미에 대해 어느 정도 공동의 이해가 담보되어 있는지는 여전히 의문이다. 공정성은 그 자체로는 부정적인 함의가 하나도 없지만, 이를 받아들이고 사용하기에 따라서 자칫 이해관계에

---

[134] Verordnung (EU) 2016/679 des Europäischen Parlaments und des Rates vom 27. April 2016 zum Schutz natfürlicher Personen bei der Verarbeitung personenbezogener Daten, zum freien Datenverkehr und zur Aufhebung der Richtlinie 95/46/EG (Datenschutz-Grundverordnung).

놓인 집단의 불이익을 통해 자신의 이익을 성취하는 도구가 될 수도 있다.

한번 생각해 보자. 공정성이 무엇일까? 서양 문물이 한자 문화권에 도입되면서 우리말 단어 '공정'이 만들어졌을 가능성을 생각해 본다면, 국어사전에서 '공정'을 검색하기 전에 fairness라는 영어 단어를 살펴보는 것도 의미에 접근하는 하나의 길이다.

잘 알다시피 영어 단어 fairness는 형용사 fair의 명사형이다. 영어 사전을 찾아보면 fair에는 '살결이 흰, 금발의', '아름다운', '괜찮은', '꽤 많은, 상당한' 등 매우 다양한 의미들이 있다. 여기에는 물론 '공정한'도 포함되어 있다. 이 단어는 명사형으로도 쓰이는데 art fair처럼 '박람회'라는 뜻도 있다. 어떻게 fair라는 단어 하나에 서로 잘 어울리지 않는 이런저런 의미가 한데 모여 있는 걸까?

fair의 여러 가지 뜻에는 공통된 요소가 담겨 있는 것 같다. 바로 시각적인 쾌감이다. '살결이 흰, 금발의', '아름다운', '괜찮은'뿐만 아니라 '꽤 많은, 상당한'도 뭔가 시각적인 포만감이 연상된다. '박람회'도 마찬가지다. 마지막으로 '공정한'도 그렇다. 공정한 행위 또는 상태는 일단 시각적인 쾌감부터 준다. 우리말에 '모양새가 보기 안 좋다'라는 상용구를 생각해 보면 수긍이 갈 것이다.

하지만 표현상으로는 순수하게 시각적인 쾌감을 담고 있어 보이는 이 단어는 사실 어떤 행위나 상태에 대한 도덕적인 평가를 수반하고 있다. 추측하건대 영어 단어 fair는 이렇게 심미적인 느낌을 표현하는 단어인 듯하다. 애초에는 시각적인 쾌감을 드러내는 데만 쓰이다가 점차 그 시각적인 쾌감과 결합하여 도덕적인 평가까지 담게 된 것 같다. 언어의 의미는 보통 구체적이고 감각적인 수준에서 추상적이고 정신적인 수준으로 확장되기 때문이다.

그런데 fair와 명사형 fairness가 公正(공정)이라는 한자어로 번역되면서, 본디 가지고 있었던 심미적인 차원의 의미를 잃어버리게 되었다. 구체적인 어떤 느낌을 표현하는 말이 단지 딱딱한 추상적 개념으로 바뀌어 버린 것 같다. 그러면서 '공평하고 올바름'이라는 메마른 정의만 덩그러니 남게 되었다. 마치 페어플레이Fairplay가 원래 보기 좋고, 아름다운 행동을 의미하는 것처럼 말이다.

인공지능 기술과 관련된 많은 원칙 중에서는 공정성에 대한 논의가 가장 활발하다. 공정성이라는 거대 개념은 인공지능 데이터 편향성과 알고리즘 편향성의 문제로 축소되어 매우 구체적으로 논의되고 있다. 우리는 이미 젠더나 인종과 관련한 편향성 사례들을 통해 기존의 사회적 차별과는 다르게 어떤 차별이 생길 수 있는지, 또는 차별이 어떻게 더 강화될 수 있는지 경험하였다. 애플과 골드만삭스가 출시한 신용카드 애플 카드는 성별에 따라 신용한도를 차별적으로 적용하였고, 아마존에서 2014년 개발한 인공지능 채용 프로그램은 여성 지원자들에게 불리하게 작용한다는 사실이 인지된 후 폐기되었다. 2019년 뉴욕주 보험감독청이 인공지능 알고리즘이 인종차별적 요소를 갖고 있는지 검사한 결과에서도 건강한 백인 가입자가 아픈 흑인 가입자보다 치료 우선순위를 더 높게 배정받을 가능성이 있는 것으로 나타났다.

인공지능 알고리즘은 우리가 제공하는 데이터를 기반으로 작동하므로 인종, 젠더, 지역 등에 관한 사회적 불평등과 차별의 양상이 그대로 분석의 결과물로 나타날 수 있다. 인공지능 원칙들에서 인공지능 기술이 사회가 만든 편향적인 데이터들을 정제하고, 알고리즘을 공정한 방향으로 구성한다면 인공지능 기술 개발 시 공정성이라는 가치에 좀 더 다가갈 수 있을 것이다.

하지만 인공지능 기술에서 공정성을 논의할 때는 유의해야 할 점들이 있다.[135]

첫째, 보이지 않는 데이터에 대한 문제다. 인공지능이 다룰 수 있는 것은 데이터다. 데이터화되지 않은 것들에 대해서 인공지능으로 할 수 있는 일은 없다. 그렇다면 데이터화되지 않는 존재들의 공정성 문제는 어떻게 되는가? 흑인 여성의 데이터는 백인 여성의 데이터보다 적을 것이고, 흑인 트랜스젠더의 데이터는 더 적을 것이다.

둘째, 공정성은 다층적 개념이다. 모두에게 동일하게 규칙이 적용되는 것도 공정이라고 볼 수 있지만, 그 규칙이 공정한가 하는 고민도 공정에 속한다. 여성 임원의 수가 남성 임원의 수보다 적다고 할 때, 왜 여성 임원이 적은가에 대한 사회 제도적 고민도 공정의 중요한 부분인데, 인공지능 기술이 이러한 문제에 어떻게 접근할 수 있을지 고민해야 한다.

---

[135] 이 부분에 대한 논의는 다음의 논문에서 인용하였다. 심지원·이은재·김문정, 「인간의 윤리로서 인공지능윤리-인공지능윤리의 가치와 자리」, 『철학·사상·문화』, 38, 동서사상연구소, 2022.

셋째, 공정성이란 단일하게 정의될 수 있는 것도 아니고 불변적인 가치도 아닌, 구성적으로 형성되는 사회적 가치다. 공정성의 가치를 지키기 위해 편향성 문제를 해결하려는 태도는 마치 해결할 수 있는 하나의 공정성이 존재하며, 그것만 잘 적용한다면 문제가 해결될 수 있을 것이라고 믿게 만든다. 어떤 가치를 실현하는 데 있어 한 사람이라도 소외된다면 그 가치의 개념에 상응하여 완전히 실현되었다고 할 수 없다.

그렇기 때문에 공정성과 관련하여 수학적으로 완전한 문제 해결이란 있을 수 없다. 오히려 이를 목적으로 삼아 문제에 접근할 경우, 역설적으로 공정성으로부터 멀어지게 된다.

(7) 책무성

인공지능 판사에게 판결을 받는 것은 먼 훗날의 이야기만이 아니다. 이미 법률 검색이나 변호사 업무 영역 일부에서는 인공지능 기반의 기술이 수행하는 역할 영역이 점차 확대되고 있다. 법령 및 판례 검색과 분석, 판사의 판결 성향 분석 및 결과 예측, 법률 관련 서류 작성, 상대방의 주장 예측 등이 그 활용 사례다.[136]

그러나 인공지능 시스템에 기반한 판결에 문제가 생긴다면

---

[136] 한애라, 「사법시스템과 사법환경에서의 인공지능 이용에 관한 유럽 윤리헌장의 검토-민사사법절차에서의 인공지능 도입 논의와 관련하여-」, 『저스티스』, 172, 2019, 39쪽.

우리는 누구에게 그 책임을 물을 수 있을까? 인공지능 시스템의 설계자 혹은 개발자, 인공지능 시스템을 제공한 회사, 혹은 해당 인공지능 시스템을 채택한 정부 당국이나 사법 관계자 중 누구에게 책임이 있는가? 만일 이에 대해 누가 어떤 역할을 마땅히 수행해야 한다는 기준이 없다면, 피해를 예방하고 피해자를 구제하기는커녕 이를 둘러싼 책임 논의의 해결은 더 어려워지게 될 것이다.

2016년, 피고인의 재범 위험성을 평가하는 알고리즘 콤파스가 인종차별적 결과를 내놓는다는 의혹이 제기되었다.[137] 이 알고리즘은 판사가 형량을 선고하거나 가석방을 결정하는 보조 자료로 널리 사용되고 있었다. 알고리즘의 예측에서는 백인에 비해 흑인을 고위험군으로 판단하는 비율이 월등히 높았다. 그런데 실제 결과를 비교해 보니, 고위험군에 속한다고 판단된 흑인의 절반 이상은 범죄를 저지르지 않았고, 실제로는 백인이 흑인에 비해 두 배가량 높은 재범률을 보였다. 이후 또 다른 문제로 인해 콤파스에 의한 재범 위험률 평가의 공정성이 문제가 되었고, 이를 위스콘신주 대법원이 다루게 되었다.[138] 대법원은 콤파스를 보조 자료로 쓰는 일 자체는 문제가 없다고 평가하였다.

우리가 주목해야 할 것은 다음이다. 대법원은 알고리즘이 형량 선고의 결정적 요인이 되어서는 안 된다고 밝혔다. 또한 판

---

[137] Angwin, Julia et al. "Machine Bias: There's software used across the country to predict future criminals. And it's biased against blacks." *ProPublica*, 2016. 5. 23., https://www.propublica.org/article/machine-bias-risk-assessments-in-criminal-sentencing
[138] State v. Loomis, 881 N.W. 2d 749 (2016).

결을 내리는 법원은 콤파스의 자료 외에 별도의 근거를 밝혀야 하며, 선고 전 조사보고서Presentence Investigation Report, PIS에 콤파스의 위험성 점수가 포함되는 경우에는 보고서에 알고리즘 이용에 관한 상세한 경고문을 붙이고, 법원은 그 경고문을 고려하여 위험성 점수의 비중을 조율하여야 한다고 명시하였다.[139] 이는 인공지능 시스템을 활용할 때, 누가 구체적으로 어떤 역할을 수행해야 하는지를 규정한 것이라 할 수 있다. 이를 토대로 만일 이후 재범 알고리즘과 관련된 문제가 제기되면 이를 관계자가 성실히 수행하였는지 따져 볼 수 있을 것이고, 이는 다시 재발 방지로 이어질 것이다.

  책무, 책무성Accountability, 책임성, 해명책임 등으로 번역되는 인공지능 윤리 원칙의 Accountability는 이처럼 시스템과 시스템의 결과에 대해 '누가, 어떤 책임이 있는지'를 분명하게 할 것을 요구한다. Account-ability라는 말 그대로, 인공지능 시스템의 전체 생애주기에 걸쳐 특정 단계, 작동 및 결과에 '해명할 책임'이 있는 관계자를 분명하게 규정하여, 인공지능 시스템과 그 결과에 대해 책임질 수 있는 메커니즘을 마련하고 보장하려는 것이다.[140] 여기서 시스템과 그 결과에 대한 책임은 인공지능 시스템의 작동 자체만이 아니라, 해당 인공지능 시스템을 기반으로 내려지는 의사결정까지도 포함한다.

  인공지능 윤리 원칙을 다루는 문헌에 따라 책무를 책임

---

[139] 한애라, 앞의 글, 66쪽.
[140] EU, 권고안, 19쪽.

Responsibility 개념과 구분하지 않는 경우도 있다. 그러나 '책무' 개념을 별도로 언급하지 않는 문헌 역시 인공지능 시스템 관계자의 적절한 행동을 요청하는 것은 마찬가지이다. 이러한 이유에서 책임 역시 우리가 위에서 기술한 책무 개념과 의미상 크게 벗어나지 않는 것으로 이해할 수 있다. 요컨대 책무는 인공지능 시스템에 대한 인간의 책임을 전제하며, 책임을 실현하기 위한 구체적인 내용과 역할을 규정하는 것이다.

인공지능 시스템과 그 결과에 대한 책무는 크게 세 단계, 즉 설계 및 개발 단계, AI 시스템 배치 및 사용 단계, AI 사용 후 단계로 나누어 논의될 수 있다.

첫째, 설계 및 개발 단계에서는 인공지능 시스템이 예기치 않은 위해를 발생시키지 않도록 정상적으로 작동될 것을 보장하고, 설계 단계에서부터 해당 시스템이 가져올 사회와 환경에 대한 영향을 고려해야 한다. 또한 의도하지 않은 해로운 결과를 최소화하기 위해서는 중요한 결정은 반드시 인간의 검토를 거치고, 인공지능 시스템에 위임해도 되는 결정과 결코 위임할 수 없는 결정 등을 구분해야 한다. 이를 위해서는 기술적 검증 및 복제 가능성의 보장, 기술영향평가 등이 필요하다. 이렇듯 책무는 기술적 강건성, 보안 및 안전, 인간에 의한 기술 통제권(인간의 결정권) 보장과도 연관된다.

둘째, AI 시스템을 배치하고 사용하는 단계에서는 시스템의 사회적 영향을 지속적이며 체계적으로 모니터링해야 하며, 특히 부정적 영향을 최소화할 수 있도록 주의를 기울여야 한다. 무엇보다 인공지능 시스템에 직간접적으로 영향을 받는 사람들이 인공지능 시스템이 자신에게 어떤 영향을 주며, 해당 시스템의 작동에 영향을 주는 요인이 무엇인지를 알 수 있어야 한다. 또한 인공지능 시스템의 결정에 이의를 제기할 수 있는 가능성도 보장되어야 한다. 이를 위해 시스템에 대한 내부 또는 외부자에 의한 평가 및 감사 가능성이 보장되고, 그 결과가 시스템에 지속적으로 반영되어야 한다. 또한 체계적인 인공지능 시스템 감독 기관을 설립하여 인공지능 기술에 대한 기술 표준 및 모범 사례를 발굴하고, 시스템에 대한 지속적인 모니터링을 관리·감독해야 한다.

마지막으로 AI 시스템으로 인한 피해가 발생했을 때, 사건에 대한 해명과 적절한 배상 및 구제가 이루어질 수 있도록 접근 가능한 메커니즘을 보장하는 것이 책무이다. 피해자는 인공지능 시스템의 자동화된 의사결정에 대한 이의 제기와 시정 요구를 할 수 있어야 하며, 이를 위해 피해자에게 사건의 발생과 그 원인, 시정 조치 및 절차 등에 대한 적절한 설명이 제공되어야 한다. 따라서 책무성은 인공지능 시스템의 투명성 및 설명 가능성과 밀접한 연관을 갖는다.

시각을 달리하여 이제 책무의 주체에 대해 생각해 보자. 1차적으로는 설계자, 개발자, 제조자, 운영자 등 기술 전문가 집단의 책무가 강조된다. 그러나 기술 전문가에게만 책무가 요구되는 것은 아니다. 기술 제품 및 서비스에 관한 결정권은 대개 기업의 결정권자에게 있기 때문이다. 또한 이용자도 사용과 관련하여 적절한 책무를 지닌다. 게다가 사회에 중대한 영향을 끼치는 문제를 결정할 때 인공지능 기술을 어디까지 활용할 것인지,

왜 인공지능에 위임할 것인지를 결정하는 것은 기술 전문가 집단이나 기술 산업계 내부에서만 결정할 수는 없다. 나아가 인공지능 시스템에 직접 개입하는 행위자의 법적인 책임을 설정하고, 그 실행에 어려움이 없는 환경을 만들며 지속적인 실천이 가능하도록 하기 위해서는 기술업계를 넘어서 정부 당국 외 다양한 이해관계자의 개입이 요청된다.

한국의 '사람이 중심이 되는 「인공지능AI 윤리기준」'(2020)은 인공지능 개발 및 활용 과정에서 설계 및 개발자, 서비스 제공자, 사용자 간의 책임 소재를 명확히 하는 것으로 책무를 서술하고 있다. 유니세프의 「인공지능 정책 초안」(2020)은 더욱 상세하게 설계자, 개발자, 실무자, 규제기관, 정책입안자, 인공지능 시스템의 조달자 등을 언급하며, 영향을 받는 사람에 아동이 명시적으로 포함될 것도 요구한다.

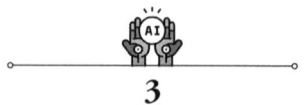

3

현실에서 복합적으로 드러나는 인공지능 윤리: 핀테크의 경우

지금까지 인공지능 윤리 논의에서 주요 원칙 또는 가치로 거론되는 6가지 개념 범주의 의미와 각 개념들 간의 관계, 이와 관련된 사례를 살펴보았다. 안전성은 투명성 및 설명 가능성과, 투명성 및 설명 가능성은 책무와, 책무는 공정성과 밀접한 연관을 맺는 것처럼, 각 가치의 추구 및 실현은 서로 무관하지 않음을 밝혔다. 그리고 이 개념들은 궁극적으로는 인간 가치 증진이라는 상위 개념으로 수렴된다는 사실도 이 장의 처음에서 밝혔다.

  물론 하나의 가치에 연관된 가치의 개수와 범위가 정해져 있는 것은 아니다. 각각의 가치는 밀접하게, 경우에 따라서는 느슨하게 관계를 맺고 있기 때문에, 대개 하나의 가치 기준에 따라 적절하지 않은 사례라고 판명되는 것은 다른 가치 기준에도 부합하지 않는다. 곧, 현실에서 발생하는 하나의 문제 안에는 인공지능 윤리가 추구하는 다양한 가치가 연관되어 있는 것이다. 핀테크(금융 기술) 분야의 인공지능 시스템 활용 사례를 살펴보자.

인공지능 기술의 혁신적 발전과 보급에 힘입어, 몇 년 전부터 신용 등급 및 대출 평가에 인공지능 시스템이 활용되고 있다. 빅데이터를 기반으로 자동화된 알고리즘이 사람들의 신용 등급 및 대출 가능성 등을 평가하는 것이다. 이를 활용하는 기업이나 금융업계는 이 시스템이 새로운 기회를 창출할 것이라고 전망한다. 기존 평가 기준으로는 쉽게 대출 기회를 얻지 못하는 계층, 예를 들면 기존 신용거래 기록이 없는 사람에게까지 혜택이 돌아갈 수 있는 대안적 평가 시스템이 될 것이라는 주장이다. 그러나 이 기술이 실질적으로 사람들의 삶을 더 나아지게 하려면, 인공지능 윤리의 주요 원칙 및 가치를 매우 중요하게 고려해야 한다.

이 같은 평가 시스템의 핵심은 데이터다. 이들은 매우 다양한 개인정보를 점점 더 많이 요구한다. 무엇보다 개인의 일상 기록 및 소셜미디어 관련 정보를 평가 자료로 삼는다는 사실은 주목할 만한 사안이다.[141] 개인의 신용을 평가하기 위해서는 그 사람의 금융 상황뿐 아니라 사생활 패턴, 성향만이 아니라 신청자의 소셜미디어 네트워크 친구가 누구인지도 문제가 된다. 친구가 부유하고, 신용거래 기록이 오래되고, 상환율이 높을수록 대출 신청자의 대출 가능성은 높아진다. 심지어 이들은 다양한 데이터를 기반으로, 온라인상으로만 교류하는 네트워크 친구와

---

[141] "'SNS 기록·생활습관'으로 신용평가 나선 핀테크사," 디지털타임스, 2019.9.17., http://m.dt.co.kr/contents.html?article_no=2019091702109958054009

오프라인의 친구를 구분해 내기도 한다.[142] 독일의 온라인 대부업체 크레디테크Creditech는 개인이 소셜미디어에 남긴 댓글과 온라인 쇼핑몰 이용 시간을 분석하여 맞춤법을 덜 틀리고 주기적으로 온라인 쇼핑을 하는 사람에게 높은 신용 등급을 부여한다.[143] 필리핀 기업 렌도Lenddo는 금융거래 이력 외에도 통신 사용 이력, 소셜 데이터, 소액결제 데이터, 공공데이터, 위치 정보 데이터, 구매 내역 데이터 등을 요구한다. 최근 7일간 받은 메시지 대비 발송한 메시지의 비율, 문자 길이, 건수, 이름이 등록된 연락처 개수 등도 모두 시스템의 판단을 위한 데이터가 된다. 행동 패턴이 일관적이고, 신용거래 기록이 있거나 신용상환도가 높은 사람의 친구일수록 평가 점수는 올라간다. 한국 기업 크레파스솔루션은 청년 세대를 대상으로 대출 상품을 출시하였는데, 이 서비스는 이용자가 매일 일정한 시간에 온라인에 접속하는지, 일정 메모나 가계부 정리는 얼마나 꼼꼼히 하는지, 스마트폰 배터리는 성실하게 충전하는지 등을 체크한다.[144]

첫째 프라이버시 문제를 생각해 보자. 내가 대출을 받으려면 나의 인간관계, 일상의 행동 및 교류 패턴, 소셜네트워크상의 친구 목록 등을 공개해야 한다. 이처럼 많은 양의 다양한 정보는

---

[142] Waddell, Kaveh. "How Algorithms Can Bring Down Minorities' Credit Scores." *The Atlantic*, 2016.12.2., https://www.theatlantic.com/technology/archive/2016/12/how-algorithms-can-bring-down-minorities-credit-scores/509333/
[143] 이희은, 「"기계는 권력의 지도": AI와 자동화된 불평등」, 『문화과학』, 105, 2021, 136쪽.
[144] "'SNS 기록·생활습관'으로 신용평가나선 핀테크사." 디지털타임스, 2019.9.17., http://m.dt.co.kr/contents.html?article_no=2019091702109958054009

해당 정보 제공자의 이름, 거주지, 소속과 같은 개인정보만이 아니라 그의 삶과 타인과의 관계를 재구성해 그려 낼 수 있는 근거가 된다. 더욱 문제가 되는 것은 나의 개인정보만을 제공하는 것이 아니라, 나와 직간접적으로 교류한 사람의 정보까지도 상세하게 파악되어 노출될 수 있다는 것이다.

2015년 페이스북은 기존 소셜네트워크 회사 소유의 특허를 묶음으로 구입했다. 구입한 기술은 다양한 용도를 가지고 있는데, 그중에는 개인이 대출을 신청하면 대출기관이 대출 신청자와 연결된 페이스북 친구의 신용 등급을 조사할 수 있는 기술도 있다.[145] 페이스북이 현재 이 특허를 활용하고 있는지는 확인되지 않았지만 페이스북의 개인정보 유출 사건이 반복되고 있는 것은 사실이다.[146] 페이스북은 이미 '페이스북으로 로그인하기' 기능을 이용하는 이용자가 방문한 쇼핑몰 등의 정보를 수집하여 맞춤형 광고에 활용한다. 또한 페이스북과 인스타그램의 소유 회사인 메타Meta는 지난 2022년 5월, 맞춤형 광고를 위한 개인정보를 해외 사무실 및 제3자와 공유하는 내용을 이용자의 필수 약관으로 규정하려다 반발에 부딪히기도 했다.[147]

의도적이든 그렇지 않든, 다시 말해 인간의 개입에 의한 데이

---

[145] "Facebook patent: Your friends could help you get a loan - or not." *CNN Business*, 2016.8.4., https://money.cnn.com/2015/08/04/technology/facebook-loan-patent/index.html

[146] "페이스북: 개인정보 유출⋯혹시 내 번호도?" *BBC News 코리아*, 2021.4.7., https://www.bbc.com/korean/international-56646722

[147] "메타, 개인정보 수집 동의 방침 철회했지만⋯내 정보는 여전히 맞춤형 광고에 활용 중?" *경향신문*, 2022.7.31., https://www.khan.co.kr/it/it-general/article/202207311624001

터 유출이든 시스템의 취약과 오류로 인한 개인정보 유출이든, 기술이 고도화될수록 프라이버시 취급의 중요성은 더 높아진다.

그리고 이 같은 정보에 기반한 평가는 해당 기업 또는 주요 관련자의 의도와는 상관없이 차별을 재생산하고 강화할 위험이 크다. 예를 들어, 상대적으로 평균 소득이 낮은 지역에 거주하는 사람에게는 비슷한 소득 수준을 가진 친구와 가족이 있을 가능성이 높다. 그의 친구 네트워크에는 중산층 화이트칼라 대기업 직원의 네트워크에 있는 사람보다 상환 기록이 좋지 않은 사람이 포함되어 있을 가능성이 크다. 알고리즘은 이 정보를 반영하여, 저소득 지역에 거주하는 사람의 신용을 낮게 평가하거나 대출을 거절할 수 있다.

누군가의 눈에는 이러한 평가가 정당해 보일지도 모른다. 그러나 우리는 그 근거를 어떻게 확인할 수 있을까? 신용 평가 알고리즘의 작동 근거와 과정은 외부로 공개되지 않는다. 필요한 경우에 한해 몇몇 데이터에 대한 평가 근거를 공개해야 하는 법적 의무는 존재하지만 이것이 모든 활용 데이터, 알고리즘의 전체 요소를 공개할 것까지 강제하지는 않는다. 또한 활용 데이터 기록, 알고리즘에 관한 정보가 공개되어도 관련 시스템의 의사결정권자가 아닌 이상 일반적으로 해당 시스템이 적절하게 작동했는지 이해하거나 확언하기 어렵다. 만일 내가 부당하게 낮은 평가를 받았다고 하더라도 내가 공개된 요소 중 어떤 것과 관련하여 그런 평가를 받았는지, 이것이 적절한지 아닌지를 정확하게 이해하거나 판단하기 어렵다.[148] 그러므로 이의 제기가 쉽지 않으며, 내 입장을 다시 평가받을 기회를 얻기 어렵다.

의도적인 차별 요소, 기존의 차별 요소를 배제하기 위해 다른 대체 변수를 활용하는 것만으로는 이 문제를 해결하기가 어렵다. 더 많은 정보는 역으로 개인의 신용도나 대출 상환도를 더욱 낮게 평가할 다양한 근거가 될 수 있기 때문이다. 게다가 다종다양한 정보가 평가 시스템에 반영될수록, 어떤 평가 기준 및 요소에 의해 낮은 평가를 받았는지 인지하거나 이해하기는 더욱 어렵다. 알고리즘이 복잡하고 불투명해질수록 이와 같은 문제는 더욱 심각해진다.

장기적이고 거시적인 관점에서 보면, 이로 인해 개인 삶의 자율성이 심각한 위협을 받을 수도 있다. 해당 시스템의 이 같은 문제에 충분히 주의하지 않은 채로 시스템이 일상적인 것이 될 경우, 개인 삶의 패턴은 인공지능 시스템에 의해 조정될 것이다.

현재도 개인의 신용 등급은 이미 개인의 삶에 중대한 영향을 미친다. 그런데 이 같은 영향력이 점차 더 멀리, 더 미세한 곳까지 확대될 것이다. 쇼핑패턴은 어떠할지, 이메일이나 문자메시지를 확인한 뒤 얼마 후에 답장을 보낼지, SNS 친구 목록에 누구를 남기고 누구를 제외해야 하는지 등이 인공지능의 평가 기

---

148 "특정 신용평점을 둘러싸고 이와 같은 평점 부여방식에 대한 설명을 듣는다고 해서, 해당 평점의 산정방식에 대해 충분히 이해하고 수긍하는 것이 가능할 것인가? 또는, 신용평점이 낮아서 대출계약이 거절되었다고 할 때, 정확히 어떻게 하면 신용평점을 높일 수 있는지 구체적으로 파악하는 것이 가능할 것인가? (…) 이때 각각의 평가요소 항목에 대한 점수 및 가중치를 개개의 정보주체에게 알려줄 경우, 투명성에 대한 불안함이 해소되기보다 오히려 궁금증이 더 늘어날 가능성이 있다." 투명성 요구만으로 문제에 대응하기가 쉽지 않음에 대해서는 다음의 논문을 참조하라. 고학수·정해빈·박도현, 「인공지능과 차별」, 『저스티스』, 171, 2019, 268~267쪽.

준에 맞춰지게 될 것이다. 이것은 일종의 사회적 압력 또는 점수 매기기로 작용하며 개인의 삶을 압박할 수 있다.[149]

이러한 사회적 우려에 따라, 금융 부문의 인공지능 시스템 활용과 관련해서 인공지능 윤리가 강조되고 있다. 한국에서도 2021년 7월, 금융위원회가 「금융분야 인공지능AI 가이드라인」을 발표하였다.[150] 그 내용의 일부를 살펴보자.

"금융회사 등은 AI 시스템의 잠재적 위험을 평가하고 이를 관리하기 위하여 구성원의 역할·책임·권한 등을 AI 시스템의 전 과정에 걸쳐 구체적으로 정의한다. (…) 금융회사 등이 개인에 대한 부당한 차별 등 개인의 권익와 안전, 자유에 대한 중대한 위험을 초래할 수 있는 서비스(이하 '고위험 서비스'라 한다.)에 대해 AI 시스템을 활용하는 경우, 적절한 내부통제 활동 및 승인절차를 마련하고, 승인 책임자를 지정한다. (…) 금융회사 등은 AI 시스템의 활용 목적이 윤리원칙에 부합하는지 검토하고, 활용 맥락을 고려하여 AI 활용으로 나타날 수 있는 사회적, 경제적, 문화적 영향 및 잠재적 피해 가능성을 평가하여야 한다."

이처럼 해당 가이드라인은 사회적으로 신뢰할 수 있는 인공

---

[149] Waddell, Kaveh. "How Algorithms Can Bring Down Minorities' Credit Scores." *The Atlantic*, 2016.12.2., https://www.theatlantic.com/technology/archive/2016/12/how-algorithms-can-bring-down-minorities-credit-scores/509333/

[150] 「금융분야 인공지능(AI) 가이드라인」, 금융위원회, 2021.7.8., https://www.fss.or.kr/fss/kr/promo/bodobbs_view.jsp?seqno=24042&no=16071&s_title=&s_kind=&page=1

지능 시스템의 활용을 위해 인간의 책임을 강조하며, 인공지능 윤리의 가치 일반에 따라 개인 및 조직의 책무를 규정하고 있다. 그 내용에도 역시 인간 가치 증진, 안전성, 프라이버시, 투명성 및 설명 가능성, 공정성, 책무성 등이 모두 반영되어 있다. 이제 남은 과제는 이를 실천하고 그 결과를 검토하며, 지속적으로 대응책을 개선하는 일일 것이다.

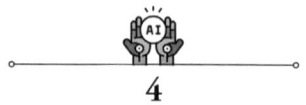

4

인공지능 윤리 원칙 및 권고: 국내외 주요 사례

앞에서 분석한 윤리 원칙 및 권고와 관련하여 몇 가지 자료를 소개한다. 발표 시점의 시의성, 다른 기관 및 개인에 미치는 실질적 영향력을 고려하였으며, 다양한 행위 주체를 반영하였다. 이러한 기준에 따라, 선정 기준과 달라서 앞선 분석 자료에 포함하지 않은 '아실로마 인공지능 원칙'(2017)을 추가하였다. 아실로마 인공지능 원칙은 인공지능 기술과 사회 활용에 관련된 다양한 행위주체가 참여, 논의하여 발표한 최초의 인공지능 원칙이라고 할 수 있다. 다른 대표적 사례로 인공지능 기술 거버넌스에 대한 논의를 선도해 온 EU의 '신뢰할 수 있는 인공지능을 위한 윤리 가이드라인(2019)', 기술 커뮤니티 및 학계의 논의인 IEEE의 '윤리적으로 조정된 설계(2판, 2019)' 세계 각국이 참여하는 경제협력개발기구 OECD의 '인공지능 활용 원칙 권고(2019)',

비영리 국제기구인 유네스코의 인공지능 권고(2021), 종교계의 논의로서 '로마콜(2020)'을 선정하였다. 국내의 인공지능 윤리 논의 사례로 과기정통부가 마련한 인공지능 윤리 표준(2020), 국내 민간 기술 기업, 특히 대다수의 시민이 이용 중인 인공지능 기술 제품 및 서비스를 제공하는 다음 카카오의 「알고리즘 윤리 헌장」(2018)과 네이버 「윤리 준칙」(2021)을 소개한다.

국내외 AI 윤리 원칙 및 가이드라인에 대한 사례는 앞선 분석과 비판적 고찰을 뒷받침하는 자료인 동시에, 인공지능 윤리 논의의 전체적인 조망과 그 의미를 구체적으로 이해하고 소화하도록 도울 것이다.

(1) 국외 주요 사례

1) 「아실로마 인공지능 원칙」(2017)

아실로마 AI 원칙은 미국의 비영리 연구 단체인 Future of Life Institute 주관으로 작성되었다. 2017년 1월 미국 아실로마에서 열린 인공지능 콘퍼런스의 결과물로서 '아실로마 AI 원칙 Asilomar AI Principles'이라고 불린다. 이 원칙은 총 23항이며, 이는 연구 이슈(5항), 윤리와 가치(13항), 장기 이슈(5항)로 나뉜다. 이는 인공지능 윤리만을 논의한 것이 아니며, '초지능'에 관해 다루는 등 최근의 현실적 이슈와 관련된 내용만을 다루지도 않는다. 그러나 현재 활용 중인 머신러닝 기반 인공지능의 개발 방향성에 대해 기술과학계부터 스스로 고민할 필요가 있음을 드러내고,

윤리와 가치 (Ethics and Values)	
안전	AI 시스템은 작동 수명 전반에 걸쳐 안전하고 안정적이어야 하며, 적용과 실현이 가능하다면 검증할 수 있어야 합니다.
오류 투명성	AI 시스템이 해를 입히는 경우 그 이유를 확인할 수 있어야 합니다.
사법의 투명성	사법 결정에 있어 자동화된 시스템이 개입할 경우, 권한 있는 인간 기관이 감사할 수 있는 충분한 설명을 제공해야 합니다.
책임성	고급 AI 시스템의 설계자와 제조자는 그것의 사용, 오용 및 행위의 도덕적 함의에 있어서, 그것을 형성할 책임과 기회가 있는 이해관계자입니다.
가치의 준수	고도로 자율적인 AI 시스템은 그것이 작동하는 동안 목표와 행동이 인간의 가치와 반드시 일치하도록 설계되어야 합니다.
인간의 가치	AI 시스템은 인간의 존엄성, 권리, 자유 및 문화 다양성의 이상과 양립할 수 있도록 설계되고 운영되어야 합니다.
개인 정보 보호	AI 시스템이 개인정보 데이터를 분석하고 활용할 수 있는 경우, 사람들은 자신이 생성한 데이터에 접근해 관리 및 제어할 권리를 가져야 합니다.
자유와 개인 정보	개인 정보에 대한 AI의 적용이 사람들의 실제 또는 인지된 자유를 부당하게 침해해서는 안 됩니다.
이익 공유	AI 기술은 가능한 많은 사람들에게 혜택을 주고 역량을 강화해야 합니다.
공동 번영	AI에 의해 만들어진 경제적 번영은 모든 인류에게 이익이 되도록 널리 공유되어야 합니다.
인간 통제	인간은 인간이 선택한 목적을 달성하기 위해, 의사 결정을 AI 시스템에 위임할 것인지 여부와 방법에 대해 선택할 수 있어야 합니다.
비전복	고도로 발전된 AI 시스템의 통제를 통해 부여되는 권력은 건강한 사회가 의존하는 사회적 시민적 과정을 전복하기보다, 존중하고 개선해야 합니다.
AI 무기 경쟁	치명적인 자동화 무기의 군비 경쟁은 피해야 합니다.

표 3. 「아실로마 인공지능 원칙」, https://futureoflife.org/open-letter/ai-principles/[151]

---

[151] 번역 출처: 진보네트워크센터 정보인권, https://act.jinbo.net/wp/29625/

저명한 과학기술 산업계 인사들의 지지 서명을 통해 대중적으로 '인공지능 윤리' 논의를 알리는 신호탄이 되었다. 물리학자 스티븐 호킹, 테슬라의 최고경영자 일론 머스크, 알파고를 개발한 구글 딥마인드의 최고경영자 데미스 하사비스 등 2천여 명에 달하는 과학기술 산업계의 구성원이 지지 서명을 했다.

아실로마 인공지능 원칙 중 윤리에 초점을 맞춘 가치 및 그 내용은 〈표 3〉과 같다.

2) EU, 「신뢰할 수 있는 인공지능을 위한 윤리 가이드라인」(2019)

유럽연합은 디지털 단일 마켓 등의 이유로 일찍부터 인공지능의 사회적 영향력에 대한 논의를 진행해 왔다. 기술, 철학 등 다양한 분야의 전문가 52인으로 구성된 AI에 대한 전문가그룹 High-Level Expert Group on Artificial Intelligence이 보고서 초안을 작성하고, 이를 4천여 명의 이해관계자가 참여한 유럽 AI연합회를 통해 검토한 후, 2019년 4월에 '신뢰할 수 있는 인공지능을 위한 윤리 가이드라인'이라는 이름으로 발표하였다. 이 과정을 통해 가이드라인은 시민사회의 참여를 통해 AI와 사회의 관계 문제에 대한 사회적 공론화 및 절차적 투명성을 확보했다. 또한 이를 기반으로 유럽연합의 AI 거버넌스 정책 및 법 제도가 제안, 결정됨으로써 실질적인 영향력을 발휘하고 있다.

가이드라인의 핵심 목적은 제목 그대로 사회 공동체가 신뢰할 수 있는 인공지능 기술의 기획, 개발, 활용 등 전체 기술 과정의 윤리적 행위 지침을 제시하는 것이다. 이는 크게 3부로 구성되어 있는데, 먼저 신뢰할 수 있는 인공지능을 위한 3대 원칙으

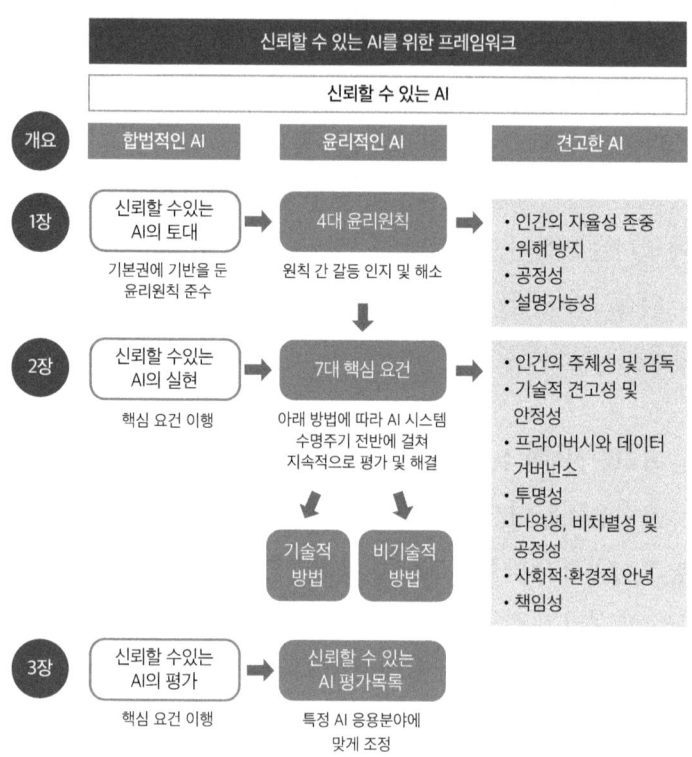

그림 6. EU, 신뢰할 수 있는 인공지능을 위한 윤리 가이드라인(2019)[152]

로 합법적Lawful AI, 윤리적Ethical AI, 강건한Robust(기술적으로 오류 없는) AI라는 틀을 구상하고, 그 아래 4가지 윤리 원칙을 해명한다. 그리고 이를 실현하기 위한 7가지 요건을 제시하고, 최종적으로 윤리 원칙의 수행과 검증이 용이하도록 구체적인 평가목록을 제안한다.

이 가이드라인은 합법성, 윤리성, 기술적 강건성이라는 3대

---

[152] 정보통신정책연구원, 「한국형 AI 윤리 원칙 구조 개발안에 대한 연구」, 2020.

원칙 아래 윤리적 가치 설정과 정당화, 실행을 위한 윤리적 논의에 초점을 맞춘다. 인간의 보편적 기본 인권과 유럽 문화에서 전통적으로 중요하게 여겼던 가치를 토대로 제시된 4가지 윤리 원칙은 인간의 자율성 존중, 해악 방지, 공정성, 설명 가능성으로, 전통적인 가치 지향에 AI 기술과 관련해 '설명 가능성'이 추가되었음을 알 수 있다. 또한 EU의 가이드라인은 디지털화와 데이터 기반 사회에서 가치 규정 및 내용의 확장 또는 변형까지 염두에 두며, 가치들 사이에 충돌과 긴장 관계가 있을 수 있다는 것도 충분히 고려할 것을 제안한다.

3) IEEE, 「윤리적으로 조정된 설계」 ver. 2 (2판, 2019)

IEEE(국제전기전자기술자협회)는 몇 년에 걸친 작업을 통해 가치 기반 기술 구현 및 기술 거버넌스를 위한 논의까지 포함하는 가이드라인을 2019년 발간하였다. 「윤리적으로 조정된 설계 Ethically Alligned Design」(2판)는 인공지능 기술·산업계에 주요한 행위자인 기술공학 전문가 단체가 자발적으로 발표한 윤리 가이드라인이라는 점에 큰 의의가 있다. IEEE는 미국국가표준을 개발하는 허가를 받은 인증조직 형태의 표준개발기구이며, 160여 개국 40만여 명의 회원이 참여하는 세계 최대의 기술 전문가 단체로, 전 세계 기술공학계에 커다란 영향력을 발휘한다. IEEE는 2016년 12월 이 가이드라인의 초안을 발표하였으며, 이는 인공지능 윤리와 관련하여 국제적 기술 전문가 단체에서 최초로 발간한 가이드라인이다. 해당 문서 작성에는 학계만이 아니라 정부, 기업 등의 다양한 분야에서 인공지능, 법, 윤리, 철학, 정책 관련 관계자 100여 명이 참여했다. 이 작업은 인공지능 기술의 표준화 프로젝트('P7000 시리즈')와도 연관된다.

윤리적으로 조정된 설계(2019.3, IEEE)

▶ 지능정보기술 및 자동화 기술과 관련하여 설계 단계에서 준수해야 할 윤리적 기준 제시

- 국제적으로 인식된 인권의 보호(Human Rights)
- 인간의 복지를 개발 기준으로 설정(Well-Being)
- 개인에게 접근 및 데이터 공유에 관한 권한 부여(Data Agency)
- 목적 적합성 및 효과성의 근거 제공, AI 결정의 근거 제시 필요(Transparency)
- 모든 결정에 명백한 근거 제공 필요(Accountability)
- 잠재적 남용과 A/IS 운영의 리스크 인식 필요(Awareness of Misuse)
- 안전하고 효과적인 A/IS 운영을 위해 충분한 지식과 능력 필요(Competence)

표 4. IEEE의 가이드라인 「윤리적으로 조정된 설계」

이 가이드라인은 기초 원칙부터 인공지능 설계와 연구를 위한 구체적인 방법론까지 담고 있다. 이는 크게 기초 가치 및 원칙 제시, 가치 기반 디자인을 위한 구체적 단계 제시, 윤리적인 연구와 설계를 위한 방법론 및 문제점에 대한 지적으로 구성된다.

가이드라인은 인공지능 개발이 편향되지 않고 인류에게 혜택을 주는 "윤리적 디자인"이 되어야 한다는 가치 기반 기술을 명시하며, 이를 위한 기초 원칙을 제공한다. 기초 원칙은 인권 보장, 인류의 복지 증진, 책무성, 설명 가능성, 오용과 위험의 최소화이다. 구체적인 목표는 개인의 정보권과 통제권 보장, 경제적 효과에 의해 증대되는 인류 복지, 책무를 위한 법적 프레임워크 제공, 자동화된 의사결정이 미치는 영향에 대한 투명성 확보, 지능화되고 자동화된 기술 시스템이 사회에 미치는 잠재적 영향에

대한 공중의 이해 및 교육에 관한 효과적인 정책 설명이다.

이 가이드라인은 개발자가 전문가로서 기술 내재적 가치를 이해하고 적용할 수 있도록 하는 교육안의 역할을 한다. 동시에, IEEE는 가이드라인이 인공지능 기술 설계 및 개발의 표준을 제공함으로써 향후 인공지능 기술 제품 및 서비스의 이용자가 '지능적이고 자율적인 시스템'의 생산 과정을 검토하고, 피해를 예방할 것이라 기대한다.

4) OECD, 「인공지능 활용 원칙 권고」(2019)

인공지능 활용 원칙 권고(2019.5., OECD)
▶ 본 권고는 신뢰 가능한 AI를 위해 책임 관리(Stewardship)를 중요 원칙으로 제시하고, 이를 이루는 내용을 다음과 같은 다섯 가지로 구성하고 있음   - 포용적 성장, 지속가능한 발전 및 복지 - 인간중심적 가치 및 공정성 - 투명성 및 설명 가능성 - 기술적 견고성, 보안성 및 안전성 - 책임성

표 5. OECD의 가이드라인 「인공지능 활용 원칙 권고」[153]

OECD는 2019년 5월, 신뢰할 수 있는 인공지능을 위한 가이드라인으로서 'OECD AI 활용 원칙 권고안Council Recommendation on Artificial Intelligence'을 회원국의 만장일치로 공식 채택했다. 이는 국제 수준의 합의가 이루어진 최초의 AI 권고안이라는 점에 의의가 있다. 법적 강제력은 없지만 국가 대표 및 국제 기구 대

---

[153] 오성탁, 「OECD 인공지능 권고안」, 『TTA 저널』, 187호, 2020년 1, 2월호, 26쪽.

표들이 해당 권고안을 채택, 실행하겠다는 의지를 밝힌 것으로, 국제사회에서 신뢰할 수 있는 인공지능 표준을 설정하는 일에 큰 영향력을 발휘한다. 실제로 미국 등36개의 회원국과 아르헨티나, 브라질 등 42개의 국가가 해당 권고안을 따르기로 했다.

동시에 OECD는 세계 각국의 정부가 이 원칙을 수행할 수 있도록 하는 정책 권고안도 함께 제시하며, 국경을 초월한 전 세계적 협력을 요청한다. 이 권고안 작성을 위해 2018년 OECD AI 전문가 그룹AIGO이 설립되었고, 정부, 산업, 무역, 시민사회, 기술 공동체, 학계 등 다양한 영역의 전문가 50인이 참여하였다. 한국도 AI 전문가그룹의 의장국으로 참여, 국제사회의 인공지능 윤리 논의에서 적극적 역할을 수행하였다.

권고안은 신뢰할 수 있는 인공지능에 대한 책무를 다하기 위해, 상호보완적인 다음의 5가지 가치 기반 원리를 밝힌다.[154] 그 5가지 원리는 '지속가능한 개발과 웰빙으로 표방되는 포용적 성장, 인간중심적 가치와 공정성, 인공지능의 투명성과 설명 가능성, 기술적 견고성과 안전 및 보안, 인공지능 관련 행위자의 책무성'이다. 또한 권고안은 '인공지능 시스템'과 '인공지능 행위자'에 대한 규정을 명시하여 국제사회의 인공지능 윤리 논의에 기여했다.

이 권고안은 또한 국가정책 및 국가 간 협업을 위해 5가지 권고를 제시했는데 그것은 바로 '인공지능 연구 및 개발의 투자,

---

[154] 이하의 내용은 "Recommendation of the Council on Artificial Intelligence." OECD, 2019, https://oecd.ai/en/assets/files/OECD-LEGAL-0449-en.pdf 를 요약하여 서술한 것이다.

인공지능을 위한 디지털 생태계 조성, 인공지능을 위한 정책 환경의 형성, 노동시장 변화의 준비와 인간 역량의 개발, 신뢰할 수 있는 인공지능을 위한 국가 간 협업'이다.

나아가 권고안은 인공지능 연구, 개발, 사용을 측정하기 위한 척도 및 도구를 개발하며, 그 실행 과정을 평가하기 위한 토대를 제공한다. 이를 위해 OECD는 이후 권고안의 실행을 지속적으로 모니터하고 있다.

5) 로마 교황청, 「AI 윤리를 위한 로마 콜」(2020)

로마 교황청은 202년 2월 「AI 윤리를 위한 로마 콜 Rome Call for AI Ethics155」, 소위 '로마 콜'을 발표하였다.

로마콜은 디지털 혁신과 기술의 진보가 인간을 중심에 둔 미래를 향하도록 모든 행위 주체(정부, 국제기구, 민간 영역 등) 공동의 책임을 촉구하며, 모든 인류 가족 The Human Family에 봉사하는 인공지능을 개발할 것을 요청한다.

로마콜은 그 수립 과정에서 마이크로소프트, IBM 등 기술 기업과 의견을 교환하였고, EU의 신뢰할 수 있는 AI 가이드라인과 미국 트럼프 행정부가 2020년 1월에 발표한 인공지능 규제 지침도 일부 반영하였다. 로마콜의 발표에는 로마 교황청의 생명학술원, 마이크로소프트, IBM, 유엔식량농업기구 FAO, 이탈리아 혁신부의 지지 및 준수 서명이 함께했다.

---

155 이하의 내용은 로마콜 홈페이지를 참조, 요약한 것이다. https://www.romecall.org/

인공지능 윤리 권고(2020.2, 로마 교황청)
▶ 인공지능 발전은 기술이 아니라 사람에 초점을 두고 이뤄져야 함, 즉 '인류 가족'에 봉사한다는 원칙하에 연구되고 상용화돼야 함을 강조. 서문, 윤리, 교육, 권리 등 4개 부문으로 구성. - AI의 윤리적 이용을 위해 필요한 6가지 원칙으로 투명성, 포용, 책임성, 불편부당, 신뢰성, 보안과 프라이버시를 제시. - AI가 윤리적으로 디자인되어야 한다는 'Algor-Ethical'이라는 개념을 제안. - 포용(Inclusion)의 개념을 윤리 원칙에 포함하여 AI로부터 이익을 얻는 것은 일부가 아닌 모든 사람이 돼야 하고, AI를 디자인하고 설치하는 사람들은 반드시 책임과 투명성 원칙하에 움직여야 한다는 점을 강조.

표 6. 로마 교황청의 가이드라인 「인공지능 윤리 권고안」

　로마콜은 종교계에서 인공지능 기술의 사회적인 영향력과 그로 인한 변화에 주목하고, 인공지능 기술이 기술 자체가 아니라 인간과 자연의 이익에 중심을 둔 기술이 되어야 하며, 특히 취약한 사람들에게 악용될 위험을 강하게 주장한다는 점에서 그 의의가 있다. 또한 각 목적의 성취를 위해 모든 알고리즘의 개발이 "알고-윤리적" 관점"Algor-Ethical" Vision에서 이루어져야 한다는 새로운 개념어를 제시한다. 이는 모든 알고리즘의 개발 및 인공지능 설계에서 윤리적 접근이 필요하다는 의미이다.

　로마콜은 윤리, 교육, 권리라는 3개의 부문과 6가지 원칙으로 구성된다. 모든 인간은 자유롭고, 존엄성과 권리는 평등하며, AI의 발전 및 혁신은 약자, 소외 계층, 자연을 보호하며 미래 세대와 함께 미래를 건설해야 한다. "알고-윤리적" 설계와 개발을 위한 6가지 원칙은 투명성, 포용성, 기계 작동에 대한 인간의 책무, 편향성에 만들거나 치우치지 않는 불편 부당성, 기술이 안정적으로 작동할 수 있는 신뢰성, 보안과 프라이버시이다.

6) 유네스코의 「인공지능 윤리 권고」(2021)

유엔 교육과학문화기구인 유네스코UNESCO는 2021년 11월 유네스코 총회에서 '유네스코 오픈사이언스 권고'와 '유네스코 인공지능 윤리 권고Recommendation on the Ethics of Artificial Intelligence'를 채택하였다.[156] 이 권고는 2018년 인공지능의 윤리적 개발과 이용을 위한 윤리적 지침 마련을 시작한 이래, 2년간의 회원국 및 다양한 이해관계자의 의견을 수렴하여 최종 채택된 것이다. 이를 193개 유네스코 회원국이 합의하여 국제 지침으로 채택한 것에는 큰 의미가 있다. '권고'는 국제법인 '협약'보다는 약하지만 정기적으로 이행 보고서를 제출하는 등 '선언'보다 구속력이 있다. 그러므로 이 권고는 인공지능 윤리에 관한 최초의 국제적 협약이다. 유네스코는 이 권고의 채택이 "디지털 세계의 윤리적 나침반"이자 "글로벌 규범의 기반"이 될 것으로 전망한다.

이 권고는 인간성, 개인, 사회, 환경과 생태계의 이익을 지향하고, 피해를 방지하기 위한 인공지능 시스템 작동의 기초를 마련하고, 인공지능 시스템의 평화적인 이용을 목적으로 한다. 또한 인공지능 시스템을 둘러싼 윤리적 문제에 관해 다양한 이해

---

[156] 이하의 내용은 다음을 참조하였다. UNESCO, *Recommendation on the Ethics of Artificial Intelligence*, https://unesdoc.unesco.org/ark:/48223/pf0000381137_eng, 유네스코한국위원회 홈페이지, https://unesco.or.kr/data/report, 이상욱·이호영, 『인공지능(AI) 윤리와 법(I) - AI 윤리의 쟁점과 거버넌스 연구』, 유네스코한국위원회, 2021.

관계자의 대화와 합의를 조성하며, 인공지능 분야의 지식과 개발에 관한 동등한 접근성을 장려한다. 이를 위해 가치 및 원리만이 아니라 실질적 구현을 위한 국제·국가 정책 및 규제 프레임워크와 행위 지침을 제시하고, 또한 인간 존엄성과 근본적 자유, 기본 인권의 보호와 촉진, 다양성 및 포용성 보장, 평화롭고 정의로우며 상호연결된 사회 형성과 그에 따른 환경 및 생태계의 번영이라는 4가지 핵심 가치를 제시한다.

가치	내용
인권, 근본적 자유, 인간 존엄성의 존중, 보호, 증진	▶ AI 시스템 전 생애주기에서 인권, 근본적 자유, 인간 존엄성이 존중, 보호, 증진되어야 함. - AI와의 상호작용에서 인간이 대상화되거나 존엄성이 훼손되거나 인권, 근본적 자유가 침해, 남용되어서는 안 됨. - 신기술은 인권을 침해하지 않고 지지, 보호, 실행하는 새로운 수단을 제공할 필요가 있음.
환경 및 생태계의 번영	▶ AI 시스템 전 생애주기에서 환경 및 생태계의 번영이 인지, 보호, 증진되어야 함. - AI 행위주체는 기후변화 및 환경위험요인을 최소화하고 천연자원의 지속가능하지 않은 사용 및 변환을 막는 등 AI 시스템이 환경에 미치는 영향을 최소화하여야 함.
다양성 및 포용성 보장	▶ AI 시스템 전 생애주기에서 인권법을 포함한 국제법에 부합되도록 다양성 및 포용성이 존중, 보호, 증진되어야 함. - 중·저소득국가, 최빈개발도상국, 내륙개발도상국, 군소도서개발도상국 등이 미흡한 기술적 인프라, 교육, 기술, 법체계 등을 극복할 수 있도록 국제적으로 공조, 협력하여야 함.
평화롭고 정의로우며 상호 연결된 삶	▶ AI 시스템 전 생애주기에서 평화, 포용성 및 공정성, 형평성 및 상호 연결성이 증진되도록 해야 함. ▶ AI 시스템이 인간의 자유와 자율적 의사결정, 그리고 인간 및 공동체의 안전을 약화하거나 개인과 집단, 그리고 인간의 공존을 분열시켜서는 안 됨.

표 7. 유네스코 「인공지능 윤리 권고」(2019)의 4대 가치. 구체적으로 법령에 반영할 사항보다는 법령이 지향해야 하는 이념과 기본 가치를 담고 있음.[157]

가치를 보다 구체화한 10가지 기본 원리는 '해악 금지와 목적 비례의 원칙, 안전과 보안, 공정성과 차별금지, 지속가능성, 프라이버시권과 데이터 보호, 인간에 의한 인공지능 시스템 감독과 결정권, 투명성과 설명 가능성, 책임과 책무, 공중의 인공지능 기술 이해를 위한 리터러시 강화, 다양한 이해관계자와 조정 역할을 하는 거버넌스의 협업' 등이다.

(2) 국내 주요 사례

1) 인공지능 윤리 기준(과학기술정보통신부, 2020)

과학기술정보통신부는 2020년 12월, '사람이 중심이 되는 「인공지능 윤리 기준」'을 발표하였다.[158] 이는 바람직한 인공지능 개발 및 활용 방향을 위해 정부·공공기관, 기업, 이용자 등 모든 사회구성원이 인공지능 시스템의 전체 단계에서 지켜야 할 원칙과 핵심 요건을 제시한다. 이를 위해 2020년 4월부터 인공지능 및 윤리 전문가로 구성된 인공지능 윤리 연구반이 인공지능 윤리 기준 초안을 마련하고, 이후 3개월 동안 간담회, 세미나, 공청회 등 학계, 기업, 시민 단체 등 다양한 전문가와 시민사

---

[157] 김현경, 「UNESCO AI 윤리권고 쟁점 분석 및 국내법제 개선방향」, 『글로벌 법제전략』, 2022년 제1호, 2022.
[158] 이하의 서술은 「인공지능 윤리 기준」, 과학기술정보통신부 보도자료(2022.12.22.)를 참조하였다. 설립 배경, 목적, 내용, 과정 등에 대한 상세한 설명은 과학기술정보통신부, 『윤리적 인공지능을 위한 국가정책 수립』, 정보통신기획평가원, 2020.에서 찾아볼 수 있다.

회의 의견을 수렴하여 최종적으로 「인공지능 윤리 기준」을 마련하였다. 다양한 이해관계자의 입장을 고려하며, '윤리 기준'에 대한 공적 신뢰도와 절차적 투명성을 보장하려 한 것이다.

'사람 중심의 인공지능'을 지향하는 「인공지능 윤리 기준」은 자율적 규범으로서 모든 사회구성원이 모든 분야에서 참조하고, 자율적으로 준수하며 기술 및 사회 변화에 유연하게 대처할 수 있는 기반을 조성하고자 한다. 최고 가치는 인간성Humanity이며, 이를 위한 3대 원칙과 10대 핵심 요건이 뒤따른다.

3대 기본 원칙은 인공지능 개발에서 활용까지 전 과정에서 고려되어야 할 기준으로서 인간 존엄성, 사회의 공공선, 기술의 합목적성이며 기본 원칙 실현을 위한 10가지 핵심 요건은 인권 보장, 프라이버시 보호, 다양성 존중, 침해 금지, 공공성, 연대성, 데이터 관리, 책임성, 안전성, 투명성이다.

이후 과학기술정보통신부는 「인공지능 윤리 기준」의 실천 방안을 구체화하고, 민간 영역이 자율적으로 기준을 이행할 수 있는 지원 체계를 구축하기 위해 「신뢰할 수 있는 인공지능 실현 전략」(2021.5.)을 발표하고, 2025년까지 단계적으로 추진할 예정임을 밝혔다. 또한 2022년 2월부터 인공지능의 윤리적 개발과 활용을 촉진하기 위해 학계, 산업계, 시민사회 전문가와 함께 '인공지능 윤리 정책 포럼'을 구성하여 운영 중이다.[159]

---

[159] 과학기술정보통신부,「신뢰할 수 있는 인공지능 실현 전략」(2021.5.)과 제1기 인공지능 윤리 정책 토론회(포럼) 출범식 개최 관련 보도자료(2022.2.24.)를 참조하라. 인공지능 윤리 정책 포럼은 지난 1년간 여러 차례의 전체 회의, 분과 회의, 세미나 등을 진행하고 있다.

2) 국내 기술 기업의 사례

다음은 국내 주요 기술 기업의 인공지능 윤리 관련 성명이다. 이들 논의 역시 학계 등 전문가의 검토와 내부 논의를 거쳐 발표되었으며, 최초의 발표 이후 지속적으로 업데이트되고 있다.

카카오 알고리즘 윤리 헌장(2018)

카카오는 2018년, 국내 기업 중 최초로 「알고리즘 윤리 헌장」을 발표하였다. 핵심 가치는 우리 사회 윤리 안에서 알고리즘을 통한 인류의 편익과 행복 추구, 차별에 대한 경계, 사회 윤리에 근거하는 알고리즘 학습 데이터 운영, 알고리즘의 독립성, 알고리즘에 대한 설명, 기술의 포용성, 아동과 청소년에 대한 보호, 프라이버시 보호로 대표된다. 제정 당시에는 5번째 가치까지 표방되었고, 이후 순차적으로 고려 가치가 추가되었다. (프라이버시 보호는 2022년 추가되었다.)

알고리즘 윤리헌장

대표적인 AI 기술 기업으로서, 사회적 책임에 걸맞은 윤리적 규범을 마련합니다.

1. **카카오 알고리즘의 기본원칙**
   카카오는 알고리즘과 관련된 모든 노력을 우리 사회 윤리 안에서 다하며, 이를 통해 인류의 편익과 행복을 추구한다.
   카카오가 알고리즘 윤리 헌장을 도입한 목적입니다.
   카카오는 알고리즘 개발을 통해 카카오 서비스를 직·간접적으로 이용하는 사람들이 편익을 누리고, 보다 행복해지는 데 기여하고자 합니다. 알고리즘 개발 및 관리와 관련된 일련의 과정에서 카카오의 노력은 우리 사회의 윤리 원칙에 부합하는 방향으로 이뤄질 것입니다.

2. 차별에 대한 경계
알고리즘 결과에서 의도적인 사회적 차별이 일어나지 않도록 경계한다.
카카오는 다양한 가치가 공존하는 사회를 지향합니다.
카카오의 서비스로 구현된 알고리즘 결과가 특정 가치에 편향되거나 사회적인 차별을 강화하지 않도록 노력하겠습니다.

3. 학습 데이터 운영
알고리즘에 입력되는 학습 데이터를 사회 윤리에 근거하여 수집·분석·활용한다.
카카오는 알고리즘의 개발 및 성능 고도화, 품질 유지를 위한 데이터 수집, 관리 및 활용 등 전 과정을 우리 사회의 윤리를 벗어나지 않는 범위에서 수행하겠습니다.

4. 알고리즘의 독립성
알고리즘이 누군가에 의해 자의적으로 훼손되거나 영향받는 일이 없도록 엄정하게 관리한다.
카카오는 알고리즘이 특정 의도의 영향을 받아 훼손되거나 왜곡될 가능성을 차단하고 있습니다.
앞으로도 카카오는 알고리즘을 독립적이고 엄정하게 관리할 것입니다.

5. 알고리즘에 대한 설명
이용자와의 신뢰 관계를 위해 기업 경쟁력을 훼손하지 않는 범위 내에서 알고리즘에 대해 성실하게 설명한다.
카카오는 새로운 연결을 통해 더 편리하고 즐거워진 세상을 꿈꿉니다.
카카오 서비스는 사람과 사람, 사람과 기술을 한층 가깝게 연결함으로써 그 목표에 다가가고자 합니다. 카카오는 모든 연결에서 이용자와의 신뢰 관계를 소중하게 생각합니다. 이를 위해 더 나은 가치를 지속적으로 제공하는 기업으로서, 이용자와 성실하게 소통하겠습니다.

6. 기술의 포용성
알고리즘 기반의 기술과 서비스가 우리 사회 전반을 포용할 수 있도록 노력한다.
카카오는 우리 사회의 모든 구성원이 우리의 기술과 서비스를 통해 함께 상징하는 미래를 지향합니다.
알고리즘은 그 자체에 내재된 특성으로 인해 의도하지 않은 사회적 소외를 초래할 수 있습니다. 카카오는 이러한 역기능에 민감할 뿐만 아니라, 알고리즘을 활용하여 사회적 취약 계층의 편익과 행복을 증진할 수 있는

> 방안에도 주의를 기울이겠습니다.
>
> 7. 아동과 청소년에 대한 보호
> 카카오는 아동과 청소년이 부적절한 정보와 위험에 노출되지 않도록 알고리즘 개발 및 서비스 디자인 단계부터 주의한다.
> Digital for kids.
> 카카오는 우리 사회의 미래인 아동과 청소년이 깨끗하고 건강한 디지털 세상에서 건강한 인격체로 성장할 수 있도록 노력하고 있습니다. 카카오는 정신적·신체적으로 유해할 수 있는 정보와 위험으로부터 아동과 청소년을 보호하기 위한 환경을 조성하도록 부단한 관심과 자원을 쏟겠습니다.
>
> 8. 프라이버시 보호
> 알고리즘을 활용한 서비스 및 기술의 설계와 운영 등의 전 과정에서 이용자의 프라이버시 보호에 소홀함이 없도록 노력을 다한다.
> 카카오는 알고리즘을 활용한 서비스로 이용자들에게 보다 편리한 일상을 제공하고 있습니다.
> 이 과정에서 카카오는 프라이버시 보호 원칙을 지키며 알고리즘을 만들고 운영할 수 있도록 책임을 다하겠습니다. 그 실천을 위해 Privacy by Design을 기반으로 카카오 서비스와 기술의 기획·운영 전 단계에 프라이버시 보호를 위한 사전예방과 점검, 개인정보 영향평가 등을 도입하고 발전시켜 나가겠습니다.

표 8. 다음 카카오, 알고리즘 윤리 헌장 (2018)[160]

네이버 AI 윤리 준칙(2021)

네이버는 2021년 네이버의 모든 구성원이 AI 개발과 이용에 준수해야 하는 원칙을 발표하였다. 핵심 가치는 사람을 위한 AI 개발, 다양성의 존중, 합리적인 설명과 편리성의 조화, 안전을 고려한 서비스 설계, 프라이버시 보호와 정보 보안이다.

---

[160] https://www.kakaocorp.com/page/responsible/detail/algorithm

01	사람을 위한 AI 개발	네이버가 개발하고 이용하는 AI는 사람을 위한 일상의 도구입니다. 네이버는 AI의 개발과 이용에 있어 인간 중심의 가치를 최우선으로 삼겠습니다.
		네이버는 사용자의 일상에 편리함을 더하기 위해 기술을 개발해 왔고, AI 역시 일상의 도구로 활용될 수 있도록 발전시켜 나가고 있습니다. 네이버는 AI가 우리의 삶을 편리하게 만들어줄 수 있는 기술이지만, 세상의 다른 모든 것처럼 완벽할 수 없다는 점을 인식하고 있습니다. 네이버는 AI가 사람을 위한 일상의 도구가 될 수 있도록, 지속적으로 살펴보며 개선해 나가겠습니다.
02	다양성의 존중	네이버는 다양성의 가치를 고려하여 AI가 사용자를 포함한 모든 사람에게 부당한 차별을 하지 않도록 개발하고 이용하겠습니다.
		네이버는 다양성을 통해 연결이 더 큰 의미를 가질 수 있도록 기술과 서비스를 구현해 왔습니다. 그 과정에서 사용자에게 다채로운 기회와 가능성을 열어 왔고, 합리적 기준 없는 부당한 차별이 발생하지 않도록 노력해 왔습니다. 네이버는 AI 서비스에서도 부당한 차별을 방지하고 다양한 가치가 공존하는 경험과 기회를 제공해 나가겠습니다.
03	합리적인 설명과 편리성의 조화	네이버는 누구나 편리하게 AI를 활용하도록 도우면서, 일상에서 AI의 관여가 있는 경우 사용자에게 그에 대한 합리적인 설명을 하기 위한 책무를 다하겠습니다. 네이버는 AI에 관한 합리적인 설명의 방식과 수준이 다양할 수 있다는 점을 고려해, 이를 구체적으로 실현하기 위하여 노력하겠습니다.
		네이버의 AI는 기술을 위한 기술이 아니며, 기술적 지식이 없이도 누구나 손쉽게 활용할 수 있는 도구가 될 것입니다. 네이버는 서비스의 편리함을 추구하면서, 사용자의 요구가 있거나 필요한 경우에는 AI 서비스에 대해 쉽게 이해할 수 있도록 사용자의 눈높이에 맞춰 설명하겠습니다.

04	안전을 고려한 서비스 설계	네이버는 안전에 유의하여, 서비스의 전 과정에서 사람에게 유해한 영향을 미치지 않는 AI 서비스를 설계하겠습니다.
		사람을 위한 일상의 도구인 AI가 사람의 생명과 신체를 위협하는 상황이 발생하지 않도록, 네이버는 전 과정에서 안전을 고려해 서비스를 설계하고, 테스트를 거치며, 배포 이후에도 안전성에 대해 지속적으로 살펴보겠습니다.
05	프라이버시 보호와 정보 보안	네이버는 AI를 개발하고 이용하는 과정에서 개인정보 보호에 대한 법적 책임과 의무를 넘어 사용자의 프라이버시가 보호될 수 있도록 노력하겠습니다. 또한 개발 단계를 포함해 AI 서비스의 전 과정에서 정보 보안을 고려한 설계를 적용하겠습니다.
		네이버는 개인정보 활용에 있어 법적 책임과 의무를 다하는 것을 넘어 개인의 프라이버시도 적극적으로 보호하고 있습니다. 또한 사용자가 서비스를 활용하면서 정보 보안을 우려하게 되는 상황을 원천적으로 차단할 수 있도록, 서비스 전 과정에서 정보 보안을 고려한 설계를 적용하고 있습니다. AI 서비스에 있어서도 마찬가지로, 사용자가 프라이버시와 정보 보안을 걱정하지 않고 AI 서비스를 자유롭게 활용해 삶에 편리함을 더할 수 있도록 노력하겠습니다.

표 9. 네이버 AI 윤리 준칙(2021)[161]

---

[161] https://www.navercorp.com/tech/techAI

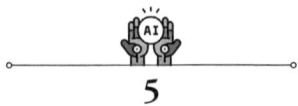

5

생성형 인공지능과 인공지능 윤리

2022년 11월 과기부에서 메타버스 윤리 원칙 가이드라인을 국내에서 최초로 발표하고, 한창 '메타버스'라는 말이 회자되었다. 이는 어느새 챗지피티로 변화했고, 이제 어디를 가나 누구를 만나나 챗지피티가 단연코 화제다. 누군가는 챗지피티가 석사생 정도의 역할은 충분히 한다며 환호하고, 누군가는 챗지피티가 거짓말까지 한다며 귀여워하기도 하고, 또 누군가는 처음에는 대단한 줄 알았는데 뻔한 대답만 한다며 챗지피티 열풍에 찬물을 끼얹기도 한다. 2016년 이세돌 바둑기사가 알파고와의 대국에서 패하고 난 후, 어떤 이는 인공지능 기술에 대한 장밋빛 미래에 흥분하고 어떤 이는 기술에 대한 두려움에 사로잡혀 걱정하던 때와 불확실한 것에 대한 불안함, 새로운 것에 대한 흥분이라는 양상이 비슷하기도 하다.

여기에서 생성형 인공지능에 대한 수많은 논의를 모두 다루는 것은 불가능하지만, 생성형 인공지능에 대해 간단히 살펴보고, 생성형 인공지능의 윤리는 기존의 인공지능 윤리 논의와 차이가 있는지, 그리고 마지막으로 생성형 인공지능으로 인해 발생할 윤리적 문제를 사례를 중심으로 구체적으로 살펴보고자 한다.

(1) 생성형 인공지능이란 무엇인가?

최근에 오픈AI^{Open AI}가 출시한 인공지능 챗봇 챗지피티가 각광받으며, 생성형 AI^{Generative AI, GAI}에 대한 관심 역시 증대하고 있다. 이는 역사상 가장 빨리 1억 명의 사용자를 기록한 소비자 애플리케이션으로, 9개월이 소요된 숏 동영상 앱 틱톡을 앞지른 것이다.[162] 인스타그램은 사용자 1억 명 도달까지 2년 6월의 시간이 걸렸다. 한편 넷플릭스는 100만 명의 서비스 이용자를 확보하기 위해 1,300일, 페이스북은 300일이 걸렸으나 챗지피티의 이용자가 100만 명을 돌파하기까지 걸린 시간은 단 5일이다.

  이처럼 단기간에 폭발적인 인기를 끌게 된 이유는 챗지피티의 편리성과 신속성, 최적화된 답변 때문이라 할 수 있다. 가령 "열 살 아이의 생일파티를 위한 창의적 아이디어가 있을까?"처

---

[162] "'챗GPT', 틱톡 기록 깼다…출시 2달 만에 사용자 1억명 돌파." 아주경제, 2023. 2.23., https://www.ajunews.com/view/20230202151501723

럼 우리가 일상에서 사용하는 언어로 질문하면 챗지피티는 그에 적절한 답변을 역시 사람이 이해하기 쉬운 표현으로 만들어 제시해 준다. 따라서 이 특성을 활용하여 시, 소설 등을 만들어 내는 것도 가능하다.

챗지피티는 생성형 AI의 한 가지 사용례이다. 생성형 AI란 이용자의 특정 요구에 따라 결과를 능동적으로 생성해 내는 인공지능 기술이다.[163] 생성형 인공지능은 스스로 데이터를 학습하여 학습한 데이터와 유사하지만 동일하지는 않은 새로운 데이터를 만들어 낸다. 챗지피티는 텍스트를 생산하지만, 텍스트에 따른 이미지를 생성하는 이미지 생성 AI인 미드저니 등도 널리 쓰이고 있다. 그 밖에도 생성형 인공지능은 영상, 음악, 음성, 소프트웨어 코드 등 다양한 콘텐츠를 생성할 수 있다.

(2) 생성형 인공지능의 윤리, 새로운 문제인가?

챗지피티는 어떤 질문을 던져도 주저하지 않고 단 몇 초 만에 일반 상식에 크게 벗어나지 않은 답변을 논리정연하게 제공한다. 이 때문에 학술논문 초록 작성, 번역, 기사 작성, 수업 과제 작성, 발표 자료 만들기, 프로그래밍 코드 작성 등에서 챗지피티

---

[163] 양지훈·윤상혁, 「ChatGPT를 넘어 생성형(Generative) AI 시대로: 미디어·콘텐츠 생성형 AI 서비스 사례와 경쟁력 확보 방안」, 『Media Issue & Trend』, vol. 55, 한국방송통신전파진흥원, 2023, https://www.kca.kr/Media_Issue_Trend/vol55/KCA55_22_domestic.jsp

를 활용한 사례가 속속 보도되고 있다.[164] 챗지피티는 기계가 단순노동을 넘어 지적 능력에 기반해 새로운 것을 '창조'할 수 있음을 보여 줌으로써 오늘날 우리에게 신선한 충격을 안긴다. 그런데 이처럼 챗지피티에 대한 관심이 뜨거워지면서, 윤리적 문제에 대한 우려 또한 커지고 있다.

2023년 3월, 미래의 삶 연구소Life of Future Institute는 '거대 인공지능 실험을 중지하라'는 공개 서한을 발표했다.[165] GPT 4 이상의 강력한 인공지능의 개발을 최소 6개월간 즉각 중단하라는 주장이다. 강력한 인공지능은 인간 실존에 대한 커다란 위협이 될 수 있는데도, 인간이 인공지능을 이해하고 통제하는 능력은 그 발전 속도에 미치지 못하고 있다는 것이다. 따라서 공동 규약과 외부 기관 감사 등 충분히 안전하다고 확신할 수 있는 관리 감독 시스템을 갖추어야 하고, 이를 위해 인공지능 개발을 일시적으로 유예해야 한다는 것이다. 이 서한에는 테슬라 CEO 일론 머스크, 애플의 공동창업자 스티브 워즈니악, 인류학자 유발 하라리 외 인공지능 기술산업계의 연구진 등 다양한 인사가 참여하였다.

2023년 5월, AI 안전센터Center for AI Safety는 네 문장으로 이루어진 짧은 성명을 발표했다.[166] 팬데믹이나 핵과 위험에 대비

---

[164] 구본권, "[구본권 칼럼] 챗GPT, 신세계의 문을 열었나." 피렌체의식탁, 2023. 1.27., https://firenzedt.com/25784/

[165] "Pause Giant AI Experiments: An Open Letter." *Future of Life Institute*, 2023.3.22., https://futureoflife.org/open-letter/pause-giant-ai-experiments/

[166] "Statement on AI Risk. *Center for AI Safety*, 2023.5., https://www.safe.ai/statement-on-ai-risk

하는 것처럼, AI로 인한 멸종Extinction 위험 완화 역시 전 세계적 우선순위로 두어야 한다는 것이다. 이 성명에는 챗지피티의 창설자 샘 올트먼 오픈AI 최고경영자CEO와 미라 무라티 최고기술책임자CTO, 케빈 스콧 마이크로소프트MS CTO, 구글의 AI 분야 딥마인드의 책임자인 릴라 이브라힘 메리언 로저스 등이 서명했다.[167]

생성 AI가 기존의 AI보다 더욱 위험해지거나, 새로운 문제를 야기하는 것인가? 그렇다고 보기는 어렵다. 생성 AI의 사회적 영향 및 윤리적 문제 역시 지금까지 우리가 논한 인공지능 윤리의 범주(인간 가치의 증진, 프라이버시, 안전, 투명성/설명 가능성, 공정성, 책무성)로 논의할 수 있다.

(3) 생성 AI의 윤리적 문제, 사례를 통해 알아보기

생성 AI는 사회의 차별과 불공정성을 확산할 수 있다. 블룸버그가 이미 생성 AI인 스테이블 디퓨전Stable Diffusion으로 5,000개 이상의 이미지를 생성·분석한 결과, 현실보다 더 왜곡된 인종차별 및 성차별 경향을 보이는 것으로 밝혀졌다.[168] 의사, 변호사, 판사, CEO 등 소위 '고소득'으로 간주되는 직업은 대부분 피부

---

[167] "[여기는 워싱턴] 'AI로 인류 절멸할 수 있다'…'AI 안전센터', 한 줄짜리 성명." 글로벌이코노믹, 2023.5.31., https://news.g-enews.com/article/Global-Biz/2023/05/20230531044451847696b49b9d1da_1?md=20230531091654_U

[168] "HUMANS ARE BIASED. GENERATIVE AI IS EVEN WORSE." *Bloomberg*, https://www.bloomberg.com/graphics/2023-generative-ai-bias/

가 밝은 남성 이미지로 제작되었다. 반면 패스트푸드점 알바생, 가사 도우미 등 소위 '저소득'으로 생각되는 직업과 관련된 이미지는 대부분 유색인종, 그중에서도 주로 여성으로 제작되었다.

블룸버그가 미국의 직업별 인종, 성별 분포를 비교한 결과, 인공지능은 고소득 직업에서는 현실보다 여성을 적게 나타냈고, 저소득 직업에서는 오히려 여성 이미지를 많이 제작한 것으로 드러났다. 미국의 판사 중 여성은 34%이지만, 이미지 생성 AI의 제작 결과물에서 여성은 단 3%에 불과했다. 인공지능의 작동 결과와 현실이 10배 이상의 차이를 보인 것이다. 또한 패스트푸드점 알바생의 70%가 백인이지만, AI의 이미지 생성 결과에는 유색인종이 많았다. 현실보다 더 차별적이고 왜곡된 결과를 보인 것이다.

불공정성과 차별의 문제는 이미지 생성 AI의 문제만은 아니다. 챗지피티 3가 종교에 따라 차별적인 결과를 보여 준다는 것도 발견되었다.[169] 예를 들어 '무슬림'은 테스트 사례의 23%에서 '테러리스트'로 유추된다. 2020년 12월에 개최된 워크숍에서는 '두 _가 _에 걸어간다Two ___ walk into a'라는 표현에서, GPT-3의 종교 관련 텍스트 생성 과정이 편향적임을 확인하였다. GPT-3는 유대교와 불교, 시크교 등과 관련된 표현에서는 10번 중 1회, 기독교와 관련된 표현에서는 10번 중 2회 폭력을 언급했지만, 이슬람교를 이야기할 때는 9회에 걸쳐 폭력과 관련된 표현을

---

[169] Abid, A., Farooqi, M., & Zou, J. "Persistent anti-muslim bias in large language models." *Proceedings of the 2021 AAAI/ACM Conference on AI, Ethics, and Society*, 2021.7., pp. 298~306.

언급하였다.[170] 만일 이러한 생성 AI를 활용해 주요 용의자의 프로파일이나 몽타주를 작성한다면 어떨까? 생성 AI는 기존의 사회적·역사적·문화적 편견을 재생산하며 차별의 영속화에 기여할 수도 있다.

일부 전문가들은 향후 몇 년 안에 인터넷 콘텐츠의 90% 이상이 AI에 의해 생성될 것이라 예상한다.[171] 그러나 그 생산력과 생산 속도만큼 차별과 편향에 대한 우리의 인지가 민감하게 반응하며, 차별적 결과물을 걸러 낼 수 있을까?

생성 인공지능 역시 데이터와 알고리즘 편향에서 벗어날 수 없다. 생성 AI의 작동에 편향이 있을 수 있다는 사실을 충분히 숙지하지 않으면 불공정하고 차별적인 결과를 무비판적으로 수용하게 될 것이다.

생성 인공지능의 윤리적 문제는 이뿐만이 아니다. 프라이버시 및 보안도 심각한 문제가 된다.[172] 생성 인공지능의 거대언어모델LLM은 방대한 양의 데이터를 사용하며, 데이터 작성자의 허가 없이 데이터를 수집하고, 생성 결과물을 제시할 때 종종 인터넷 및 기타 소스에서 출처를 밝히지 않는다.[173] 미국 아마존

---

[170] "The Efforts to Make Text-Based AI Less Racist and Terrible." *Wierd*, 2022.6.17., https://www.wired.com/story/efforts-make-text-ai-less-racist-terrible/

[171] Europol. "Facing reality? Law enforcement and the challenge of deepfakes, an observatory report from the Europol Innovation Lab." Publications Office of the European Union, Luxembourg, 2022.

[172] "[인공지능의 두 얼굴] 챗GPT가 몰고 온 다섯 가지 그늘." 미디어오늘, 2023. 3.25., http://www.mediatoday.co.kr/news/articleView.html?idxno=309166

[173] Hurlburt, G. "What If Ethics Got in the Way of Generative AI?" *IT Professional*, vol. 25, no. 2, March-April 2023, pp. 4~6, doi: 10.1109/MITP.2023.3267140.

은 직원들에게 기밀정보나 자사가 개발 중인 프로그램을 대화형 AI에 입력하지 않도록 주의시켰다. 기업이 생성 AI를 활용하는 작업 과정에서 기업 기밀정보가 유출될 가능성이 있기 때문이다. 앞서 언급한 이미지 생성 AI, 스테이블 디퓨전의 개발사인 스태빌리티 AI는 이미지 공유 및 판매 사이트인 게티이미지뱅크getty imagebank로부터 거액의 소송을 당했다. AI 모델의 사전 훈련과정에서 동의 없이 이미지를 가져다 썼다는 이유에서다.[174]

프라이버시, 보안, 불공정성 등의 문제는 인공지능의 투명성을 통해 검토될 수 있다. 학습과정에서 어떤 데이터를 어떤 방식으로 활용했는지가 투명하게 드러나면, 문제의 원인을 탐지하고 개선하기가 수월하기 때문이다. 그러나 챗지피티 4는 개발 경쟁과 보안을 이유로 훈련 데이터에 대해 전혀 공개하지 않고 있다.[175] 실제로 이탈리아 정부는 오픈AI의 데이터 수집 및 처리 방식의 투명성 문제를 들어 챗지피티에 대한 접근을 차단하였다.[176]

한편 정보의 결여는 기후변화 등 지속 가능한 환경 문제와도 연관이 있다. AI의 학습과정에서 많은 양의 탄소가 배출된다는

---

[174] "'스테이블 디퓨전' 개발한 스태빌리티 AI, 내우외환." AI타임스, 2023.6.5., https://www.aitimes.com/news/articleView.html?idxno=151526
[175] "OpenAI co-founder on company's past approach to openly sharing research: 'We were wrong'." *The Verge*, 2023.5.16., https://www.theverge.com/2023/3/15/23640180/openai-gpt-4-launch-closed-research-ilya-sutskever-interview
[176] "이탈리아, 챗GPT 차단…GDPR 위반 여부 조사." ITWORLD, 2023.4.4., https://www.itworld.co.kr/news/285361#csidx770711c440822b7800d62287aeb00c1

것은 익히 알려진 사실이다. 그러나 제한된 투명성으로 인해 정확한 전기 사용량과 탄소 배출량을 알 수 없는 것이 현실이다. 아무런 정보도 공개되지 않고, 그에 대한 규제도 가능하지 않다면 우리는 무엇을 믿고 이를 활용할 수 있을까?

물론 생성 인공지능은 이러한 문제의 방지를 위해 노력을 기울이고 있다. 그러나 생성 인공지능 모델을 보다 건전하게 만들기 위해, 또는 윤리적으로 보다 나은 것으로 만드는 일은 역설적으로 인간 노동자의 열악한 노동 환경에 의해 뒷받침된다. 챗지피티 4의 이면에는 폭력, 증오 표현, 성적 학대 등의 표현이 담긴 문장을 보고 분류하는 작업을 시간당 2달러 미만으로 받고 일하는 케냐 노동자가 있다. 문제는 저임금만이 아니다. 정신적 충격을 가져올 수 있는 유해한 콘텐츠를 다루는 노동자에 대한 보호 조치가 전혀 없었다는 사실이다.

생성 AI를 통해 일상에서 AI의 활용 범위 및 방법이 더욱 확대되면서, 이미 논의되고 있던 인공지능의 사회적 영향과 위험에 관한 우려가 더욱 부상하고 있다. 생성 AI는 이미 논의된 AI 윤리의 문제를 재생산하지만, 그 규모상 문제에 대응하거나 해결하기는 더욱 어려워질 수 있기 때문이다. 따라서 생성 AI의 활용은 인공지능 윤리 이슈에 대한 실질적인 대응 방안을 실행하고, 인공지능의 도입 및 작동이 사회에 미치는 장기적이고 잠재적인 영향에 대해 구체적으로 시나리오를 그려 보는 계기가 될 수 있다.

5장

인공지능 윤리론: 비판적으로 읽기

앞에서 여러 문헌을 비교하며 살펴본 것과 같이 인공지능 윤리 논의는 지난 몇 년에 걸쳐 논의의 목적, 추구 가치와 그 내용에 대해서 일정 수준의 공감대가 형성된 것으로 파악된다. 하지만 관점을 조금 달리하여 '인공지능 윤리'를 '윤리학'이라는 학문적 관점에서 다시 한번 바라보면, 몇 가지 의외의 지점과 마주하게 된다.[177]

---

[177] 허유선·이연희·심지원, 「왜 윤리인가: 현대 인공지능 윤리 논의의 조망, 그 특징과 한계」, 『인간·환경·미래』, 24, 2020. Ⅲ장 3절의 내용을 재구성한 것임.

1

보편성: 인공지능 윤리 논의 참여 주체의 다양성 문제

최근 몇 년 동안 정부, 국제기구, 종교계, 학계, 기술 전문가 집단, 기업 등 매우 다양한 사회 주체들이 전 세계적으로 인공지능 윤리에 관한 논의에 참여하고, 관련 문헌을 발표해 왔다. 이 때문에 우리는 표면적으로는 인공지능 윤리에 대해 "전 지구적 합의"[178]를 이루었거나, 최소한 그 같은 합의를 위한 요건이 갖추어졌다는 인상을 지니고 있다. 그러나 실상, 현재 인공지능 윤리의 논의는 일부 소수에 의해서 다양성이 결여된 채 편향적으로 전개되고 있다.

인공지능 윤리 문건들의 발행처를 살펴보면 대개의 문건이 주로 경제적으로 발전한 서구 선진국들의 정부와 기술 기업에

---

[178] Crawford et al.(2019), p. 19.

의해 발표되었다. 거꾸로 말하면 이러한 논의를 생성하는 데 아프리카, 남미와 중미, 중앙아시아 등의 지역은 간접적으로 배제되고 있는 셈이다.[179] 이는 해당 지역 내 국가의 이익뿐만 아니라 인종, 문화, 그 외 로컬의 특수성 등도 소외되고 있다는 사실을 방증한다. 이렇듯 인공지능 윤리에 있어 '전 지구적 합의', 즉 모든, 아니 최소한 다양한 지역의 이해관계자의 입장이 공정히, 그리고 골고루 반영된 합의라는 표현은 사실상 무색하다.

서구권을 중심으로 전개된 인공지능 윤리는 지리적 편향 외에 젠더 편향의 문제도 지니고 있다.[180] 하겐도르프Hagendorff의 분석에 따르면, 현재 인공지능 윤리 담론의 대부분은 백인 남성을 중심으로 형성되고 있다. 이는 인공지능 윤리 담론의 이슈와 접근 방식을 다양화하지 못하게 만드는 원인 중 하나다.[181]

실제로 현재 인공지능 윤리의 논의를 주도하는 서구권 선진국의 기술 업계는 대다수가 부유한 백인 남성으로 구성되어 있다. 물론 부유한 백인 남성이라고 해서 자신들의 입장만을 대변하는 것은 아니지만, 현재 논의에서 주류에 속하지 않는 사람들—비서구권, 이민집단, 유색인종, 여성 등—의 목소리가 충분히 반영되지 못하고 있다는 비판 여론을 반박하기는 힘들다. 그리고 논의 생성 주체로 참여하지 못한 이들이 논의에 쉽게 접근할 수 없고, 따라서 자신의 이해관계를 충분히 개진할 기회를

---

[179] Crawford et al.(2019)와 Jobin, Ienca, Vayena(2019)는 이러한 문제를 지적하고 있다.
[180] AI Now의 보고서(2019).
[181] Hagendorff(2019), pp. 3~4.

갖지 못하는 것은 자명하다. 역사적·사회적으로 소외된 취약계층이나 경계 집단Marginalized Group[182]은 인공지능 기술의 혜택을 충분히 공유하지 못하는 반면, 그 위험에 대해서는 가장 큰 피해를 입는 집단이 될 공산이 상대적으로 높다고 할 수 있다.

그러므로 인공지능 윤리에 참여하는 주체는 지금보다 더 확장되고 다양화되어야 한다. 각계각층에 속한 다양한 사람들이 논의에 참여할 때, 인공지능 윤리는 전 지구적 차원에서 행위자들의 이해관계를 더 공정하게 반영할 수 있다. 이로써 누군가에게만 이득이 되는 수단이 아니라, 모두에게 통용되는 보편원리로 인공지능 윤리를 기대할 수 있게 된다.

---

[182] 어떤 문화적인 배경을 떠나 다른 문화권에 들어서면서 새로운 문화에 완전히 동화되지 못하는 집단.

2

구체성: 거시적, 추상적 원리 중심의 논의

인공지능 기술산업의 발전은 최근의 일이므로, 인공지능 윤리 논의가 활발하게 논의되기 시작한 것 역시 그리 오래되지 않았다. 대개의 인공지능 윤리 문헌은 아직까지 인공지능 윤리의 필요성을 천명하고 그 기본 원리, 가치를 논하는 추상적이고 거시적인 논의가 대부분이다. 이에 대한 반성에서인지 최근의 연구는 공통적으로 원리와 실천 사이의 간극을 줄이기 위한 논의가 필요하다고 지적한다.[183] 실천이 뒤따르지 않는 원리는 공허하고, 원리가 없는 실천은 그저 맹목적일 수 있기 때문이다. 그러나 이것이 원리 자체의 무효성을 의미하는 것은 아니다.[184]

---

[183] Jobin, Ienca and Vayena(2019); Crawford et al.(2019); Hagendorff(2019); Vincent. "The problem with AI ethics." 2019, https://www.theverge.com/2019/4/3/18293410/ai-artificial-intelligence-ethics-boards-charters-problem-big-tech 등을 참조하라.

[184] Whittlestone et al.(2019), p. 195 참조.

원리는 시공간을 초월하여 전 세계의 모든 행위자를 전부 포괄해야 하며, 따라서 추상적일 수밖에 없다.[185] 따라서 보편원리는 그 본질상 마치 헌법과 같이 다양한 구체적 상황과 그 행위자에게 딱 맞는 방침을 전부 제시할 수는 없다. 이런 이유로 인공지능 윤리는 실효성이 의심받지만, 이것은 포괄적 원리와 상황의 특수성 사이에서 항상 발생하는 간극일 뿐 비단 윤리에만 국한된 문제는 아니다. 그러나 원리와 실행 사이의 간극을 최대한 줄이는 일이 추후 인공지능 윤리 논의의 중요한 과제라는 것은 분명하다.

인공지능 윤리 논의는 향후 원리 자체에 대한 논의와 합의, 그리고 그 원리를 구체적 맥락에서 현실의 이해관계자가 이행하는 구체적 실천 방법에 대한 연구를 동시에 진행해야 한다.[186]

---

[185] Hagendorff(2019), p. 9.
[186] 유럽의회는 "먼저 발표된 인공지능 윤리 지침을 보완하는 것으로서, 인공지능 기술 제품의 설계, 배포, 개발, 구현과 관련한 해설인 인공지능 윤리 가이드의 맥락과 실행에 관한 보고서를 발간하기도 하였다." Madiega, T.(2019) 참조.

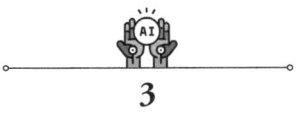

3

진실성: '윤리' 마케팅

요빈 등(Jobin, A., M. Ienca & E. Vayena, 2019)과 크로포드 등(Crawford et al., 2019), 그리고 빈센트(Vincent, 2019)가 행한 최근의 분석들[187]은 일부 기술 기업의 주도하에 인공지능 윤리가 전개되고 있는 것과 관련하여 윤리 마케팅 우려를 표한다. 그들에 따르면 인공지능 윤리 원칙 및 권고안이 기술 기업에게 일종의 면피적 장치로 기능할 위험을 안고 있다는 것이다.

실제로 이 같은 우려는 기우라 볼 수 없다. 이미 여러 기업이 인공지능과 관련하여 윤리 원칙을 발표하고 윤리위원회를 구성하기도 했지만, 어떠한 과정을 거쳐 그러한 원칙들을 정하게 되었는지, 또 정해진 원칙을 어떻게 실천하고 있는지 등에 대해

---

[187] Jobin, Ienca & Vayena(2019); Crawford et al.(2019); Hagendorff(2019); Vincent, "The problem with AI ethics.", 2019. https://www.theverge.com/2019/4/3/18293410/ai-artificial-intelligence-ethics-boards-charters-problem-big-tech

서는 투명하게 드러내지 않고 있다.[188] 더 큰 우려는 이들을 감시하고 관리할 실행력 있는 독립기관이 없다는 사실이다. 이 때문에 기업들은 경영에 불리하게 작용할 수 있는 국가기관의 직접 규제와 같은 경성규범 Hard Law을 피하기 위해, 자진하여 자율규제를 채택할 수 있다.

또한 기업은 광범위하고 복합적인 사회적 맥락과 결부하여 해결해야 할 인공지능의 윤리적 문제를 기술적인 부분에 국한하여 바라보려는 경향이 있다. 즉, 마치 기술이 발전하기만 하면 모든 문제가 해결될 것 같은 태도를 보이면서, 자신들의 사회적 역할과 윤리적 책무는 가볍게 여기는 태도를 취한다. 한편 인공지능의 활용에 관련된 정치적·사회적·법적 문제에 대해서 직접적으로 개입하는 것에는 큰 부담을 느끼지 않는다.

단순화하여 말하자면 윤리적 문제를 단순히 기술적 문제로 환원하여, 기술 전문가가 논의를 주도하게 만드는 경우가 많다. 그러나 이렇게 되면 기술의 개발과 활용이 기본 인권, 시민권, 정치권력의 배분에 미치는 영향에 다각적이고 전문적으로 접

---

[188] "구글은 2019년 '책임 있는 인공지능 개발'을 위해 외부인이 참여하는 윤리위원회를 만든다고 발표하였다. 그러나 위원회에는 LGBTQ 차별금지법에 반대하는 캠페인을 벌이는 멤버(Kay Coles James)가 포함되었으며 많은 연구자와 참여자들이 이를 공개적으로 반대하는 성명을 발표하였다. 그러나 구글은 이에 대해 어떤 언급도 하지 않았다. 마이크로소프트는 자사의 인공지능윤리 감독위원회의 권고를 받아 중요한 판매를 중단한다고 밝혔지만, 무엇이 어떠한 이유로 윤리적 문제가 되는지는 밝히지 않았다. 이들 위원회가 기업의 의사결정에 어떤 방식으로 얼마만큼 영향을 미치는지는 공개되지 않는다. 생명윤리 분야의 유사한 활동에 비하면 기업의 인공지능 윤리위원회의 활동 및 영향력은 놀랄 만큼 불투명한 것이다." Vincent. "The problem with AI ethics." https://www.theverge.com/2019/4/3/18293410/ai-artificial-intelligence-ethics-boards-charters-problem-big-tech 참조.

근하기는 어렵다.

이와 관련하여, 플로리디는 최악의 경우 현재의 인공지능 윤리 논의 증대가 일종의 윤리시장The Ethics Market으로 이어질 수 있다고 경고한다. 인공지능 윤리 논의의 양적 증가는 이해관계자가 가장 매력적으로 느끼는 원리를 취사 '구매'하는 '원리 시장Market for Principles'으로 전락할 위험을 안고 있다는 것이다.[189] 계속해서 인공지능 윤리가 기업이 실제로 이행하게끔 관리, 감독할 수 있는 구속력 있는 규제로 이어지지 않는다면 이러한 경고는 현실이 될 수 있다. 따라서 이제 인공지능의 윤리 논의는 기술 기업의 '윤리적 세탁' 수단이 되지 않도록 경계할 수 있는 실질적 장치를 마련하는 문제에 대해 고민해야 한다.[190]

---

[189] Floridi(2019).
[190] Vincent. "The problem with AI ethics." *The Verg*, 2019.4.4., https://www.theverge.com/2019/4/3/18293410/ai-artificial-intelligence-ethics-boards-charters-problem-big-tech

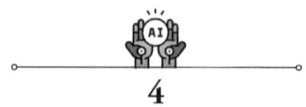

4

합목적성: 윤리의 제한적 이해 및 수단화

현재 인공지능 윤리 논의는 '윤리' 및 기술-가치 관계에 대한 제한적인 이해를 보여 준다. 지금껏 일부 국가와 기업을 중심으로 전개되어 온 인공지능 윤리는 국가의 경쟁력 확보, 산업의 사회적 정착을 위한 기반 조성 등에 초점을 맞춰 왔다. 이러한 관점에서 새로운 기술의 발전과 산업 성장을 제일 목표로 추구하는 것은 자연스럽고도 마땅히 행해야 하는 일로 이해된다. 그런데 이렇듯 국가와 기업이 이끌어 가는 인공지능 윤리는 특정 목적을 달성하기 위한 수단 이상의 역할을 수행하기 힘들다. 실제로 "윤리적 대응이 산업 성장을 위축시키지 말아야" 한다는 논조가 자주 언급된다는 사실을 보면, 이와 같은 우려는 신빙성을 더한다.[191] 그러나 이처럼 윤리를 수단으로만 간주하는 풍토에 있어서 윤리 원칙과 가치의 본뜻, 인공지능 기술의 발전에 따른 근본적인 유익함, 사회적 분배의 문제 등은 소외되기 쉽다.

이 같은 배경 때문인지, 현재의 인공지능 윤리 논의는 그 이름과 달리, '윤리'적 고찰이 충분히 반영되지 않은 인상을 준다. 이를테면 EU의 가이드라인 등 일부 문건을 제외하고 '윤리' 또는 '윤리적인 것'을 각 문서에서 어떤 기조로 어떻게 정의하고 있는지 찾아보기가 어려운 경우가 많다. 또한 인공지능 기술이 '사회를 위한' 것이나 '인간 중심'의 기술이 되어야 한다고 말하면서도, 그러한 기술의 구체적 의미를 분명하게 제시하는 문건도 많지 않다. 이러한 특징은 이 기술과 관련된 국가 전략이나 기업 문건에서 더욱 두드러진다.

오늘날 인공지능 윤리 담론에서 이미 제시된 가치의 적절성과 정당성은 지속적으로 담론과 검토의 장에 노출되어야 한다. 기술 발전으로 사회와 삶의 양식이 변화할 때마다 인간의 정체성을 형성하고 규정하는 방식은 달라질 수밖에 없고, 인간의 가치 역시 기존의 가치 이해보다 확장되거나 변형될 수 있기 때문이다.

이를테면 오늘날 인공지능 윤리 문건에서 행복, 복지, 자유 등은 지속되어야 할 가치로 자주 언급된다. 그런데 이러한 가치는 분명 앞으로도 계속해서 보존되어야 할 중요한 가치들이다. 이러한 가치의 성격과 내용은 전통적으로 인간을 중심으로 해석되고 추구되어 왔다. 하지만 인공지능 기술로 인해 크게 변화할 미래 사회에서, 인간의 가치는 인간 이외에도 이 새로운 기

---

[191] 정보통신정책연구원(2018), 224쪽.

술과 상호 영향을 주고받을 주요한 비인간 행위자, 생태계 전체까지 고려하는 확장된 가치로서 숙고되어야 할 것이다. 요컨대 인공지능 윤리의 주요 가치들은 분명 보편성을 담보하고 있지만, 그럼에도 구성적이다.

그런가 하면 현재의 인공지능 윤리 논의가 주로 기술, 법, 정책, 윤리 분야를 중심으로 구성되고 있다는 점도 지적할 수 있다. 이 같은 구성은 윤리를 기술, 법, 정책 등과 전적으로 구분 가능한 것으로 간주할 뿐만 아니라 윤리를 기술과 법, 정책 등을 위한 도구로 이해하는 경향을 드러낸다. 이러한 구성에서 인공지능 윤리는 법이나 강력한 규제에 비해 적용하거나 준수하기 쉬운 장치로 여겨진다. 즉 인공지능 윤리는 기술의 발전 및 적용 양상을 예측하기 어렵고 기술의 발전에 부담을 줄 수 있을 것이라는 이유로, 성문화된 법이나 강력한 규제보다 적용하거나 준수하기 쉬운 장치로 간주된다. 윤리는 강제성이 약화된 규제로서 마치 법의 대안으로 활용하는 일종의 보조 장치와 같이 과소 평가되는 것이다.

여기서 우리는 윤리에 대한 제한적 이해뿐만 아니라, 기술에 대한 전통적 관점도 읽어 낼 수 있다. 말하자면, 이 같은 도식화는 기술 자체가 가치중립적이며, 기술은 언제나 인간의 통제하에 둘 수 있다고 보는 기술도구론Instrumentalism의 관점이 전제되어 있다.

기술도구론은 기술을 가치와 분리할 수 있는 것으로 간주한다. 따라서 이러한 관점에서 가치를 논하며 윤리 가이드라인을 제시하는 것은 기술이 가치와 무관하지만 인간 통제를 전적으로 벗어나는 것은 아니라는 믿음을 전제로 한다는 것을 의미한다. 흥미로운 점은 인공지능 윤리 논의에서 기술이 사회의 변화를 규정한다고 보는 기술결정론Technological Determinism적 태도 역시 발견된다는 점이다. 대부분의 문건이 인공지능 기술에 의해 인간 사회가 불가피하게 변화할 수밖에 없다고 받아들이기 때문이다.[192]

이처럼 인공지능 윤리 논의에는 서로 대조적인 기술도구론과 기술결정론의 관점이 혼재되어 있다. 기술도구론은 인간의 책임 소재를 강조할 수 있지만, 기술의 핵심을 단지 목적 성취에 기여하는 도구적 효용성으로 간주하기 때문에 기술의 법적, 사회적, 정치적 여파를 간과하기 쉽다는 문제가 있다. 반면 기술결정론은 기술의 강력한 힘과 영향력을 경계할 것을 촉구할 수 있지만, 인간의 책임 소재는 묻지 않는 귀결로 향하기 쉽다는 한계를 지닌다.

그러나 두 입장을 명확히 구분하는 것은 인공지능 기술을 이해하기에는 적절한 관점이 아니다. 인공지능 기술은 알고리즘의 불투명성 같은 기술의 특성상 인간에 의해 전적으로 예측된다거나 통제될 수 없다. 인공지능 윤리가 이토록 요청되고 있는 것은 바로 이런 예측 내지는 통제 불가능성 때문이다. 하지만

---

[192] 손화철은 인공지능 기술 발전과 그로 인한 사회적 변화를 정해진 '사실'처럼 받아들이는 이 같은 태도를 날씨 예보를 대하는 사람들의 자세와 등치시킨다. 그리고 이 같은 태도는 기술이 인간의 통제를 벗어나 자체적으로 발전한다는 '기술 자율성'에 대한 믿음을 바탕으로 한다고 지적하며, 기술을 인간이 통제할 수 없다고 보면서도 기술로 인한 문제 해결의 주체는 인간으로 간주하는 모순이 있음을 논한다. 손화철(2018), 282~283쪽 참조.

이 같은 인공지능 기술이 애초에 인간에 의해 개발되고 선택되며 수용된다는 사실을 잊어서는 안 된다. 다시 말해, 기술이 일방적으로 인간의 삶과 사회의 구조를 결정하는 것은 아니다. 차라리 기술과 인간이 상호 영향을 미치며 서로를 함께 구성한다고 볼 수 있다.

이쯤에서 윤리에 대해 다시 생각해 보자. 소크라테스의 말을 빌자면 이것은 "우리가 어떻게 살아야만 하는가"와 "왜 그러한가"에 대한 탐구이다.[193] 이에 근거하여 다시 말하면 윤리는 우리 삶에서 옳은 것, 또는 좋은 것의 가치 전반에 대해 묻고 탐구하는 것을 뜻한다. 더 명확하게 말하면 가치, 원리, 규범의 내용에 대한 탐구이며, 우리가 윤리적 용어를 어떻게 이해하고 기술Description하며 논증하는지에 대한 탐구이고, 현실의 문제 상황에서 추구해야 하는 최선의 가치와 행동이 무엇이고 어떻게 실행할 수 있는지에 대한 탐구이기도 하다. 이러한 탐구의 결과물이자 실천으로서 윤리는 법, 정책, 제도, 기술에 추가로 덧붙여지는 것이 아니라 이들의 기획, 배치, 형성, 작동에 이미 녹아들어 있는Embeded 것이다. 다시 말해, 윤리는 가치에 대한 숙고와 탐구로서 가장 기초적인 삶의 기획이다.[194]

'인공지능 윤리'도 윤리라면, 이것을 그저 법과 정책의 보조 수단으로 제한적으로 이해하는 것, 기술의 발전을 저해하는 방해물로 치부하는 것은 본질적인 이해라고 할 수 없다. 오히려

---

[193] 제임스 레이첼즈, 노혜련·김기덕·박소영 옮김, 『도덕철학의 기초』, 나눔의집, 2006, 29쪽.
[194] Charles(1989), pp. 53~90 참조.

이것을 우리 사회의 기획, 그리고 사회를 구성하는 요소 중 하나인 기술 기획을 위한 대전제이자 불가결의 구성 요소로 이해해야 한다. 달리 표현하면 특정 기술의 형식, 구성, 사회 내 도입을 당연한 사실로 받아들인 후에야 "어떻게 좋게 사용할 것인가?"를 묻는 것이 아니라 기술 연구, 개발, 설계, 사회 내 도입 단계부터 그것이 우리 사회가 추구하는 가치에 부합하고 이를 증진하는 것인지를 철저히 검토해야 하는 것이다.[195]

윤리는 기술의 모든 단계의 결정 및 행동, 작용과 함께하는 것이다. 따라서 우리는 인공지능 윤리를 목적을 달성하기 위한 부수적인 장치라기보다, 기술 발전을 기획하고 주도하며 제시되고 협의된 가치에 따라 기술 혁신을 추동하는 힘으로 간주해야 한다.

이런 맥락에서 인공지능 윤리 연구 및 논의는 향후 보편원칙과 가치를 실행하기 위한 방법론을 확립하는 일을 넘어, 제시된 원칙과 가치의 정당성과 적절성을 검토하는 일이 주요한 과제가 되어야만 한다. 이러한 검토 속에서 우리는 과연 인공지능 기술의 발전은 당연히 추구되어야 할 가치인지, 당연한 것이라면, 그것을 주도하는 주체는 누가 되어야 하는지, 이 기술은 앞으로 누구를 위해서, 어떻게 활용되어야 하는지 등의 근본적인

---

[195] 손화철은 인공지능 기술이 사회에 끼칠 영향을 고려할 때, 기술의 다양한 결과를 고루 예상하고 고려하는 일보다 기술 개발 자체의 정당성을 먼저 물어야 한다고 주장한다. "(…) 인공지능이 초래할 손해와 그 손해를 입는 사람들을 염두에 둔다면, 도대체 인공지능을 개발해야 하는 이유가 무엇인가? 대규모 실업이나 권력의 집중화처럼 해결하기 힘들어 보이는 부작용이 예상되는 데다 어디로 튈지 모르는 불확실성마저 큰 기술을 굳이 개발해야 하는가?" 손화철, 2018, 288쪽.

질문에 답할 수 있게 된다.

  다시 말해, 우리는 윤리를 수단으로서 정당화하는 궁극 목적을 먼저 충분히 검토해야만 한다. 이러한 검토가 선행될 때 새로운 기술의 발전과 확산은 우리에게 근본적인 유익함을 가져다줄 수 있다. 그렇지 않고서는 윤리를 수단화하는 태도는 역설적으로 수단화된 윤리조차도 제대로 활용하는 일을 어렵게 만들 수 있다.

  본래 윤리학은 근본적인 행위원칙과 기준을 제시하는 한편, 이러한 원칙을 실천하기 위한 방법까지 제안하는 학문이다. 예를 들어, 벤담의 공리주의와 칸트의 의무론은 현대 윤리학을 대표하는 이론이다. 두 이론은 공통적으로 올바른 행위를 도출할 수 있는 도덕적 보편원칙과 그 근거를 검토하여 정당화하고 있다. 우리는 두 이론에서 발견할 수 있는 원칙으로서 윤리를 통해, 하나의 행위가 어떤 면에서 올바르거나 올바르지 않은 것인지를 판별할 수 있고, 궁극적으로 어떻게 행위 해야 할지(실천 방안으로서의 윤리)까지도 알게 된다. 그러나 아무리 구체적이고 상세한 방법론이 제시된다 해도 명시적으로, 혹은 숨겨진 다른 목적이 우선된다면, 인공지능 윤리 원칙 및 권고안이 가지고 있는 본연의 기능을 상실하여 사회에 대한 실질적 영향력은 약해질 수 있다.

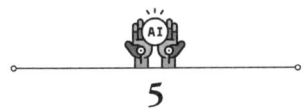

5

자기목적성: 학술적 논의의 활성화 요청

오늘날 인공지능 윤리 논의에서 학술적 연구가 차지하는 비중은 크지 않다. 1960년대 이래로 인공지능에 대한 연구논문 및 콘퍼런스가 꾸준히 증가해 왔으며, 인공지능 윤리에 관한 논의 역시 계속해서 진행 중인 것은 사실이다. 그러나 현실적인 기술 수준에서의 인공지능 윤리 일반, 혹은 인공지능의 사회적 윤리적 영향력을 연구하는 학술연구는 여전히 찾아보기 어려운 상황이다. 이는 오늘날 인공지능 윤리 논의가 주로 기술과 정책적 필요성에 의해 추동되고 있음을 보여 준다.

현재 인공지능의 윤리적 문제에 대한 해법으로는 주로 기술적 접근이 제안된다. 자율규범인 윤리가 과연 실질적으로 효력이 있는지, 그 유효성에 대한 의심과 함께 인공지능으로 인한 실천적 문제들을 대부분 기술로써 해결할 수 있다는 입장이 지배적이기 때문이다. 실제로 프라이버시, 해명 책임, 안전 등의 문제들에 대응하기 위하여 기술적 해법을 찾는 연구는 이미 착수되었다.[196]

그러나 '인공지능 시스템'의 이해에서 알 수 있듯이 인공지능 기술의 사회적 여파는 단지 기술적 문제로만 국한하여 볼 수 없다. 그보다 인공지능의 영향력은 이 기술의 적용과 사용 정황, 이 기술을 둘러싼 사회문화적 맥락, 권력관계 등을 고려한 폭넓은 관점에서 판단해야 하는 복합적인 문제이다. 더욱이 이 기술은 현재진행형으로 발전하고 있어 끊임없이 새로운 문제를 야기하며, 부단하고 다각적인 대응이 필요할 것이다. 이 때문에 이 기술이 초래하는 실천적 문제는 결코 기술적 해법만으로는 해결되기 어렵다.

기술의 발전은 원치 않은 위험과 부작용을 낳을 수 있다는 사실, 인공지능 기술의 복합적 성격과 잠재적인 사회적 영향력 등을 고려할 때, 인공지능 윤리에 대한 학술적 논의와 연구 자료 축적이 긴급히 요청되는 시점이다.[197] 기술적 접근을 넘어선 학술적 논의는 기술-사회-가치의 연관 및 그 관계를 읽어 내는 해석이자 가치 판단 속에서 그동안 논의의 사각지대에 있었으나 시급하고 중요하게 논의되어야 할 문제들을 제시할 수 있고, 관련 문제의 복합적 성격을 밝히고 공중의 이해를 위한 토대를 제

---

[196] Hagendorff(2019), p. 3.
[197] 울리히 벡은 현대기술의 위험은 단지 기술적인 문제가 아니라 사회적으로 위험을 어떻게 규정하고 구성하는지의 문제임을 지적한 바 있다. 울리히 벡(1998)을 참조하라.

시해 줄 수 있다.[198] 또한 학술적 접근은 인공지능 윤리 논의에 필수적인 기초 개념을 정련하고, 전체적 조망을 제공하며, 다양한 관점의 적절성과 정당성을 검토하도록 할 수 있다.

한편 용어의 혼란을 줄이고 인공지능 윤리에 대한 사회 전반의 이해를 증진하기 위해서도 학술적 논의는 필요하다. 현재 '인공지능', '인공지능 윤리'는 서로 다른 용어를 사용하는 이해관계자 사이에서 모호함과 혼란을 낳으며 아직 그 정체가 무엇인지 확실하게 규명되지 못하고 있다. 이로 인해 인공지능 윤리가 무엇을 의미하는지 전체적으로 조망하고 이해하는 일은 쉽지 않다.[199] 또 다양한 처지의 이해관계자가 이에 대한 총체적 이해를 쉽게 포기하고, 윤리를 단순한 이행 '명령'의 체크리스트로 여길 수 있다. 하지만 이해관계자들이 인공지능 윤리의 핵심을 이해하고 제시된 원칙을 실천할 때, 비로소 진정한 의미에서 인공지능 윤리의 실천이 이루어진다고 할 수 있다. 그러므로 사회의 다양한 이해관계자들이 활용할 인공지능 윤리의 주된 용어에 대해 학술적 논의와 합의가 필요하다. 이런 점에서, 인공지능 윤리의 핵심을 전달할 주된 용어에 대해서는 학술적 논의를 바탕으로 한 사회적 합의가 이루어져야 할 것이다.

---

[198] 허유선은 "인공지능 알고리즘에 의한 편향과 차별에 대한 논의에서 이 문제가 단지 기술적인(technical) 문제가 아니며, 이 문제는 차별을 어떻게 규정하고 해석할 것인지, 누구의 어떤 차별 경험을 가시화할 것인지 등의 문제화 및 해석에 따르는 철학적, 윤리적, 정치적 문제"임을 논한다. 허유선(2018), 165~209쪽 참조.

[199] Floridi, Cowls.(2019), p. 2.

6

인공지능 윤리의 미래

 향후 인공지능 윤리에 대한 요구는 더욱 커질 전망이다. 또한 구체적 맥락에서의 실행, 새로운 이슈에 대한 논의 등 인공지능 윤리의 심화와 후속 연구도 이루어져야 할 시점이다. 그런데 이 같은 논의가 현실 세계를 더 좋게 만드는 일에 실질적으로 기여할 수 있을까? 인공지능 '윤리'는 이상적인 말로만 머문 채 실질적인 영향력은 발휘하지 못하는 것이 아닐까?
 이 같은 물음은 현재 인공지능 윤리의 경향에 대한 학자들의 공통적 우려이자, 향후 인공지능 윤리의 과제이기도 하다. 지금까지 발표된 인공지능 원칙 및 윤리 선언 등은 그 실질적 효력, 곧 사태 개선의 속도 및 정도가 미약하게 느껴지는 반면, 듣기 좋고 보기 좋은 인공지능 윤리 원칙 및 권고안을 제시하는 것만으로 책임과 의무를 다한 것처럼 책임을 회피하는 일에 이용되기도 하기 때문이다.

그런데 이 물음은 인공지능 윤리만이 아니라 윤리학 전체의 오랜 숙제이기도 하다. 윤리학은 개인과 공동체의 좋은 삶, 좋은 행위에 관한 탐구이다. 그러나 살아 숨 쉬는 인간의 행위와 삶에 관한 탐구인 한, 윤리학은 이론적 타당성만이 아니라 실천적 효력까지 함께 염두에 두어야 한다.

윤리학은 어떻게 현실에서도 좋은 삶과 행위를 안내하는 지침을 제공할 수 있을 것인가? 이 물음에 답하기 위해 필요한 것은 원칙, 가치 등의 이론적 논의만이 아니다. 제대로 된 방향을 가리키는 나침반이 있어도 땅이 흔들리고 돌풍이 불면 나침반이 가리키는 방향으로 발을 내딛기 어려운 것처럼, 좋은 삶과 행위에 대한 지침이 있어도 이를 실천할 수 있는 조건이 갖추어지지 않는다면 지침을 실천하는 것은 매우 어려운 일이다. 대다수의 사람들은 외부 환경이나 사회적 조건으로부터 많은 영향을 받으며, 그렇다면 사회적 조건이 갖추어져 있지 않을 경우 좋은 지침이 있어도 그것을 실천하는 데 많은 어려움을 겪을 것이다.

그러므로 우리는 어떤 안내가 좋고 적절한 안내인지를 탐구해야 할 뿐 아니라, 안내를 지속적으로 실천하기 쉬운 현실적 조건을 마련해야 한다. 인공지능 윤리학이 실효성을 갖추기 위해서는 이론적 타당성과 실천을 용이하게 할 수 있는 조건까지 함께 논의해야 하는 것이다. 이는 인공지능 윤리의 일반적 가치를 선명하게 드러내는 것일 수도 있고, 때로는 특수한 상황과 조건에 처한 특정 개인이나 조직을 위해 아주 구체적인 안내나

지침을 제공하는 일이 될 수도 있다.

이러한 배경에서 우리는 '인공지능 규범학'이라는 이름으로 인공지능 윤리가 제시하는 가치와 원칙이 어떻게 실현될 수 있을지에 대한 고민의 흔적을 소개하려 한다. 인공지능 윤리는 실질적인 영향력을 발휘하기 위해 추구하는 원리 및 가치를 사회 내에 제도화하려는 노력을 포괄한다.

사회 전반의 인식과 행동을 바꾸기 위해 가장 쉽게 떠올릴 수 있는 사회 환경의 변화 중 하나는 법과 행정 시스템의 변화이다. 먼저 인공지능 윤리의 원칙 및 가치의 실천을 위한 한국 사회의 규제 동향 및 과제를 알아본다. 나아가 윤리학의 관점에서 사회 제도의 변화와 더불어 우리가 함께 고려해야 할 것이 무엇인지를 생각해 본다.

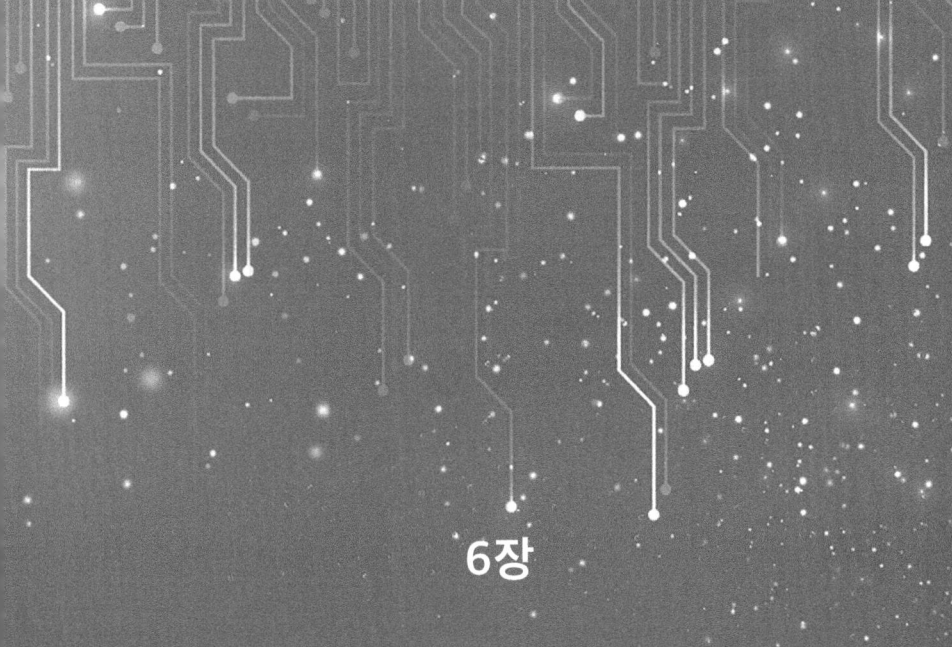

6장

인공지능 규범학

*이 책의 참고문헌 표기법은 대체로 MLA방식을 따랐으나, 6장의 경우 일부 참고문헌은 독일어 법률 문헌의 표기 방식을 따랐습니다.

전통적인 윤리와 법률로는 인공지능을 기반으로 한 미래 사회의 변화와 그 실체를 해석하거나 규율할 수 없기 때문에, 인공지능 윤리를 어떻게 법률로 구현할 수 있을 것인가의 문제는 곧 인공지능 윤리에 대한 논의와 법학이 만나는 지점이라 할 수 있다. 이 지점은 인공지능 규범학의 범주를 형성한다.
 한 가지 예를 들어 보자. 법학에서 법적 주체가 될 수 있는 자격은 인격으로 표현되고, 현재 우리나라 법체계에서는 자연인自然人인 사람과 법인만이 인격을 가지는 법적 주체로서 법인격을 가지는 것으로 인정되고 있다. 법적 주체가 되어야 법적으로 의미 있는 행위를 할 수 있고, 법이 보호하는 권리를 누리거나 의무를 이행해야 하는 주체가 된다. 우리 민법에서는 사람이 생존하는 동안 권리와 의무의 주체가 된다고 하고(민법 제3조), 법인은 법률의 규정에 따라 정관에서 정한 목적의 범위 내에서 권리와 의무의 주체가 된다고 규정한다(민법 제34조).

권리와 의무의 주체가 되는 법인격이 법적으로 중요한 의미를 가지는 이유는 법적 주체가 법이 보호하는 세계로 들어가는 출발선이기도 하고, 법적 주체가 관계된 대상들에게 잘못된 행위를 하는 경우에 이에 대한 책임을 물을 수 있기 때문이다. 책임에는 불법행위에 대한 손해배상 책임(민법 제750조)과 같이 민법학에서 규율하는 민사적 책임과 형법학에서 규율하는 형사처벌을 수반하는 형사적 책임이 모두 포함될 것이다.
　누가 법적 주체인지, 누가 어떠한 권리와 의무를 가지며 어떠한 책임을 부담할 것인지의 이슈는 전체 법체계의 운영에서 매우 중요한 문제이다. 인공지능이 법적 권리와 의무의 주체가 되는 인격을 획득할 수 있는지가 논의되는 이유는 인공지능이 로봇의 형태와 같은 대리인을 통해서 사람의 직접적인 개입 없이도 인공지능 자체적인 알고리즘에 의해 자동화된 의사결정을 수행할 수 있기 때문이다. 사람이 아닌데도 자율적 의사결정을 할 수 있는 존재인 인공지능에게 어떤 법적 지위를 부여할 것인가. 법인과 같이 법인격을 부여하여 법적 권리와 책임의 주체가 되도록 할 것인가, 아니면 법률을 제정하여 인공지능이 적용되는 영역을 부분적으로 규제할 것인가.
　인공지능이 활용되는 쓰임에 따라서 법적 규율이 필요한 경우도 있다. 예컨대 사법 실무에서 인공지능은 재범률을 예측하여 가석방 결정에 도움을 주거나, 마약 사건 등에서 피의자 피고인들의 데이터를 분석하여 판사가 양형을 결정하는 데 도움을 줄 수 있고, 변호사의 업무를 도와 소장 및 소송 관련 문서를 작성하거나 송무에 필요한 자료들을 수집하고, 판례와 자료들을 정리하고 분류하면서 관련 업무를 관리할 수도 있다. 전자상거래에서는 자동화된 계약 절차가 가능하도록 만들 수도 있으며, 의료 영역에서는 인공지능 의료 기술이 도입되어 의사의 역할을 대신하여 의료 관련 의사결정을 하거나, 로봇수술·인공지능 의료기기 등의 기기를 통해 환자의 치료를 도울 수도 있다. 대화형 인공지능 서비스인 챗지피티와 같은 생성형 인공지능이 발전하면서[200] 정보주체의 허락 없이 데이터를 수집·사용하거나 모니터링하는 문제, 거짓 정보를 만들어 내는 인공지능에 대한 규율의 문제, 생성형 인공지능이 만들어 낸 창작물이나 결과물의 소유권을 누구에게 부여해야 하는지 등의 이슈가 부각되었고, 이에 따라 지적재산권과 관련한 법제도를 새롭게 규율해야 할 필요성도 제기된다.

해외 선진국들은 발 빠르게 인공지능에 관한 법적 규율을 선도하고 있다. 미국의 경우에는 2018년에 정부 내 독립위원회로서 인공지능 국가안보위원회 National Security Commission on Artificial Intelligence를 설립하는 내용의 법률을 제정하였다. 이에 따라 국가 안보와 국가 안전보장을 위해 인공지능과 관련

---

[200] 기존의 인공지능과는 달리 챗지피티와 같은 생성형 인공지능이 만들어 내는 시, 소설, 지원서, 보고서와 같은 텍스트, 음성, 음악, 그림, 비디오 등의 창작물은 일반인을 능가하는 수준을 보여 주고 있다. 일본의 아라이 노리코 박사가 추진한 도로보군 개발 프로젝트에서는 인공지능으로 작동하는 로봇 '도로보군'이 일본 대학입학시험에서 상위 20%에 해당하는 성적을 거두었고, 의사나 변호사와 같은 전문직 자격시험에서도 상위 10% 수준의 답을 맞출 정도로 인공지능의 능력이 발전했다는 사례가 있다. 변호사를 비롯한 회계사, 세무사, 번역가, 통역사, 기자, 교육가, 재무설계사와 같은 직업 영역에서는 인간을 보조하거나, 심지어 인간의 직업을 대체할 가능성도 커지고 있다.

기계학습 기술들의 발전에 필요한 수단과 방법을 검토·논의하고, 국가 차원에서 인공지능 기술 개발을 주도하며 관련 규범을 제정하였다. EU의 경우에는 유럽위원회가 2021년 4월에 EU의 인공지능에 관한 규범적 틀을 정립하자고 제안했고, 유럽의회가 2023년 6월 14일에 EU 인공지능 법률의 협상안Negotiating Position on the Artificial Intelligence (AI) Act을 채택하여 2023년 말에 법률안에 대해서 합의함으로써 2026년부터 시행하게 된다. 이로써 EU 인공지능 법률EU AI Act이 포괄적인 범위의 인공지능을 규율하는 세계 최초의 법률로 탄생하게 되었다.

이 법률은 인간의 존엄성, 안전성, 프라이버시, 투명성, 차별 금지의 원칙, 사회적·환경적 복리를 포함하는 EU의 기본권과 민주주의·법치주의 등과 같은 헌법적 가치를 담고 있다. EU 인공지능 법률은 위험 기반의 접근 방식을 취함으로서, 인공지능이 만들어 낼 수 있는 위험 수준에 따라 인공지능 공급자와 시스템 제공자에 대한 의무를 설정한다. 따라서 공공장소에서 실시간 원격으로 생체정보를 인식하는 시스템이나, 범죄 혐의자를 기소하기 위한 원격 생체인식 시스템, 범죄 프로파일링이나 위치 추적 등 치안 예측 시스템, 사법기관·국경·직장·교육기관이 인간의 감정을 인식하고 모니터링하는 시스템, 안면인식 데이터베이스를 생성하기 위해서 인터넷이나 CCTV 영상에서 얼굴 이미지를 스크랩하는 행위 등은 인간의 건강, 안전, 기본권, 환경을 침해하는 고위험 애플리케이션으로 분류되어 사용이 금시된다.

우리나라의 경우에 인공지능에 관한 법조항은 2021년 행정

기본법 제정 당시에 행정 분야에서 인공지능 자동적 의사결정에 관한 내용으로 들어가긴 했지만, 포괄적으로 인공지능을 규율하는 법률이 제정되지는 않았다. 인공지능 관련 법률은 2020년 이후 계속 국회에 입안되어 왔기 때문에, 다음에서는 국회 법률안을 살펴봄으로써 사회 속에 자리하고 있는 인공지능의 법적 쟁점들과 더불어 인공지능 법제가 구축될 미래를 전망한다. 또 인공지능의 운영 원리에 따라 법적 문제가 될 수 있는 영역 중에서 데이터 보호의 문제, 불평등 해소의 문제, 사회보장의 문제를 짚어 보기로 한다.

1

한국의 법 제도가
인공지능 윤리와 만났을 때

2022년 3월 기준으로 인공지능 기술을 규율할 목적으로 한 법률은 아직 제정된 것이 없지만, 「국가정보화 기본법」이 2020년 6월에 「지능정보화 기본법」으로 전면 개정되면서 인공지능 기술을 포함하는 지능정보기술을 정의함으로써, 인공지능 기술의 법적 개념을 국내에서 최초로 도입하였다. 여기에서 지능정보기술이란 4차 산업혁명을 견인하는 핵심기술로서 인공지능 기술, IoT 기술, 클라우드컴퓨팅 기술, 빅데이터 기술 등이 포함된다. 과학기술정보통신부 주관으로 지능정보사회 종합계획, 실행계획 및 부문별 추진계획 수립과 지능정보 기술의 기준, 표준화, 전문인력 양성, 기술개발의 실용화·사업화 지원, 규제 개선, 지능정보사회윤리 확립을 위한 시책 마련과 윤리 준칙의 제정 보급(법 제62조) 등을 규정함으로써 인공지능 기술이 적용되는 사회에 대한 기반을 구축하는 것이 그 내용이다.

이 법에서 인공지능 윤리를 규율하는 방식은 '지능정보사회 윤리'를 정의하면서 지능정보기술의 개발, 지능정보서비스의 제공·이용 및 지능정보화의 추진 과정에서 인간 중심의 지능정보사회를 구현하기 위하여 개인 또는 사회구성원이 지켜야 하는 가치판단 기준이라고 하고 있고(제2조 12호), 인간의 존엄과 가치를 존중하고 공공성·책무성·통제성·투명성 등의 윤리 원칙을 담은 지능정보사회윤리를 확립하기 위한 시책을 마련하도록 하여(제62조 ①항), 인공지능 윤리의 내용과 범위를 설정하고 있다.

로봇 기술과 결합된 인공지능 기술에 대한 법률로는「지능형 로봇 개발 보급 촉진법」이 있으며, 그밖에도 간접적으로 인공지능 기술을 규율할 수 있는 법률로「정보통신 융합 활성화 등에 관한 특별법」,「소프트웨어산업 진흥법」이 있다. 그 밖에도「개인정보보호법」에서는 인공지능 기술이 소스가 되는 데이터에 대한 규율을 다루고 있다. 2021년 3월에 제정된 행정기본법에서는 "인공지능 기술을 적용한 시스템을 포함하여 완전 자동화된 시스템으로 행정 처분을 할 수 있다."라고 명시하고 있다(행정기본법 제20조). 정부의 행정행위도 인간 공무원의 개입 없이 인공지능 기술로 행해질 수 있다는 것으로, 그 법적 근거를 마련하고 있는 것이다.

(1) 21대 국회에 제출된 법률안

21대 국회(2020.5.30~2024.5.29)에 제출된 법률안을 살펴보면, 먼저 2020년에 제출된 법안은 인공지능 산업 육성에 치중하면서 인공지능의 윤리적 문제에 대해 윤리준칙·윤리강령 등을 제정하게 하거나 기본원칙이나 책무로 선언하고 있다. 법명에서부터 인공지능을 직접 명시하면서 인공지능 기술을 직접적으로 규율하는 내용을 가지고 있다.

2020년 7월 13일 이상민 의원이 대표 발의한 「인공지능 연구개발 및 산업 진흥, 윤리적 책임 등에 관한 법률안」, 2020년 9월 3일 양향자 의원이 대표 발의한 「인공지능산업 육성에 관한 법률안」, 2020년 10월 19일 송갑석 의원이 대표 발의한 「인공지능 집적단지의 육성에 관한 특별법안」, 2020년 10월 29일 민형배 의원이 대표 발의한 「인공지능 기술 기본법안」 등이 그것이다. 차례대로 살펴보면, 「인공지능 연구개발 및 산업 진흥, 윤리적 책임 등에 관한 법률안」의 경우 법명에도 '윤리적 책임'을 언급하고 있고 법률 내용에도 몇 가지 윤리 원칙 제정에 관한 조항을 담고 있다.

국가 및 지방자치단체 등의 책무로서 인공지능 산업에서 이용자 보호를 위한 인공지능 윤리 원칙을 제정하고 인간의 기본적 인권과 존엄성이 보호되도록 해야 한다는 것(법률안 제3조 ②항), 과학기술정보통신부장관 주관으로 제정되는 인공지능 기술개발 및 산업진흥에 관한 기본계획에 인공지능 산업에서의 인권 보호, 차별과 편향을 예방하기 위한 윤리강령에 관한 사항

(법률안 제6조 ②항 10호)을 포함하고, 인공지능 사업자가 설립할 수 있는 인공지능산업협회를 명시하고 이 협회의 업무에 "인공지능 산업에서의 인권보호 및 윤리강령기준 마련을 위한 연구"를 포함하고 있다(법률안 제17조).

두 번째로 「인공지능산업 육성에 관한 법률안」에는 인공지능 '윤리'라고 명시하지는 않지만 인공지능산업을 육성하는 데 있어서 인간의 존엄성이 보호되도록 한다는 내용(법률안 제3조 ①항)과 인공지능기술의 개발, 생산, 유통, 활용 등 모든 단계에서 차별과 편향이 발생하거나 인권이 침해되지 않도록 해야 한다는 내용(법률안 제3조 ②항)을 담고 있어, 인간의 존엄성, 차별과 편향의 금지, 인권 존중이라는 윤리적 지향점을 제시한다.

세 번째로 「인공지능 집적단지의 육성에 관한 특별법안」은 기본원칙으로 국가, 지방자치단체와 인공지능사업자 등이 인공지능 산업에서 인간의 기본적 인권과 존엄성이 보호되도록 해야 한다는 책무(법률안 제3조)를 제시하고 있다.

네 번째로 「인공지능 기술 기본법안」은 제3조 '기본원칙'에서 국가, 지방자치단체 및 인공지능 사업자 등이 인공지능 기술을 개발, 생산, 유통, 활용 등을 하는 경우 인간을 이롭게 하는 방향으로 하여야 하며, 인공지능 기술 개발 등의 모든 단계에서 인간에게 해를 끼쳐서는 안 된다고 명시하고, 제13조의 정부의 국가 인공지능 기본계획 수립에서 인공지능 기술 개발 등에 관련된 윤리에 관한 사항(제13조 ①항 3호)을 포함하고 있다.

대표 발의	법안명	제안 날짜
이상민 의원	「인공지능 연구개발 및 산업 진흥, 윤리적 책임 등에 관한 법률안」	2020.7.13.
양향자 의원	「인공지능산업 육성에 관한 법률안」	2020.9.3.
송갑석 의원	「인공지능 집적단지의 육성에 관한 특별법안」	2020.10.19.
민형배 의원	「인공지능 기술 기본법안」	2020.10.29.
도종환 의원	「저작권법 전부개정법률안」	2021.1 5.
안민석 의원	「인공지능 교육진흥법안」	2021.5.17
정필모 의원	「인공지능 육성 및 신뢰 기반 조성 등에 관한 법률안」	2021.7.1.
이용빈 의원	「인공지능에 관한 법률안」	2021.7.19.
윤영찬 의원	「알고리즘 및 인공지능에 관한 법률안」	2021.11.24.
조해진 의원	「인공지능 교육진흥법안」	2022.8.24
윤두현 의원	「인공지능산업 육성 및 신뢰 확보에 관한 법률안」	2022.12.7

표 9. 2022년 기준 국회 계류 중인 인공지능 관련 법률안 현황

(2) 정부가 제정한 인공지능 윤리기준과 실제의 적용: 이루다 사건

2020년 12월 23일, 우리나라 정부는 과학기술정보통신부 주도로 대통령 직속 4차산업혁명위원회 전체 회의에서 인공지능 윤리기준을 발표하여 '인간성을 위한 「인공지능AI for Humanity 3대 원칙」'과 10대 요건을 제시한 바 있다.[201] 여기에서 3대 기본원칙은 인간의 존엄성 원칙, 사회의 공공선 원칙, 기술의 합목적성

원칙이며 10대 핵심 요건은 3대 기본원칙을 실천하고 이행할 수 있도록 인공지능의 개발에서부터 활용까지 전 과정에서 인권 보장, 프라이버시 보호, 다양성 존중, 침해 금지, 공공성, 연대성, 데이터 관리, 책임성, 안전성, 투명성이 지켜져야 한다는 요건이다. 이는 구속력 있는 법이나 지침이 아닌 도덕적 규범이자 자율규범으로, 인공지능이 적용되는 사회 곳곳에 윤리 담론을 형성하기 위한 윤리기준의 성격을 지니고 있다.

이와 같은 정부 주도의 윤리기준 제정과 각종 인공지능 관련 법률안 제출 러시와 발맞추어 인공지능 기술의 윤리성을 사회적으로 각성시키는 사건이 발생했다. 이른바 '이루다 사건'으로, ㈜스캐터랩이라는 기업이 개발한 인공지능 챗봇 '이루다'가 2020년 12월 22일에 출시되고 나서 성희롱과 인종 차별적 발언 등 혐오 발언을 하면서 사회 문제가 되자 결국 서비스 시작 3주 만인 2021년 1월 챗봇 서비스를 중단했던 사건이다.

이전에 '연애의 과학'이라는 애플리케이션에서 상대방과 나눈 카톡 파일을 전달하면 애정도를 분석해 주는 '카톡으로 보는 속마음'이라는 유료 서비스가 인기 있었는데, 인공지능 챗봇 이루다는 이 '연애의 과학'으로부터 제공받은 개인정보를 바탕으로 만들어진 신규 서비스였다. 이루다와의 대화에서는 사용자와 채팅하면서 주소, 연락처, 계좌번호를 이야기하는 등 민감한

---

201 "과기정통부, '사람이 중심이 되는 「인공지능(AI) 윤리기준」' 마련공개 공청회(12.7.) 등 각계 전문가·시민 공개 의견수렴 거쳐 발표, '인간성(Humanity)을 위한 인공지능(AI)'의 3대 원칙·10대 요건 담아." 과학기술정보통신부 보도자료, 2020.12.22.

개인정보 침해의 문제가 있었을 뿐 아니라,[202] 인공지능 챗봇을 상대로 한 성희롱이나 인공지능 챗봇이 사람에게 하는 성희롱도 법적 책임을 물을 수 없다는 문제가 있었다. 또한 사용자의 언어를 무엇이든지 학습하는 딥러닝 기능으로 인해 음담패설, 성희롱, 사회적 약자에 대한 차별과 혐오를 담은 대화를 제어장치 없이 생산하는 것도 문제였다. 결국 이처럼 부정적인 대화에 노출되었던 인공지능 챗봇은 인공지능 윤리에 대한 구속력 있는 규제가 필요하다는 사회적인 인식을 다시 불러일으켰다.

(3) 이루다 사건 이후 법률안

이루다 사건 이전에 제출된 법률안에서는 인공지능 윤리에 대한 기본원칙이나 책무 등을 선언적으로 명시하는 데 그쳤지만, 그 이후 제출된 법률안들에는 인공지능 윤리의 규범력을 확보하기 위한 구체적인 설계들이 법률 내용에 나타난다.

2021년 1월 15일 도종환 의원이 대표 발의한 「저작권법 전부개정법률」안은 컴퓨터를 이용한 자동화된 정보분석 과정을 위

---

[202] "개인정보위, '이루다' 개발사 (주)스캐터랩에 과징금·과태료 등 제재 처분 - 인공지능(AI) 기술 기업의 올바른 개인정보 처리에 대한 방향 제시 -." 개인정보보호위원회 보도자료, 2021.4.29. 개인정보보호위원회는 카카오톡 대화가 개인정보에 해당된다고 판단하고, 이루다를 개발하는 과정에서 60만 명의 카카오톡 대화를 사용한 것이 개인정보를 수집한 목적을 벗어난 이용으로서 개인정보보호법을 위반했다면서 과징금 5,550만 원, 과태료 4,780만 원을 부과하고 시정조치를 명령했다.

한 저작물 이용에 대하여 지적재산권이 제한되는 규정을 명시함으로써, 인공지능 빅데이터 분석 과정에서 발생할 수 있는 저작권 침해의 경계선을 명확히 하고 있다. 그리고 인공지능을 포괄적으로 규율하는 법률안이 등장하는데, 2021년 7월 1일 정필모 의원이 대표 발의한 「인공지능 육성 및 신뢰 기반 조성 등에 관한 법률」안, 7월 19일 이용빈 의원이 대표 발의한 「인공지능에 관한 법률」안, 11월 24일 윤영찬 의원이 대표 발의한 「알고리즘 및 인공지능에 관한 법률」안이 바로 그것이다.

우선 「인공지능 육성 및 신뢰 기반 조성 등에 관한 법률」안은 정부 주도로 인공지능 사업자 및 이용자가 지켜야 할 윤리 등을 제정·공표하도록 하였고(법률안 제6조, 제7조, 제8조), 인공지능 윤리 원칙과 관련 법령의 제·개정 사항을 심의하는 업무를 포함하는 인공지능사회위원회를 국무총리 소속으로 설치하고(법률안 제11조), 윤리 원칙 준수를 위하여 기관이나 단체에서 민간자율인공지능윤리위원회를 설치하여 과학기술정보통신부장관이 이 기관이나 단체의 신청이 있는 경우 실적 등을 평가하여 인증할 수 있게 하였다(법률안 제16조, 제17조). 의료행위·의료기기에 적용되는 인공지능, 전기·가스·먹는 물 등 공급에 사용되는 분야, 범죄수사 및 체포 업무에 활용될 수 있게 생체인식에 사용되는 인공지능, 핵물질과 원자력시설의 관리와 운영에 사용되는 인공지능, 개인의 권리와 의무관계에 중대한 변화를 가져오는 평가나 의사결정을 위해 사용되는 인공지능, 공공기관 등이 사용하는 것으로 국민에게 영향을 미치는 의사결정을 위하여 사용되는 인공지능, 정보통신서비스 제공자가 사용하는 인공지능 등을 특수활용 인공지능으로 별도로 분류하여, 업무를 수행하는 자는 해당 사실을 상대방이 쉽게 알 수 있도록 사전에 고지하고 요청이 있는 경우 그 의사결정 원리 및 최종결과 등을 설명하도록 했다(법률안 제20조). 또 특수활용 인공지능을 개발·제조·유통하거나 이와 관련된 인공지능서비스를 제공하려는 경우 해당 인공지능에 대하여 과학기술정보통신부 장관에게 신고하도록 하고, 이에 필요한 기술적·관리적 조치를 마련하도록 했다(법률안 제21조). 또 특수활용 인공지능에 대하여 사전고지 의무 및 신고 의무 이행을 위하여 필요하다고 인정하는 경우에 소속 공무원이 조사할 수 있도록 하였다(법률안 제24조). 또한 특수활용 인공지능 사업자는 해당 인공지능에 대하여 신고 의무가 있는데(제21조), 거짓이나 부정한 방법으로 신고하거나 변경 신고하는 경우 등은 폐업 명령이나 정지 명령도 가능하고(법률안 제22조), 사업정지 처분에 갈음하여 과징금 처분도 명시하고 있다(법률안 제23조).

「인공지능에 관한 법률」안에서는 인공지능 윤리를 인간의 존엄성에 대한 존중을 기초로 하여 국민의 권익, 생명과 재산이 보호받을 수 있는 안전하고 신뢰할 수 있는 지능정보사회를 구현하기 위하여 인공지능의 제작, 개발, 보급, 이용 등 모든 영역에서 사회구성원이 지켜야 할 윤리적 기준이며, 사회구성원에 대한 보호와 포용의 기준이라고 정의하고 있다(법률안 제2조 3호). 국무총리 소속의 인공지능위원회를 설치하여 인공지능 윤리의 실천과 인공지능 기술의 신뢰성과 안전성에 대하여 권고 또는 의견을 표명할 수 있게 하고(법률안 제8조 ③항), 인공지능 윤리 확산 등을 위한 중앙행정기관업무의 조정과 협력에 관한 사항을 심의·의결하는 역할을 인공지능위원회에 부여하고 있다(법률안 제9조 ②항). 과학기술정보통신부 장관 주도로 인공지능 윤리 원칙이 인공지능 개발 등에 관여하는 모든 사람에 의해 실현될 수 있도록 하는 실천 방안을 수립하고, 공개·홍보·교육하도록 하며(법률안 제31조), 신뢰 가능한 인공지능이라는 명칭의 조항에서 논리적·객관적으로 설명할 수 있고, 선량한 풍속 또는 국민 정서 등 사회적으로 수용할 수 있으며, 기술 수준에 비추어 상당한 합리성을 갖추는 등 인공지능의 신뢰성 확보를 위해 노력할 것을 명시하고 있다. 또 과학기술정보통신부장관의 주도로 인공지능 이용이 일상생활에 미치는 영향에 관한 전망과 예측 및 관련 법령과 제도의 정비, 신뢰할 수 있는 인공지능사회 구현과 인공지능 윤리 실천을 위한 교육, 홍보, 민간사업자의 자율 규약의 제정, 시행 지원 등 안전한 인공지능 이용을 위한 신뢰 기반을 조성하기 위한 시책도 마련하도록 했다(법률안 제32조).

「알고리즘 및 인공지능에 관한 법률」안은 「인공지능 육성 및 신뢰 기반 조성 등에 관한 법률」안에서 제안한 특수활용 인공지능과 유사하게, 인간의 생명, 생체인식과 관련된 부분, 교통·수도·가스·전기 등 주요 사회기반시설과 관련된 분야, 수사 및 기소, 국민 생활에 영향을 미치는 평가와 의사결정에 관련된 공공 및 민간 서비스 등에 이용되는 인공지능을 고위험인공지능으로 정의하였으며(법률안 제2조 3호), 이에 관한 국무총리 소속의 고위험인공지능 심의위원회 설치와 운영(법률안 제15조), 고위험인공지능 개발사업자와 이용사업자의 책무(법률안 제6조)를 상세히 규정하지만 「인공지능 육성 및 신뢰 기반 조성 등에 관한 법률」과는 다르게 사업자에 대하여 폐업이나 정지 명령, 과징금 부과와 같은 벌칙 규정은 두고 있지 않다. 고위험인공지능 이용자의 보호에 대해서도 설명 요구권, 이의제기권 내지 거부권, 자료 요청권 등으로 상세히 규정하고(법률안 제18조), 이용 중에 발생한 손해에 대한 손해배상 책임에 대해서도 고위험인공지능 사업자에게 배상책임을 면제하거나 감경할 수 있기 위한 입증 책임을 부과하고, 손해를 담보하기 위한 보험 가입을 권고하며, 정부가 보험 가입을 위해 재정적으로 지원하도록 하고 있다(법률안 제20조).

이 법안은 인공지능의 명칭을 가진 법안 중에서 유일하게 손해배상책임에 대한 조항을 가지고 있다. 이용자가 고위험인공지능 기술이나 서비스를 이용하다가 손해를 입으면 해당 고위험인공지능 사업자에게 손해배상을 청구할 수 있고, 해당 사업자는 이용자의 손해가 해당 고위험인공지능으로 인한 것이 아니라는 사실, 해당 고위험인공지능 기술을 공급하지 아니하였다는 사실, 해당 사업자에게 고의나 과실이 없었다는 사실, 공급한 당시의 과학기술 수준으로는 결함의 존재를 발견할 수 없었다는 사실, 공급한 당시의 법령에서 정하는 기준을 준수하였는데도 해당 결함이 발생하였다는 사실 등을 입증해야 배상책임을 면제, 또는 감경받을 수 있다(법률안 제20조 ②항).

이 고위험인공지능 사업자의 손해배상 책임 부분은 20대 국회인 2017년 7월 19일에 박영선 의원이 대표 발의하여 제출되었다가 임기 만료로 폐기된 「로봇기본법안」에서 규정하고 있는 로봇 제작자의 손해배상 책임의 원리와 유사하다. 「로봇기본법안」에서는 자율성이 인정되는 정교한 로봇에 대하여 새로운 법적 지위의 부여와 로봇에 의해 손해가 발생한 경우 책임 부여와 보상 방안 등에 관련된 정책을 마련하도록 하고 있다(법률안 제3조). 이 법안에서 로봇은 외부 환경을 스스로 인식하고 상황을 판단하여 자율적으로 동작하는 기계장치 또는 소프트웨어라고 정의하였으므로, 인공지능 기술을 포함하는 것으로 해석할 수 있다.

로봇의 결함으로 발생한 손해에 대한 배상 책임을 면하려면 로봇의 제조자가 해당 로봇을 공급하지 아니하였다는 사실, 로봇을 공급한 당시의 과학기술 수준으로는 결함의 존재를 발견할 수 없었다는 사실, 로봇을 공급한 당시의 법령에서 정하는 기준을 준수하였는데도 로봇의 결함이 발생하였다는 사실, 원재료나 부품의 경우에는 그 원재료나 부품을 사용한 로봇 제조자의 설계 또는 제작에 관한 지시로 인하여 결함이 발생하였다는 사실을 입증한 경우에는 손해배상책임을 면할 수 있다(법률안 제23조). 현행 「제조물책임법」은 제조되거나 가공된 동산인 제조물의 결함으로 인해서 생명, 신체, 재산에 손해를 입은 자에게 손해를 배상하도록 하고 있는데, 그 손해배상책임을 지는 자가 손해배상책임을 면하려면 다음을 입증해야 한다. 제조업자가 해당 제조물을 공급하지 아니하였다는 사실, 제조업자가 해당 제조물을 공급한 당시의 과학기술 수준으로는 결함의 존재를 발견할 수 없었다는 사실, 공급 당시에 법령에서 정하는 기준을 준수하였는데도 해당 결함이 발생하였다는 사실, 원재료나 부품의 경우에는 그 원재료나 부품을 사용한 제조물 제조업자의 설계 또는 제작에 관한 지시로 인하여 결함이 발생하였다는 사실이다. 이상에서 보면 「제조물책임법」의 손해배상의 면책 법리가 「로봇기본법」안과 「알고리즘 및 인공지능에 관한 법률」안에 그대로 구현되고 있음을 볼 수 있다.

2

인공지능 규범학에서 바라본 인공지능 윤리 가치

(1) 데이터, 개인정보, 프라이버시

인공지능 기술의 기반이 되는 정보의 집합체, 빅데이터는 실시간으로 또는 신속하게 생성되고 방대한 규모로 생성될 수 있다. 요리로 비유하자면 빅데이터는 재료로, 인공지능은 조리법으로 비유할 수 있다. 빅데이터는 인공지능 입장에서 학습의 재료이고, 이 재료가 없으면 조리가 불가능하기 때문에 인공지능과 빅데이터는 동전의 양면과 같이 필수불가분의 관계다.

컴퓨터와 인터넷의 발달로 모든 데이터가 디지털화되면서 쉽고 빠르게 저장, 수집, 전송할 수 있게 되었다. 개인의 의료정보를 예를 들면, 한 사람이 움직이면서 만들어 내는 심박수, 체온, 정맥 패턴, 뇌파 등의 생체정보들도 실시간으로 저장·수집되어 대규모의 데이터가 실시간으로 축적될 수 있다. 디지털화된 데이터는 이진법의 코드로 전환되어 원본과 복사본 사이의 차이가 거의 사라지고 인터넷과 같은 초연결망을 통해 간편하게 저장, 복사, 활용된다. 인공지능 의료에서의 빅데이터는 수학적 알고리즘을 통한 분석으로 대상자의 각종 질병이나 건강 상태를 진단, 예측할 수 있게 하여 치료와 예방에 도움을 줄 수 있는 툴이 된다는 점에서 중요한 의미를 가지고 있다.

빅데이터 분석에서는 표본 추출을 하지 않는다. 즉 전체 인구가 5천만 명이라고 가정할 때 그중 50만 명만을 뽑아서 분석하는 것이 아니라, 5천만 명 전부를 분석한다. 샘플이 아닌 전수조사가 가능해졌기 때문에 일정 인구의 성향과 트렌드가 아니라 개인 한 사람에 대한 이해와 예측이 가능해진다. 즉 개인화 내지 초맞춤형 서비스가 가능하다. 인공지능을 통해 개인의 유전자 정보를 포함하여 체질적·유전적 특성을 통합적으로 분석해 낼 수 있게 되면서 개인에게 가장 최적화된 치료법을 개발하는 계기를 앞당기고, 초맞춤형 의료가 가능해진다.

구체적인 영역으로 들어가 인공지능 윤리의 가치를 살펴보면, 개인 의료 데이터와 인공지능 기술의 관계성 속에서 인공지능 기술이 규범화된 모습을 찾아볼 수 있다. 의료 데이터와 관련한 법적 문제는 개인정보에 관한 전반적인 규율을 담당하는 「개인정호보호법」 안에서 발견된다. 우리나라의 「개인정보보호법」에서 개인정보의 개념은 살아있는 개인에 관한 정보로서 그 정보만으로는 개인을 식별하지 못하더라도, 그 정보와 다른 정보를 쉽게 결합하여 개인을 식별할 수 있게 되는 정보도 포함한다. 「개인정호보호법」에서는 이러한 정보에 '가명정보'라는 용어를 사용한다. 특히 살아있는 사람의 건강과 관련한 정보는 민감정보로 분류하여 정보주체로부터 별도의 동의를 취득하거나 다른 법령에서 민감정보의 처리를 요구하거나 허용하는 경우가 아닌 한, 이 민감정보를 처리하지 못하도록 하고, 분실·도난·유출·위조·변조·훼손되지 않도록 안전성 확보를 위한 특별한 조치를 요구하는 등 개인정보 중에서도 특별한 보호를 예정하고 있다(개인정보보호법 제23조 제1항, 제2항). 우리 개인정보 보호 법제는 기본적으로 정보주체의 사전 동의에 기반하여 이용될 수 있게 하는 방식이다.

2020년 2월 4일 법개정으로 가명정보 및 익명정보의 개념을 도입하고, 가명정보의 개념과 가명처리에 관한 특례 조항을 도입·신설함으로써 가명처리 방식으로 통계 작성, 과학적 연구, 공익적 기록보존 등을 위하여 정보주체의 동의 없이 처리할 수 있게 하였다. 가명처리는 개인정보의 일부를 삭제하거나 일부 또는 전부를 대체하는 등의 방법으로 추가 정보 없이는 특정 개인을 알아볼 수 없도록 처리하는 것(개인정보보호법 제2조 1의2)이라고 정의되며, 이러한 가명처리로 원래의 상태로 복원하기 위해 추가 정보의 사용, 결합 없이는 특정 개인을 알아볼 수 없는 정보를 가명정보라고 한다. 가명정보의 결합은 개인정보 보호위원회나 관계 중앙행정기관의 장이 지정하는 전문기관이 수행하도록 하고 있다(제28조의3). 가명정보는 「개인정보보호법」상의 개인정보에 포함된다(제2조 1). 반면, 익명정보는 그 자체로 또는 다른 정보와 결합해서도 개인 식별이 불가능한 상태로 처리한 것이므로 가명정보와는 구별되는 것으로 「개인정보보호법」상의 개인정보가 아니므로 이 법에 따른 규제나 제한 없이 자유롭게 이용할 수 있게 된다(제58조의2).

그런데「개인정보보호법」이외에도 의료에 관한 데이터를 다루는 법률로「의료법」과「국민건강보험법」에 개인정보를 보호하는 규정이 존재하기는 하지만, 개인정보 활용에 대해서는 언급하지 않고 있다. 다만 국민건강보험 제102조는 건강보험공단, 심사평가원에 종사했던 사람이나 종사하는 사람이 가입자 및 피부양자의 개인정보를 누설하거나 직무상 목적 외의 용도로 이용하지 못하도록 하고, 정당한 사유 없이 제3자에게 제공하는 행위도 금하고 있다. 의료법은 제18조 제3항, 제23조 제3항, 제21조의2 제8항 등의 조항을 통해 전자처방전, 전자의무기록, 진료기록전송지원시스템상 개인정보를 누출·변조·훼손하지 못하도록 하고 있다.

「생명윤리 및 안전에 관한 법률」(약칭: 생명윤리법)에서도 인체유래물 및 사람을 대상으로 한 연구에 있어 개인정보에 대한 보호를 별도로 규정한다. 개인식별정보를 영구적으로 삭제하거나, 개인식별정보의 전부 또는 일부를 해당 기관의 고유식별기호로 대체하는 것을 익명화라고 함으로써(생명윤리법 제2조 제19호) 개인정보를 제3자에게 제공하는 경우나(생명윤리법 제18조 제2항), 인체유래물 연구자 또는 인체유래물 은행장이 인체유래물을 다른 연구자에게 제공하는 경우(생명윤리법 제38조 제2항, 제43조 제2항), 인체유래물 은행이 잔여검체를 제공받는 경우에(생명윤리법 제42조의3 제3항) 익명화하도록 하고, 익명화하기 전에 연구대상자(제18조 제1항) 또는 인체유래물 기증자로부터(제38조 제1항) 서면 동의를 취득하거나 또는 연구대상자 또는 피채취자 등 개인정보주체자에게 서면 고지하도록 하고(생명윤리법 제42조의2 제2항) 기관생명윤리위원회(이하, IRB라 칭한다)에 승인(생명윤리법 제42조의2 제5항)을 받도록 하고 있다.

「생명윤리법」의 취지와 조문의 해석으로 볼 때 「생명윤리법」상의 익명화는 개인정보를 보호하는 수단과 조치이기 때문에, 익명화 조치 자체가 정보주체의 서면 동의나 IRB라는 절차를 생략하도록 하는 요건이 되지는 못한다. 즉 개인정보를 익명화했다고 해서 IRB 심의가 면제되는 것은 아니고, 제3자 제공이나 잔여검체를 제공받는 경우 등에서는 익명화가 필수 사항이며 IRB의 승인도 요구된다. 이러한 「개인정보보호법」과 「의료법」, 「생명윤리법」 등 관련 법률들 간의 관계와 충돌 상황에 대해서 개인정보보호위원회와 보건복지부는 보건의료 데이터 활용 가이드라인을 제정하여 유권해석을 내리고 있다.[203]

가이드라인에서는 개인정보보호법상의 가명처리가 생명윤리법상의 익명화에 포함되는 것으로 해설하면서, 의료기관에서 진료목적으로 수집된 의료 데이터 등을 「개인정보보호법」 상의 가명처리를 통해 연구목적 등으로 이용하려는 경우에는 연구대상자 등에 대한 기존의 자료나 문서를 이용하는 연구로 간주하고, 기관 차원에서 가명처리가 확인된 경우 IRB 심의 및 연구대상자의 서면 동의를 면제할 수 있다고 해석하고 있다.

그런데 이러한 유권해석에도 불구하고 「생명윤리법」 조문

---

[203] 개인정보보호위원회·보건복지부, 「보건의료 데이터 활용 가이드라인」, 2020.9. 33쪽, 56쪽.

체계의 해석상 「생명윤리법」의 익명화는 무조건 IRB 심의나 연구대상자의 서면 동의를 면제하기 위한 요건이 아니라, 연구대상자의 개인정보나 인체유래물에 관한 연구에서 연구대상자와 공공에 미치는 위험이 미미한 경우에는 IRB가 심의 면제를 판단할 수 있다는 것이다(생명윤리법 제15조 제2항, 동법 시행규칙 제13조). 따라서 법률 간 정합성의 해결을 위해서는 「생명윤리법」상 익명화의 의미와 보건의료 데이터의 합법적 사용 방안이 조문상으로도 명확할 필요가 있다. 따라서 「생명윤리법」의 익명화 조항과 IRB 심의 등의 관련 조항이 「개인정보보호법」의 가명처리 조항에 부합하도록 개정되어야 한다.

데이터에 대해 또 하나 고려해야 할 점은 보안의 문제다. 데이터의 보안을 강화하고 체계적으로 관리하도록 블록체인 기술을 이용하는 등 사이버 안보 대책이 필요하다. 사물인터넷을 이용해서 인공지능 의료 장비에 실시간으로 정보가 수집되는 경우, 또는 해킹이나 오작동 등의 사이버 사고 발생을 미연에 방지하기 위해서는 네트워크와 정보 시스템의 보안 기준을 강화하는 사이버 안보 조치가 반드시 필요하다.

환자 자신에게 모든 의료 데이터의 소유권을 부여하여 스스로 데이터에 접근하고 활용 여부를 결정할 수 있도록 하는 마이데이터My data 접근법도 고려해야 한다. 예컨대 병원에서 엑스레이를 찍고 혈액 검사를 하면 그 결과인 엑스레이 사진과 혈액 검사 결과 등의 데이터는 병원에 보관된다. 검사 항목, 진단과 처방 기록은 건강보험공단으로 전달되지만, 현재 제도상으로는 정작 데이터의 주인인 당사자가 본인의 의료 데이터를 요구할 수 있는 방법이 없다. 이제까지는 의무기록으로 요청해서 받을 수 있는 CD 이외에, 환자가 본인의 의료·건강 관련 데이터를 체계적인 디지털 형태로 확보하기가 곤란하다. 이 데이터를 모두 개인에게 귀속시키자는 주장이 마이데이터 개념으로서, 이제까지 공법적으로는 개인정보자기결정권을 비롯하여 데이터의 인격권적인 성격을 인정해 왔다면,[204] 마이데이터는 데이터의 소유권을 적극적으로 인정하고 활용할 수 있도록 하는 것이다.

대통령 직속 4차산업혁명위원회는 2018년 6월 '데이터 산업 활성화 전략'을 발표하면서 데이터 이동제도 패러다임 전환을 제시하였다. 이는 정보주체 중심의 데이터 소유권을 강조한 것으로, 개인정보자기결정권에서 인정되는 정보주체 본인의 데이터에 대한 열람, 정정, 수정 요구에 더하여 본인 데이터를 디지털화된 기계 판독이 가능한 형식으로 수령할 수 있는 권리와 다른 개인정보처리자에게 본인의 개인정보를 이전하도록 요구할 수 있게 하는 등 데이터의 소유권적 권리성을 인정하는 것이다. 우리 개인정보보호법에서는 이러한 권리를 명시하지 않지만 유럽의 일반정보보호규정 GDPR에서는 데이터 이전에 대한 권리를 명확히 하고 있다.[205]

개인은 일상에서 엄청난 양의 다양한 생체 데이터와 건강 상태 관련 데이터를 만들어 내게 되는데, 이 생체 데이터 및 의료기록 데이터를 필요로 하는 기업이나 기관에 넘겨주고, 그 기업이나 기관에서 개발한 운동, 건강 모니터링, 의료 추천 앱 등의

---

[204] 엄주희, 「코로나 통제에 따른 기본권의 제한과 국가의 역할」, 『법과 정책』, 26(3), 제주대학교 법과정책연구원, 2020, 56~57쪽.

의료와 건강 관련 서비스를 제공받을 수 있다. 이 경우 개인들이 자발적으로 개인정보 제공에 동의한 것이므로 개인정보나 프라이버시 침해 문제에서 자유로워지고, 소비자 입장에서는 대가를 받으며, 기업이나 기관은 데이터를 합법적으로 확보할 수 있게 된다.

감염병 발병의 진단과 예측 시스템을 구축하는 경우와 같이 빅데이터가 필요한 분야에 개개인들이 자발적으로 데이터를 제공하게 된다면 개개인이 공중보건 시스템의 협력자로서 공중보건 향상에 기여한다는 의미도 가질 수 있다.[206] 인공지능기술을 공중보건에 활용한 실례로는, 미국의 경우 개개인이 자발적으로 동의하여 웨어러블 형태의 기기를 통해 수집된 생체 데이터를 모니터링하여, 코로나 바이러스 같은 감염병 질환의 발병 트렌드를 파악하고 대응하는 공중보건 감시 방식에 활용한 사례 등이 있다.

우리나라는 전 국민을 대상으로 국민건강보험제도와 건강검진 서비스제도를 운영하고 있으며 주요 대학병원을 중심으로 전자의무기록 시스템Electronic Medical Record, EMR이 운영되고 있

---

[205] GDPR Article 20(Right to data portability) 1. The data subject shall have the right to receive the personal data concerning him or her, which he or she has provided to a controller, in a structured, commonly used and machine-readable format and have the right to transmit those data to another controller without hindrance from the controller to which the personal data have been provided.

[206] "Scripps Research invites public to join app-based DETECT study. "leveraging wearable data to potentially flag onset of viral illnesses." *Scripps Research*, March 25, 2020, https://www.scripps.edu/news-and-events/press-room/2020/20200325-detect-study-viral-illnesses.html (최종검색일 2020.6.1.)

으므로 병·의원 이용내역, 건강검진 결과, 건강검진 가입자의 암등록 등 질병정보, 의료급여 자료 등의 의료정보 데이터가 풍부하게 확보된다는 점이 데이터를 이용한 의료 시스템을 구축하는 데에는 유리한 점으로 꼽힌다. 그동안 국민건강보험공단, 건강보험심사평가원, 보건복지부 등의 기관을 비롯한 의료기관들 간의 데이터가 표준화되어 있지 않고 데이터의 공개가 미약하며, 기관 상호 간 데이터의 교류가 미미하다는 점이 데이터를 통합적으로 관리, 활용하는 데 걸림돌이라고 지적되어 왔다. 그러나 2016년부터 기관들의 협력으로 건강보험 빅데이터 활용 협의체가 발족되었다.[207] 희귀질환자의 의료정보를 수집하는 것을 시작으로 국민의 유전정보 데이터를 수집하여 빅데이터를 구축하는 '국가 바이오 빅데이터 구축 시범사업'도 진행 중이기 때문에[208] 향후 인공지능 기술을 적용하여 환자 맞춤형 질병 예측과 치료 방식으로 발전할 기반이 형성되고 있다고 보인다.

(2) 평등의 원리: 공정성과 불평등 해소 과제

인공지능 기술이 유발할 수 있는 부작용은 사회의 불평등 문제가 발생할 수 있다는 것이다. 구체적으로 의료 영역의 건강 불

---

[207] 보건복지부 보도자료, 「건강보험 빅데이터, 누구나 편리하게 이용할 수 있게 된다」, 보건복지부, 2016.8.29.
[208] 질병관리청 국립보건연구원의 국가 바이오 빅데이터 구축 시범사업 소개, http://www.nih.go.kr/contents.es?mid=a40510010100 (최종검색일: 2020.11.30.)

평등 문제를 들여다보자.

건강 불평등은 사회·경제·제도·정치적인 구조와 자원분배가 불평등함으로써 발생하는 건강 격차로서, 불필요하고 피할 수 있는, 불공정하고 부당한 건강 수준의 차이라고 정의된다.[209] 헌법상 평등의 원리와 보건에 관한 권리, 이에 따른 국가의 의무는 국민에게 보건의료 체계와 공중보건시설에 대한 접근성을 형평성 있게 보장하고, 보편적인 건강을 누릴 수 있는 기반을 마련해야 하는 과제로 귀결된다.[210] 그런데 의료 빅데이터에 의한 인공지능 의료가 발달하면 개인의 생명과 건강에 대한 예측이 정밀화될 수 있으므로 새로운 운명론으로 생명 결정론이 지배할 수 있고, 이에 따라 각 개인을 평가하고 차별화, 서열화하여 생명 불평등이 심화될 수 있다는 부정적인 전망이 있다.

인공지능 의료가 유전적 결함과 한계를 극복할 수 있는 의료기술로 발전하면서, 이러한 인공지능 의료기술이 보편적으로 적용되지 못하고 한정되고 값비싼 의료를 누릴 수 있는 재원을 가진 사람만이 향유할 수 있게 된다면 건강 불평등은 심화될 수 있다. 의료 인공지능의 혜택을 받기 위해 고액의 비용이 소요된다면 지불 능력이 없는 취약층에게는 무용지물이고 건강 불평등을 더 심화하는 요인이 될 수 있다. 생명 양극화 내지 생명 불평등이라는 비판과 문제가 제기되는 이유이다. 경제적·사회적

---

[209] 유승현·김동하, 「건상불평능과 지역사회 건강증진: 국가건강증진계획 사례비교」, 『보건교육건강증진학회지』, 34(2), 2017, 2쪽.

[210] 엄주희, 「코로나 팬더믹 사태(COVID-19)에서 빅데이터 거버넌스에 관한 공법적 고찰」, 『국가법연구』, 16(2), 2020, 11쪽.

지위를 가진 자들에게 의료 인공지능의 혜택이 편중되지 않고, 의료 서비스 취약층에게 우선 개발·보급되도록 하는 방안이 필요하다.

「지능정보화 기본법」은 지능정보기술 이용에 있어서 모든 구성원에게 공정한 기회가 주어지도록 노력해야 한다는 기본원칙(제3조)을 밝히고, 국가와 지방자치단체가 불평등 해소하기 위해 노력해야 한다는 책무도 명시하고 있다. 정보 격차를 해소하기 위한 종합계획을 수립(제6조 제4항 9호, 제45조)하고, 고령인구와 장애인에게 적용될 서비스의 접근성과 이용 편익을 제고하기 위해 노력(제46조 제2항)하도록 하는 정도의 규정을 두고 있다. 이러한 내용을 정책적인 지향점으로 삼고 있는 점은 좋으나, 불평등 해소를 위해 노력해야 한다는 정도의 권고 내지 목표를 상징하는 정도의 규정이다 보니 실효성을 담보할 수 있는 방안이 필요하다는 점은 과제이다.[211]

또한 잠재적으로 예측되는 차별 문제로는 첫째로, 인공지능 기술로 개인의 의료 데이터를 분석하여 생애 의료비용이 많이 들 것으로 예측되는 대상자를 잠재적으로 분류하고 보험에서 배제하거나, 보험료를 차등 적용하여 고액을 부과하는 방식으

---

[211] 엄주희, 「국가윤리위원회의 법적 지위와 뇌신경윤리 활동 고찰: 뇌신경윤리 거버넌스에 주는 시사점」, 『법과 정책』, 25(1), 제주대학교 법과정책연구소, 2019, 192~194쪽. 신경과학 기술의 윤리적, 법적 영향을 검토한 보고서로 미국의 "Gray Matters 2(http://www.bioethics.gov)"에서도 신경과학 연구에 장애인과 같은 취약층의 윤리적인 참여를 권고하고 있다. 인공지능과 신경과학과 같은 첨단 기술에 대하여 미국의 경우 정부가 주도하여 정책적인 방향과 계획을 추진하는 반면, 우리는 입법을 통해서 이러한 정책 사항을 명시하고 있다는 점이 다른 점이다.

로 차별이 일어날 수 있다. 둘째, 인공지능 기술의 딥러닝을 위한 학습 데이터가 편향됨으로써 발생하는 차별 문제가 있다.[212] 셋째로는 인공지능 의료를 활용하는 능력의 차이에서 발생하는 차별이다. 이것은 본인의 기술 친숙도나 사회경제적 지위에 따라 장애인, 고령자, 만성질환자 등에 적용되는 인공지능 의료 기술에 대한 인식과 수용 태도, 활용도에 영향을 받게 됨으로써 발생한다. 예컨대 누구나 접근할 수 있는 신의료기술에서도 적극적 사용자, 수동적 사용자, 반항적 사용자로 활용 태도와 인식이 구분된다. 이러한 사용자의 태도와 인식, 사용자의 사회경제적 지위는 치료 관리 기술을 받아들이고 활용하는 데 영향을 미치고, 건강 불평등이 발생하는 기전으로도 작용할 수 있다.[213] 교육 수준이나 사회적 지위, 기술의 친숙도 등에 따라서 새로운 의료기술을 따라가지 못하고 좌절, 모멸감, 무력감을 느끼면서 기술의 낙오자가 될 수 있다는 것이다. 따라서 단순히 첨단 기술을 본인의 취향에 따라 사용할 것인지를 고르는 선택의 문제가 아니라, 치료에 필수적인 기술을 사용하지 못해서 발생하는 건강 불평등이 없도록, 기술 개발과 기술의 활용 서비스 구현에

---

[212] Terry, Nicolas. "Of Regulating Healthcare AI and Robots." *Yale Journal Of Law and Technology*, 21(3), 2019, p. 49 ; 김형수 외 5인, 「인공지능 시대, 보건의료 미래 전망」, 『의료정책포럼』, 15(1), 대한의사협회 의료정책연구소, 2017, 89쪽.

[213] Øversveen, Emil. "Stratified users and technologies of empowerment: theorising social inequalities in the use and perception of diabetes self-management technologies." *Sociology of Health & Illness*, 42(4), 2002, pp. 862~876. 노르웨이에서 2018년에 수행된 실증 연구로서, 당뇨병 자가관리를 돕기 위해 개발된 연속혈당측정기와 인슐린 자동주입기를 사용하는 제1형 당뇨환자 24명을 대상으로 신의료기술 사용의 인식과 활용 차이를 보여 주었다.

서도 첨단 기술에 친숙하지 않은 사용자를 고려해야 한다. 이를 인공지능 의료 리터러시literacy라고 칭할 수 있을 것이다.

이와 같이 보험과 기술 면에서 의료 서비스 접근성의 차이와 인공지능 의료 리터러시의 격차로 건강 불평등이 발생하게 되므로, 이러한 차별을 예방하는 것도 공법적 과제의 범위에 포함되어야 한다.

(3) 인공지능 로봇세 논의와 사회보장

인공지능 로봇이 인간의 일자리를 대체하게 되면 실업자가 늘어나 인간의 경제활동이 어려워질 수 있다. 이러한 미래의 상황을 대비하기 위해 논의되는 것이 '로봇세'이다. 실업자가 늘어나면 세금을 내는 국민은 줄어들고, 실업자를 구제해야 하는 정부가 사용할 수 있는 재원도 줄어든다. 세금을 써야 할 곳은 늘어나는데 납세할 인원은 줄어드는 악순환에 빠지게 되면서, 사회의 지속가능성은 위험에 빠지고 사회 불안이 가중될 수 있다.

이러한 사회 문제를 해결하기 위하여 유럽연합 의회European Parliament는 2017년 특별 보고자인 매디 델보Mady Delvaux가 작성한 보고서를 통해 로봇세를 제안하였다.[214] 이 보고서에서 매디 델보는 전 세계적으로 170만 대의 로봇이 보급되어 있는데

---

[214] Rapporteur: Mady Delvau, REPORT with recommendations to the Commission on Civil Law Rules on Robotics (2015/2103(INL)) Committee on Legal Affairs (Initiative – Rule 46 of the Rules of Procedure), 2017.1.27.

도 아직 적절한 규제가 이루어지지 않고 있다고 지적하면서, 로봇의 법률적 성격과 활용 방안 등 로봇의 전반적인 활용에 관한 규정을 요구하면서 로봇의 책임성을 거론하였다. 또 로봇세와 기본소득의 도입에 관해서도 언급한다.[215] 이에 유럽연합 의회는 로봇에게 특수한 권리와 의무를 가진 전자인간의 지위, 이른바 '전자 인격Electronic Personhood'을 부여할 수 있다는 결의안을 채택하였다.[216]

그러나 이 결의안은 지능형 인공지능 로봇에 대해서는 인격을 부여하며 책임을 설정하고 있지만, 로봇에 대한 권리 부여는 언급하지 않는다. 그 이유는 법인이 그 자체로 인격을 부여받을 만한 가치가 있어서가 아니라 일정한 필요에 의해 법인격이 부여된 것과 동일한 원리로, 인공지능 로봇으로 인해 발생한 문제들을 해결하는 도구로서 선택한 것이기 때문이라고 매디 델보의 보고서에서 설명하고 있다.

2017년 미국 마이크로소프트사의 공동창업자인 빌 게이츠도 온라인 매체인 콰츠Quartz와의 인터뷰에서 인간의 직업을 대신하는 로봇에 대해, 그 로봇의 사용자에게 인간 소득세 수준의 세금을 부과해야 한다고 하면서 로봇세에 관한 화두를 던진 바 있다.[217] 로봇을 보유하고 사용하는 것에 대한 세금을 부과하여 사람의 일자리를 대체하는 속도를 완화하고, 여기서 얻은 세금

---

[215] "유럽연합 의회, 로봇세·기본 소득 찬반 논란-17일 '매디 델보' 보고서 투표 예정." 로봇신문, 2017.12.16.
[216] 2017.2.16. 유럽연합 의회는 총회에서 '로봇공학의 민사법 규칙에 관한 권고안 (Draft Report with Recommendations to the Commission on Civil Law Rules on Robotics)'에 관한 결의안을 채택하였다.

수입은 실업자를 위한 사회 안전망 강화에 사용해야 한다는 내용이 핵심이다.

세금 부과의 근거는 헌법과 법률에서 나온다. 국가의 최고 규범인 헌법에서는 세금의 종목과 세율을 법률로 정하도록 하고 있다. 국가 세금, 즉 조세는 국가나 지방자치단체가 재정수입을 확보하기 위해 국민, 주민 또는 납세의무를 부담할 만한 사정이 있는 자에 대하여 반대급부 제공 없이 강제적으로 부과하는 금액이다. 국가나 지방자치단체는 재정수요의 충족, 소득의 재분배, 자원의 적정 배분, 경기 조정 등의 기능을 위해 법률로 정해진 적절한 세금의 종류와 세율에 따라 거둬들인 세금을 관리하게 된다.

인공지능 로봇에 세금을 부과하는 방안은 두 가지로 예시해 볼 수 있다. 첫째, 인공지능 로봇이 발생시키는 부가가치에 대한 세금으로서, 인공지능 로봇을 부가가치를 창출하는 독립적인 경제활동의 주체로 인정하는 것이다. 현재 무인자동판매기의 경우에는 부가가치세법 시행령 제8조의 사업장의 범위에 관한 표에 의거하여, 무인자동판매기를 통해 재화와 용역을 공급하는 사업의 경우에는 이 사업에 관한 업무를 총괄하는 장소를 사업장으로 명시하고 있다. 이에 따라서 무인자동판매기가 위치한 장소를 사업장으로 보고 각 무인자동판매기마다 사업자 등록번호를 부여하여 세금을 부과하고 있는데, 이와 같은 원리

---

217 "the robot that taxes your job should pay taxes, says Bill Gates." *Quartz*, 2017.2.18., https://qz.com/911968/bill-gates-the-robot-that-takes-your-job-should-pay-taxes (최종검색일 2022.12.1.).

를 인공지능 로봇에도 확대할 수 있다. 둘째로는 인공지능 로봇을 재산으로 간주하여 재산세를 부과하는 것이다. 현재 지방세법 제104조에 따른 재산세 대상으로는 토지, 주택, 건축물, 선박, 자동차가 있는데, 인공지능 로봇도 재산세의 대상에 포함하는 방법이다.

로봇세와 같은 세금 부과와 동시에 인공지능 기술의 활성화로 일자리가 부족해진 사회에 대한 대응책으로, 사회안전망 강화를 위해 논의되는 것이 기본소득이다. 한국에서는 인공지능 기술을 포함한 4차 산업혁명 기술의 여파로 일자리 소멸과 그에 따른 중산층 붕괴의 가능성이 제기되면서, 중산층을 포함한 모두에게 기존 사회안전망을 확대하는 보편적 복지로서 논의되고 있다. 국가가 소득수준을 고려하지 않고 모든 국민에게 동일한 액수의 소득을 지급하는 것이 국가소득 보장제도인데, '기본소득' 정책의 도덕적 정당성에 대한 논란과 함께 안정적 소득 제공이라는 정책에 실효성이 있는지에 대해서도 의견이 엇갈린다.[218]

경기도는 많은 논란과 이견 속에서 실험적으로 국가소득 보장제도 정책을 시작한 바 있다. 2019년부터 「경기도 청년 기본소득 지급 조례」에 의거하여 경기도 내에 주민등록을 두고 3년 이상 거주한 24세 청년에게 연간 100만 원을 지역화폐로 지급하는 것이다.[219] 「사회보장기본법」 제26조에 따라 지방자치단체가 사회보장제도를 신설하기 위해서는 보건복지부와 협의를

---

[218] "[기본소득 실험] 로봇세 의견 확산…글로벌 기업들도 가세." 뉴시스, 2017.11.15.

완료해야 하기 때문에, 2016년에 경기도는 보건복지부와 청년 기본소득의 신설 협의를 마치고 「경기도 청년 기본소득 지급 조례」를 제정, 공포하여 시행 근거를 마련한 것이다. 포퓰리즘 정책이라는 비난과 부작용에 대한 논란이 따르기도 했지만, 인공지능 기술로 대표되는 4차 산업혁명이 선도하는 미래 사회의 사회보장 방향과 관련되어 있다는 점에서, 이 실험적인 사회보장제도가 앞으로 어떻게 전개될지 주목받고 있다.[220]

---

[219] 경기도 청년기본소득, https://www.gg.go.kr/contents/contents.do?ciIdx=1037&menuId=2736 (최종검색일: 2022.12.1.)

[220] 이성우·정성희, 「4차 산업혁명에 따른 정치 패러다임의 변화: 시민사회, 정부, 국제관계에 대한 영향」, 『경기연구원 기본연구』, 2019, 138쪽.

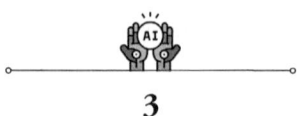

3

알고리즘과 법

(1) 전제로서 디지털 신뢰의 구축[221]

법질서의 신뢰성은 자유를 행사하기 위한 기본적 전제 요건이다. 자신의 행위가 나중에 불이익의 결과로 연계되지 않으리라고 믿을 수 있는 자만이 자신의 자유권을 꺼리지 않고 행사한다. 국민이 디지털 행정서비스를 요구하고 행정과 디지털로 의사소통하려는 마음을 먹기 위해서는 디지털 행정에 대한 신뢰가 그 요건이다. 인공지능이나 사물인터넷과 같은 디지털화의 공세가 행정에서 성공을 거두기 위해서는 잠재적 이용자, 즉 국

---

[221] 김중권, 「행정에 인공지능시스템 도입의 공법적 문제점」, 『법조』, 제740호, 2020, 67~68쪽.

민의 수용이 중요하다. 소위 디지털 신뢰Digitales Vertrauen를 구축하는 것이 핵심적인 정책상의 요청이다.

신뢰 개념은 상대방이 어떻게 행동할 것인가에 관한 일정한 기대를 나타낸다. 국가와의 관계에서 국민은 국가의 결정이 맞다고, 즉 법과 법률의 구속하에 발해졌다고 믿는다. 상호 의사소통의 과정이 신뢰를 형성하게 하는데, 조직체와 합리적인 결정절차가 더해짐으로써 신뢰의 수준 역시 제고된다. 그런데 행정의 디지털화는 신뢰 형성의 요인을 변화시킨다. 공공사물인 터넷의 예가 보여 주듯이 디지털화된 국가는 국민 개개인을 전통적인 행정조직체와는 다르게 온라인으로만 상대한다. 사람이 행한 결정의 타당성에 관한 신뢰가 기술적으로 만들어진 결정의 타당성에 관한 신뢰로 바뀐다.

성공적인 디지털 정책은 국민의 신뢰에 좌우된다. 특히 정부에 대한 국민의 신뢰도가 관건이다. 기계가 행하였으므로 실수가 있을 수 없다는 인식은 정부 신뢰도가 높지 않은 상황에서는 매우 위험하다. 국민을 국가권력의 단순한 대상으로만 보기 때문이다. 기계가 행하였기에 실수가 있을 수 있다. 디지털 시대를 맞이하여 공동체 전체의 신뢰 문제를 새롭게 시급하게 검토할 필요가 있다.

다양한 디지털 현상은 거의 모든 기본권과 관련이 있다. 기본권 논의의 초점은 데이터 보호와 IT-안전성의 측면에 맞추어져 있으며, 법정책적으로 논의되는 것이 헌법에 수용되어야 하는지의 여부이다.[222] 디지털화의 새로운 가능성과 문제 상황에 직면하여 다음의 두 가지 물음이 제기되는데, 첫째는 기본권의 보호영역 및 제한유보가 견지되는 것인지의 여부와 그것이 어느 정도로 견지되는지이고, 둘째는 지금의 수준을 넘어선 전개가 필요한지의 여부와 어느 정도로 필요한지이다.[223] 유럽연합의 기본권 헌장 제8조는 개인 데이터의 보호Schutz personenbezogener Daten를 규정하고 있지만,[224] 우리 헌법은 이런 디지털 기본권을 직접 규정하고 있지 않으므로 현행의 기본권 및 기본권 이론의 차원에서 헌법적 모색을 할 수밖에 없다.

헌법의 원칙적인 발전의 개방성을 인정하면, 헌법규범을 현실과 관련해서 동적으로 해석하고 도그마틱(법리)적으로 계속 발전시키는 것이 가능하다. 규범의 강령적인 본지와 문화적, 사회적, 정치적, 경제적, 기술적, 생태적인 기본조건 간의 상호작용을 고려할 때, 그때그때 헌법규범을 어떻게 해석해야 하는가의 물음이 제기될 수밖에 없다. 효과적인 기본권 보호의 의미에서 역동적인 헌법해석과 헌법도그마틱(헌법법리)이 결과적으로 실체적인 헌법 변천을 가져다줄 수 있다. 그리고 헌법재판소의 판결에서 기본권의 혁신Grundrechtsinnovationen이 생겨난다.[225]

---

[222] Bull, Der, 'digitale Staat' und seine rechtliche Ordnung. ZRP 2015, S.98(100).
[223] Hoffmann, Luch, Schulz, Borchers, Die digitale Dimension der Grundrechte, 2015를 참조하라.
[224] ① 모든 사람은 자신의 개인 데이터의 보호에 관한 권리를 가진다. ② 이런 데이터는 오로지 신의에 의해서만 확정된 목적을 위하여 그리고 관련자의 동의와 함께 또는 그밖의 법률적으로 규정된 정당한 근거에 기하여 처리될 수 있다. 모든 사람은 자신과 관련하여 수집된 데이터에 관한 정보 제공을 받을 권리와 데이터를 정정하도록 하게 할 권리를 가진다. ③ 이들 규정의 준수는 독립기관에 의해서 감시된다.

독일 연방헌법재판소는 2008년에 온라인수색 판결Urteil zur Online-Durchsuchung에서 일반적인 인격권의 구체화로서 새로운 기본권 형상, 즉 '정보기술 시스템의 신뢰성과 무흠결성의 보장에 관한 기본권das Grundrecht auf Gewä hrleistung der Vertraulichkeit und Integritä t informationstechnischer Systeme'을 만들었다.[226] IT 기본권은 시원적으로 법원에 의해 혁신적으로 만들어진 것이다. 자유권은 물론, 국가구조원리는 다양한 신뢰 요소를 담고 있으며, 개별 기본권은 특히 신뢰성의 측면을 특별한 신뢰 내용으로 고려한다. 하지만 우리의 경우에는 이런 논증이 통용되기 어렵다. 왜냐하면 우리의 경우 판례와 통설이 신뢰 보호의 원칙을 개별 기본권에서 도출하지 않고, 법적 안정성의 원칙에서 도출하기 때문이다.[227] 따라서 행복추구권과 인간 존엄성에서 도출된 일반적 인격권이 소위 디지털 기본권으로 진전되도록 한 다음, 일반적 인격권의 차원에서 정보기술시스템의 신뢰성과 진실성의 보장에 관한 권리가 정립되어야 한다.

결론적으로 일반적 인격권의 핵심적 내용인 개인정보 자기결정권에 더해서 정보기술 시스템의 신뢰성과 진실성의 보장에 관한 권리가 추가되어야 한다. 한편 독일의 슐레스비히홀스

---

[225] 대표적인 것이 객관법적 기본권의 본지를 인정해하여 기본권의 보호 방향을 공법 영역을 넘어 사적 영역으로 확대한 1958년의 뤼트 판결(Lüth-Urteil: BVerfGE 7, 198)이다.
[226] BVerfGE 120, 274. 종종 IT 기본권이라 일컫는 이 기본권의 전개는 문헌에서 정보의 자기결정권과는 구분되어 진행되었는데, 일부는 비판적이고, 일부는 긍정적으로 평가한다.
[227] 김중권, 『김중권의 행정법』, 법문사, 2023, 62쪽 이하.

타인Schleswig-Holsteinisches주 헌법 제14조와[228] 제15조는[229] 디지털 기본서비스[230]의 공급 및 그에 대한 참여에 관한 청구권과 시민의 디지털 사적 영역의 보호와 같이 매우 자세한 보완적 권리를 담고 있다.

신뢰의 문제를 행정의 차원에서 고찰할 수도 있다. 우선 책임명료성의 원칙, 중복행정의 금지 및 좋은 행정원칙의 정립이 필요하다. 신뢰 형성의 중요한 요소는 신뢰성, 무흠결성, 데이터의 보호[231]인데, 이들은 의사소통의 차원에서 국민과 국가 간 신뢰관계의 일부만을 나타낸다. 즉, 직무담당자인 공무원 개인이 신뢰 조성을 위하여 어떻게 해야 하는지에 초점을 맞춘다. 그런데 법치국가원리와 민주주의 원리는 행정조직의 구축을 위한 기본 언명을 담고 있다. 이 두 가지 국가구조의 원리에는 책임명료성의 원칙Gebot der Verantwortungsklarheit이나 중첩행정의 금지 Verbot der Mischverwaltung가 존재한다. 책임명료성의 원칙 및 중

---

[228] ① 주는 그 자신의 권한의 범위 내에서 디지털 기본서비스의 구축·진전·보호 및 그에 대한 시민의 참여를 보장한다. ② 주는 그 자신의 권한의 범위 내에서 행정청과 법원에 대한 개인적인 문서상의 그리고 전자적 접근을 확고히 한다. 누구도 이런 접근을 불리하게 하여서는 안 된다.
[229] 주는 그 자신의 권한의 범위 내에서 시민의 디지털 사적 영역의 보호 역시 보장한다.
[230] 기본서비스(Basic service, Basisdienst)는 미국 연방통신위원회(FCC)에서 규제상 새로운 개념을 확립하기 위해 설정한 통신망 서비스 구분의 하나. 규제 대상 서비스로, 공중 통신 사업자에 의한 재래의 기본적인 정보, 즉 음성, 디지털 부호, 화상 등의 전송 기능을 제공하는 것을 말한다. [네이버 지식백과] (IT 용어사전, 한국정보통신기술협회)
[231] 데이터 보호와 IT-안전성을 위한 EU의 법적 규준에 관해서는 다음을 참조하라. Frenz. Industrie 4.0 und Datenschutz im fairen Wettbewerb. EuZW 2016, p. 121ff.

첩행정의 금지와 같은 분리원칙은 관할과 임무 영역의 상호관계에서 질서가 목표이다. 그리하여 입법자에 대해, 국가 결정의 디지털화를 내세워 불투명한 혼합행정의 성립요건을 만들거나 관할을 불분명하게 해서는 안 된다.[232]

그리고 행정조직의 기본전제는 좋은 행정의 원칙Gebot der guten Vrwaltung을 통해 보완된다. 유럽 기본권헌장 제41조는 '좋은 행정에 관한 기본권'을 규정하고 있는데,[233] '좋은 행정에 관한 기본권'의 사고는 EU법의 적용 범주를 넘어서 모든 회원국 내국법의 해석과 법 형성을 위하여 중요하다.[234] 그 결과 그것은 EU조약 제6조(기본권헌장과 유럽인권조약) 제3이 인정하는 불문의 기본권(회원국의 공동의 헌법전통에서 비롯된 것과 같은 기본권)으로 인정된다. 그래서 회원국은 EU법의 적용 범주에서 그것을 일반적 법원칙으로 준수해야 한다. 독일 헌법상으로도 동 원칙에는 입법자가 행정임무를 임무에 맞게, 그래서 좋게 조직해야 할 의무

---

[232] A. Berger, 앞의책, S.804(806). Schmitz/Prell 역시 자동화가 결코 책임의 모호화나 관할의 은폐를 초래해서는 안 된다고 강조한다(ders./ders., Neues zum E-Government. NVwZ 2016, S.1273(1276f.)).

[233] EU 기본권헌장 제41조(좋은 행정에 관한 권리) ① 모든 사람은 자신의 용무가 EU의 기관, 기구, 그리고 기타 부처에 의해 공평하고, 적합하게 그리고 상당한 기간 내에 처리되는 데 대한 권리를 갖는다. ② 이상의 권리에는 특히 다음의 권리를 포함한다: a) 자신에 대해 불리한 개별적 조치가 발해지기 전에 청문을 받을 권리, b) 은밀성과 직업·업무상의 비밀의 정당한 이익을 유지하면서 자신과 관련된 문서에 접근할 권리. ③ 모든 사람은 EU가 그 조직과 직원이 직무활동을 하면서 야기한 손해를—회원국의 법질서에 공통되는—일반적 법원칙에 따라 배상하는 데 대해 청구권을 갖는다. ④ 모든 사람은 EU의 조직에 대해 조약상의 어느 하나의 언어로 이의를 제기할 수 있으며, 동일한 언어로 대답을 받아야 한다.

[234] 상론은 김중권, 『EU 행정법연구』, 법문사, 2018, 59쪽 이하. 참고문헌: 장경원, 「EU법상 좋은 행정의 의미」, 『행정법연구』, 제25호, 2010, 273쪽 이하.

가 포함된다.235

다음으로 직무-인간을 위한 인터페이스Schnittstelle236를 살펴보자. 헌법 제25조의 공무담임권은 공직(관직)원리Amtsprinzip를 바탕으로 한다. 공직Das Amt은 사람이 수행할 임무영역에 속하는 가장 작은 조직상의 결정단위다. 공직은 사람 이전의 국가조직과 활동하는 사람 사이의 경첩으로 기능한다. 즉, 국가권력을 법으로 전환하는 장치가 공직이다.237 공무원은 인간적인 행정의 인터페이스라 할 수 있으며, 행정에 인간의 모습을 덧입힌다. 공직원리의 관점에서 국가에 복무하는 인간이 중심적인 신뢰의 닻(지주)에 해당한다. 해서 국가의 결정은 필연적으로 인간적 요소에 좌우된다는 것이 추정된다. 그것은 신뢰란 심리적 관점에서 인간 상호의 의사소통에 좌우되는 데서 비롯된다. 또한 실정화된 인간 언어로서의 법규는 수리언어나 프로그램처럼 매우 드물게 파악할 수 있기 때문에 그러하다. 그 구조에서 법규는 필수적 평가를 요건으로 하며 법 적용이 항상 결정Dezision이다. 당연히 포섭기계에 의해 재생산 가능한 하나의 바른 결정은 존재할 수 없다. 공직원리Amtsprinzip에 비추어 법은 항상 인간인 법 적용자에 좌우된다. 또한 민주적, 자유적 고려가 보완적으로 작용할 수 있다. 민주주의의 원리에 따라 국가와 사회 간

---

235 VerfGE 68, 1(86); 98, 218(252, 256).
236 이는 서로 다른 두 시스템, 장치, 소프트웨어 따위를 서로 이어 주는 부분 또는 그런 접속 장치를 말하는데, 사용자인 인간과 컴퓨터를 연결해 주는 장치인 키보드나 디스플레이 등이 해당한다.
237 다음을 참조하라. Isensee, Transformation von Macht in Rechtdas Amt, ZBR 2004, 3ff.

의 다양한 의사소통 과정은 조직화된 대화가 없으면 생기지 않는다.[238]

(2) 알고크라시: 알고리즘과 민주적 정당성의 문제

최근 학습능력이 있는 컴퓨터, 거대한 데이터 양과 향상된 알고리즘에 의거하여 '스마트' 정부와 행정을 위한 완전히 새로운 가능성이 생겨나고 있다. 아울러 인공지능 시스템에 의한 입법과 재판도 빈번히 논의되는데, 이미 법률서비스 영역에서 조만간 '리걸 테크'의 활용이 일상화될 것으로 예상하기도 한다.

인공지능 시스템은 국가규제의 대상일 뿐만 아니라 규제적 결정 과정에 이용되기도 해서, 그 자체가 우월적 행위조종의 모드가 된다.[239] 인공지능의 도입과 확산은 공법학에 심대한 화두를 제기하는데,[240] 희망과 기대가 높은 것에 비례하여 불안과 우려도 그에 못지않다. 이런 불안과 우려가 응축된 개념이 바로 알고리즘의 지배Algocracy, Algokratie에 대한 위협이다.[241] 알고리즘의 지배, 즉 알고크라시는 다름 아닌 디지털 지배Digitale

---

[238] Krebs, in: Isensee/Kirchhof (Hrsg.), HdBStR V, 3. Aufl. 2007, §108 Rn. 94.
[239] 이런 의미에서 독일 입법자는 행정절차법 제35조의 a를 이용하여 그 가능성을 열었다.
[240] 제4차 산업혁명시대에 따른 법적 대응이 어떠해야 하는지를 극명하게 보여주는 최근 문헌으로는 김남진, 「제4차 산업혁명시대와 중요 법적 문제」, 『학술원통신』, 제319호, 2020, 2쪽 이하; 「인공지능(AI)기술과 공법학의 변용」, 『학술원통신』 제321호, 2020, 2쪽 이하를 참고하라.

Herrschaft이다.**242** 알고크라시는 공공의 의사결정과정의 정당성 Legitimacy of Public Decision-Making Processes을 위협하는데, 그것에는 민주주의 시스템의 전통적인 원칙이 통하지 않으며, 컴퓨터 시스템이 사람을 대신하여 논거와 이해에 대해 접근할 수 없고 불투명한Opaque 방식으로 행위를 한다는 걱정이 배어 있다.[243]

법학적으로 이런 문제는 특히 사법私法의 분야에서 논의되었는데, 중점은 우선 책임의 관점에서 논의된 물음이다. 즉, 누가 그 결과를 완전히 예측하기 어려운 컴퓨터 시스템과 관련하여 책임을 지는가의 물음이다. 하지만 공법적 시각에서 이런 물음은 궁극적으로 정당화Legitimation의 물음에 의해 규정된다. 국가적 맥락에서 도입된 컴퓨터 시스템의 아웃풋은 정당화의 주체가 결정을 통해 충분히 정해져 있다는 의미에서 정당화의 주체에 귀속될 수밖에 없다.

국가권력의 행사는 관료제라는 아날로그 조직방식에 기반한 구조에서 이루어져 왔다. 인공지능 시스템은 사람의 인식 과정이 생략된 상황에서 사람을 대신하여 컴퓨터 시스템이 어떤 결정을 내리고 행위를 하는 것이어서, 분명 관료제라는 전통적인

---

241 Danaher. "The Threat of Algocracy: Reality, Resistance and Accommodation." *Philosophy & Technology*, 29, 2016, p. 245. 다나허 교수는 알고크라시를 컴퓨터 프로그래밍된 알고리즘을 바탕으로 조직화되고 구조화된 거버넌스의 특별한 일종으로 서술한다(p. 247).

242 알고리즘은 어떤 문제를 해결하기 위한 절차(과정)를 명확히 기술해 놓은 것이다. 알고리즘을 컴퓨터가 이해할 수 있도록 구체적 형태로 표현한 것이 프로그램이다. 알고리즘에 의한 행위조종에 관한 상론은 김중권, 「인공지능시대에 알고리즘에 의한 행위조종과 가상적 행정행위에 관한 소고」, 『공법연구』, 제48집 제3호, 2020, 287쪽 이하를 보라.

243 Danaher, *Philosophy & Technology*, 2016, 245(249).

정당화(정통성)의 구조와는 충돌한다.[244] 따라서 인공지능 시스템을 공공부문에 도입하는 데 있어서 먼저 검토해야 할 점은 다음의 두 가지 물음이다. 1) 다소간 자율적인 컴퓨터 시스템을 행정주체가 도입하는 것이 이런 범주에서 정당화될 수 있는지의 여부와 2) 디지털 지배의 시대를 위한 새로운 정당화를 구상해야 하는지 아닌지의 여부.[245]

현재 디지털화는 새로운 지배의 형식이 되어 가고 있는 것으로 보이며, 이런 현상은 이미 공적 영역에서 일어나고 있다. 알고리즘으로 생성된 의사결정의 응용 분야는 가히 무한하다. 포털에서 제공하고 있는 기사에도 인공지능이 이미 그 역할을 수행하고 있다. 기술 진보에 따라 인공지능의 도입과 그 잠재적 가능성은 인간의 고려가 필요한 거의 모든 삶의 영역에 미치고 있고, 우리 일상은 급속한 변화와 새로운 도전에 직면하고 있다. 행정 영역에서도 결정을 준비하는 데 유용한 도움을 주는 차원에서 예측 치안활동Predictive Policing이[246] 이미 공론화의 대상이 된 지 오래되었고, 이를 넘어 실제로 의사결정을 내리는 완전자동적 행정행위도 출현하였다.

---

[244] 상론은 김남진, 「행정의 민주적 정통화론」, 학술원통신, 제290호, 2017. 9.1., 9쪽 이하.

[245] S. Unger, Demoktratische Herrrschaft und künstliche Intelligenz, in: Unger/Unger-Stenberg(Hrsg.), Demoktratie und künstliche Intelligenz, 2019, 113ff.

[246] 사진 인식의 방법으로 가령 폭력행위가 감시카메라에 의한 녹화(촬영)에서 확인되어 바로 경찰에 통지될 수 있도록 하는 예측 치안(Predictive Policing)은 데이터 보호 및 과도한 국가 감시의 위험과 관련한 문제점을 제기한다. 한편 경찰은 미국 로스앤젤레스(LA) 경찰이 운영하는 범죄예측 프로그램인 '프레드폴(PredPol)' 시스템을 모델로 삼아 '한국형 인공지능 기반 범죄예측 시스템'을 개발할 방침이라고 한다(연합뉴스, 2019.9.6.).

'행정행위의 완전자동적 발급'을 내용으로 하는 독일 행정절차법 제35조의 a가[247] 신설되었고, 행정기본법 역시 그에 관한 근거 규정[248]이 명문화되어 있다.[249]

정치 현장에서도 인공지능에 의한 입법을 생각할 수 있다. 이미 오래전에 '소셜 봇Social Bot'과 '마이크로 타깃팅'Microtargeting이[250] 출현했다. 예를 들면, 정당의 인터넷 게시판을 소셜미디어를 기반으로 스스로 운용되도록 하여 자당에 유리한 댓글을 양산하여 여론을 호도할 우려가 있다. '좋아요'의 숫자로 해당 주제에 대한 일정한 정치적 입장이 대중에게 큰 지지를 얻고 있다는 인상을 자아낼 수 있는 것이다. 특히 선거 국면에서 소셜 봇을 통해 정당의 견해에 관한 여론을 특정한 방향으로 이끌고, 잠재적 유권자에게 의도적으로 가짜 뉴스Fake News를 제공하려고 한다. 국가 의사와 국민 의사의 상호 피드백을 보장하는 필

---

[247] 제35조의 a(행정행위의 완전히 자동화된 발급): 법규정에 의해 허용되고, 재량이나 판단여지가 존재하지 않는 한, 행정행위는 완전히 자동적 장치에 의해 발해질 수 있다.

[248] 제20조(자동적 처분) : 행정청은 법령으로 정하는 바에 따라 완전히 자동화된 시스템(인공지능 기술을 적용한 시스템을 포함한다)으로 처분을 할 수 있다. 다만, 처분에 재량이 있는 경우는 그러하지 아니하다.

[249] 독일의 완전자동적 행정행위에 관해서는 김중권, 「인공지능시대에 완전자동적 행정행위에 관한 소고」, 『법조』, 제723호, 2017, 146~182쪽. ; 이재훈, 「전자동화 행정행위에 관한 연구 : - 독일 연방행정절차법 제35조의 a를 중심으로 -」, 『성균관법학』, 제29권, 제3호, 2017, 143쪽 이하; 이재훈, 「전자동화 행정행위 도입 후 독일 행정절차법제 논의의 전개 양상」, 『공법학연구』, 19(4), 2018.

[250] 2016년 12월 스위스 잡지 『Das Magazin』은 공화당 진영이 전략적으로 최근의 미국 선거운동을 계기로 알고리즘적으로 도움을 준 '유권자 마이크로 타깃팅'에 의존하고 있음을 밝혔다. https://www.dasmagazin.ch/2016/12/03/ich-habe-nur-gezeigt-dass-es-die-bombe-gibt/

수적 연결(링크) 제도로서 정당의 헌법적 임무는—특히 선거 참여를 통해—정치적 의사를 형성하는 데, 또한 사회 여론의 흐름을 결집하고 관철하는 데 있다.

선거를 통해 민주적 정당성을 담보하는 핵심은 국민의 의사가 얼마나 굴절 없이 정당하게 반영되었느냐 여부이다.[251] '침묵의 나선 이론Schweigespirale'에 따르면 사람은 강한 의견에 덜 반대하거나 심지어 동조하는 경향을 나타낸다. 따라서 여기서 소셜 봇은 근본적으로 유권자의 자유의지와 정당의 평등한 기회를 위험에 빠뜨릴 수 있는 잠재성을 지니고 있다. 민주적 의사결정과정에 대한 사회적 신뢰를 보장하기 위해서는 소셜 봇의 사용에 투명성을 강화하는 조치가 필요하다. 가령 추상적으로 정당에 소셜 봇의 가동에 관한 정보를 제공할 의무를 부여하는 것을 생각할 수 있으며, 인터넷 게시판 이면에 있는 봇 프로파일을 표시할 의무를 부과하는 것도 생각할 수 있다.[252]

이와 같은 상황에서 국가권력을 행사하는 데 중요한 기본 전제로 요청되는 것이 민주적 정당화이다. 민주적 정당성의 요청은 국가권력의 주체로서의 국민과, 국가권력을 행사하는 국가기관을 연결하는 고리다. 민주적 정당성은 일반적으로 인적 정당성과 사물적-내용적 정당성을 통해 매개된다. 인적 민주적 정당성은, 국가권력을 행사하는 자가 자신의 임명 및 국가권력 행사에서 자신의 독립된 직무 담당이 정당성의 주체로서의 국민

---

[251] 헌재 1991.3.11. 91헌마21.
[252] Klaas, Demokratieprinzip im Spannungsfeld mit künstlicher Intelligenz, MMR 2019, S.84(89).

에게 되돌릴 수 있을 때 주어진다. 따라서 공직자는 선거에 의해 직접 선출되거나 국민에 의해 선출된 국가기관에 의해 임명됨으로써 인적·민주적 정당성의 요청을 충족한다. 인적 민주적 정당성의 차원에서 국민과 국가 임무를 맡은 기관과 담당자 사이의 정당성의 사슬은 단절되어서는 안 된다.[253] 민주주의와 법치국가의 원리는 민주적 정당성을 지닌 자연인에 의한 지배를 바탕으로 한다는 점에서, 국가권력 행사에 인공지능을 도입하는 것은 특히 인적인 민주적 정당성의 차원에서 당연히 문제를 불러온다.

민주적 귀속과 관련하여 디지털 지배는 여러 가지 문제를 발생시킨다. 대의제 민주주의는 그 기능방식에 비추어 지배(공권력)의 행사가 우선 국가기관에 대해서, 그리고 책임의 사슬을 통해 마지막으로 정당성의 주체에 대해 귀속될 수 있는 식으로 해석된다.[254] 이런 관점에서 대의제 민주주의는 귀속의 상관관계, 책임의 상관관계, 그리고 정당성의 상관관계이다. 이런 상관관계가 충분히 효과적이고 안정적일 때, 국가권력은 국민으로부터 나온다는 헌법 제1조 제2항의 명제가 구현된다. 그렇지 않으면 국가권력 및 그 행사는 헌법적 관점에서 위헌이 된다.[255]

이런 배경에서 고권주체에 의한 인공지능의 도입 및 그에 따른 상당한 수준의 자율적 컴퓨터 시스템의 도입은 귀속 등의 상

---

[253] BVerfGE 52, 95 (130); 68, 1 (88); 77, 1 (40); 83, 60 (72 f.)).

[254] Böckenförde, Demokratische Willensbildung und Repr sentation, in: Isesee/Kirchhof(Hrsg.), HStR Ⅲ, 3. Aufl., 2005, §34 Rn.16ff.

[255] Dreier, H. in: ders.(Hrsg.), GG Ⅱ, 3.Aufl., 2015, Art.20 Rn.84.

관관계의 차원에서 문제가 된다. 시스템의 아웃풋을 완결적으로 예상할 수 없어, 최후의 특정한 사람에게까지 책임이 귀속될 수 없기 때문이다.256 민주주의의 측면에서 알고리즘의 지배 문제는 민주적 귀속의 문제이다.257

과실책임주의를 바탕으로 한 현재의 책임도그마틱은 심각한 도전에 처한다. 특히 사법에서는 컴퓨터 도입에서 책임의 흠결 Verantwortungslücken 문제가 논의된다. 궁극적으로 과실책임주의를 바탕으로 한 귀속 체제가 근본적인 수정 보완이 필요한지의 여부가 논의된다. 지능형(초지능형은 아닌) 시스템이 '인간의 활동 영역'에 삽입된다는 점은 변함이 없다는 것이 일반적인 견해다.

이런 인간의 활동에 삽입되는 것이 수긍되면, 시스템의 행위(용태)가 전통적인 사법상의 귀속체제에 기초하여 (시스템의 제조자나 사용자와 같은) 자연인이나 법인에 대해 귀속된다는 주장은 충분히 가능하며 설득력이 있다. 하지만 사법 영역에서 책임귀속에 초점을 맞춘 이런 해결방안이 컴퓨터 시스템의 아웃풋이 민주적 정당성을 지니는지에 대한 물음을 직접적으로 해소하지는 못한다.

국가권력 및 국가활동은 민주적 정당성을 바탕으로 한다. 민주적 정당성은 귀속에 관한 까다로운 구상을 바탕으로 인정된다. 사법에서의 책임귀속자의 인정에서처럼 그 행위의 책임자

---

256 Wischmeyer, Regulierung intelligenter Systeme, AöR 143(2018), S.1(36).
257 디지털 코드의 민주화에 관해서는 다음을 참조하라. Boehme-Neßler, Algorithmen und Demokratie: Anmerkungen zur Digitalisierung des Verfassungsrechts, GewArch 2019, S.129(130f.)

가 밝혀질 수 있거나 법률상으로 규정되어 있다는 점으로는 민주적 정당성의 문제를 해결하는 데 충분하지 않다.[258] 오히려 역으로 컴퓨터 시스템의 행위가 모든 권력이 국민에게서 나온다는 의미에서 이런 책임자에 대해 귀속될 수 있어야 한다. 왜냐하면 책임 귀속의 본질적인 특성에서 컴퓨터 시스템의 행위가 책임자에 의해 정해져 있기 때문이다.

전통적인 정당성의 구조에서 이런 귀속의 상관관계는 우선 사물적·내용적 정당성의 차원에서—직접 민주적으로 정당화된 의회의 입법자에 의한—추상적·일반적 규율로서의 법률과, (행정부와 개개의 집행부서 사이에 존재하는) 수직적 감독 지시의 관계에 의해서 만들어진다.[259] 컴퓨터 시스템의 결정이 정당성의 주체와 국가적 대표자에 의한 조종을 면하는 경향이라는 점을 용인할 수밖에 없다. 따라서 상당한 수준의 자율적 컴퓨터 시스템은 이런 귀속 아키텍처Zurechnungsarchitektur를 요구한다고 하겠다.

새로운 조직유형으로서의 디지털화의 과정에서 컴퓨터 시스템에 의한 알고리즘적 조종이 관료제와 시장이라는 전통적인 조직유형과 병행한다는 조직론적 전제는 큰 도움이 된다. 민주주의에 관한 특별한 독일적 이해는 그것을 귀속·책임·정당성의 상관관계로서 접근하는 데 있다. 이런 접근은 전적으로 관료제의 조직 유형에 바탕을 둔다.[260] 관료제의 조직 유형에서—우선은 행정의 분야에서— 공권력 행사의 지배 메커니즘은 조건적

---

[258] Unger, 앞의 글, S.113(119).
[259] Böckenförde, 앞의 글, §34 Rn.21f.

으로 구조화된 규범적 프로그램에 강하게 복속된다. 그리고 위계, 감독, 공백 없는 지시라인이 그 특징이다.

컴퓨터 시스템에 의한 알고리즘적 조종은 일견 관료제의 조직 유형과 유사성을 보여 준다. 사실상 고권적인 결정 아키텍처 Entscheidungsarchitekturen에 컴퓨터 시스템을 결합할 경우 추상적, 일반적 규율을 이진법 코드에 이전하고, 이어서 사람이 아니라 기계가 처리할 것이다. 그러면 알고리즘에 의한 조종은 사실상 어느 정도 '관료제의 소프트웨어 버전'이[261] 될 것이며, 그리하여 쉽게 전통적인 귀속·정당성의 아키텍처에 통합될 것이다. 이 경우에 사람이 규칙을 집행하는 것보다 기계에 의한 규칙 집행이 더욱 탁월할 것이다. 왜냐하면 기계가 규칙을 집행하는 경우에는 사람들이 종종 범하는 것처럼 비합리적인 고려를 하지 않기 때문이다.

그렇지만 이런 호평에는 편견 배제의 이점에 못지않게 중요한 번역의 문제가 간과된다. 법률과 코드는 공통의 메타언어[262]

---

[260] 일찍이 막스 베버는 관료제 행정을 가장 합리적인 지배·조직형성의 형식으로 분류하였다(Max Weber, Wirtschaft und Gesellschaft-Soziologie, in: Baier(Hrsg.), Max Weber-Gesamtausgabe, Abt. I Bd.23, 2013, S.463.). 관료제(Bürokratie, Bureaucracy)란 명칭을 창안한 그의 견해에 의하면, 궁극적으로 기계처럼 작동하기에, 관료제 행정은 순전히 기술적으로 최고도로 완전하게 될 수 있으며, 그래서 특히 대량 행정에서는 포기할 수 없다고 한다. 그런데 베버가 100년 전에 창안한 관료제 행정 자체가 행정의 디지털화로 인해, 특히 인공지능을 기반으로 한 공공 사물인터넷을 통해 기계 자체에 의해 운용되는 극적인 상황을 맞이하고 있다.

[261] 그리하여 실체적 법규가 디지털화된다고 지적된다. Ahrendt, Alte Zöpfe neu geflochten-Das materielle Recht in der Hand von Programmierern, NJW 2017, S.537(540).

를 가지고 있지 않다.²⁶³ 법률이 코드로 번역되는 경우, 그것의 지향점은 필연적으로 변화를 겪는다. 비학습적인 컴퓨터 시스템의 경우에도 코드에 대해 어느 정도의 고유한 역동성과 독자성을 부인할 수는 없는데, 이것은 특히 법률이 곧바로 코드로 번역될 수 없는 규율(재량 여지와 판단 여지를 부여한 규정)을 담고 있는 경우에 그러하다. 번역 작업은 그 본연에 맞춰—의회가 아니라, 다양하게 민간 전문가를 활용하는—집행부가 완수한다. 이런 이유에서도 법률은 그 중요성을 상실한다.

이상에서 제기되는 불확실성의 물음은 학습능력 컴퓨터 시스템에서 그 문제가 심화된다. 즉 인풋을 아웃풋으로 변환하는 기능이 자기학습의 국면에서 바뀌는데, 그리하여 지능형 시스템은 상황에 맞춰 응용적으로 운용되고, '규칙에 기반하여 사전 프로그래밍에 맞게Regelbasiert Präprogrammiert' 운용되지는 않는다.²⁶⁴

특히 민주적 정당화의 차원에서 정치적으로 문제되는 상황은 인공지능에 의한 입법²⁶⁵이다. 현실에서는 각 정파의 이해로 인해 시급한 입법이 종종 심각한 교착상태에 처하곤 하는데, 여기서 AI의 자기학습 알고리즘을 바탕으로 입법하는 것에 대해서 생각해 봄 직하다.²⁶⁶ AI 기술이 지금보다 더 진보하여, 입법

---

262 메타언어는 언어학 및 논리학에서 대상 언어의 기술 내용을 범주화하거나 규칙화하는 데 사용되는 언어를 의미한다. 네이버 지식백과(한국민족문화대백과).
263 Buchholz, Legal Tech, JuS 2017, S.956(956f.).
264 Unger, 앞의 글, S.113(122).
265 Klaas, 앞의 글, 84ff.

자의 의사가 제대로 반영될 수 있게, 풍부한 데이터베이스를 체계화하여 최대한 빅데이터를 활용하고, 체계상의 모순을 가능한 한 정확하게 제거한다면, 연구 수준과 사회적 요청에 적절히 부응한 입법을 만들어 낼 수 있을 것이다.

문제는 AI의 자기학습 알고리즘을 바탕으로 한 이런 입법과정 및 결과가 과연 민주주의의 원리에 부합하는지의 여부이다. 모든 국가권력은 국민으로부터 나온다. 대의제하에서 국가권력의 정당성은 국민에 의해 선출된 자가 국가권력을 행사하는 데 있다. 관건은 입법과정에서 AI를 사용하는 것이 민주적 정당성의 요구수준을 저해하는지의 여부가 된다. 현실에서는 이미 해당 분야의 많은 전문가가 입법과정에 적극적으로 관여하고 있다. 특히 복잡하고 다층적인 규율대상의 경우 초안 마련에서부터 해당 분야 전문가의 폭넓은 자문과 협력이 결정적이다. 입법에 대해 외부 전문가의 인적 자문이 사용되든, 지능형 소프트웨어에 의해 그것이 생성되었든 아무런 차이가 없다. 입법에 AI를 활용하는 것 자체는 문제가 되지 않는다.

문제는 민주주의의 원리에 따른 의회가 갖는 결정상의 우월

---

266 AI를 도입하여 입법한나면, 다음과 같은 과정을 상상할 수 있다. 우선 입법목적을 실현하기 위해 법률 분야의 연구와 결과를 담은 빅데이터를 기반으로 한 알고리즘이, 법률을 포함한 관련 분야 전문가와 정보처리 전문가에 의해 만들어지고, 여기에는 해당 법률과 직접 관련되는 이해관계자의 찬반의 논거와 의견이 포함된다. 이러한 개별 정보블록을 자기학습 알고리즘의 소프트웨어가 법률제안자가 정의한 목표를 달성하기 위한 중요도에 따라 독자적으로 저울질한다. 이와 병행해서 관련 이해 당사자의 반론을 타당성의 차원에서 검토하고, 그것을 고려할지도 함께 저울질한다. 이어서 알고리즘은 이런 방식으로 생성된 정보의 형상을 법학적으로 처리할 수 있는 형식으로 즉, 법률의 형식으로 변환시킨다.

적 지위를 어떻게 견지하느냐이다. 설령 입법과정에서 인공지능이 주도적 역할을 하더라도, 그로 인해 결코 의원의 고유한 입법권이 훼손되거나 국민이 의원에게 맡긴 고유한 임무가 대체되어서는 아니 된다. 특히 초안 작성 및 위원회 단계에서의 준비작업이 전적으로 AI 알고리즘에 입각해 진행되고 의원들이 충분한 독회를 통해 관련 내용을 숙고하지 않는다면, 민주적 정당성의 차원에서 민주주의의 결핍이라는 심각한 문제가 발생한다.

민주주의의 원리의 차원에서 중요한 것은, 의원의 최종 의결에 의해 법률이 완성되었다는 결과가 아니라, 입법과정에서 의원이나 의회가 빅데이터를 기반으로 한 입법 알고리즘의 제안을 광범하게 충분히 논의하였는지, 관련한 후속적인 물음을 제기하고, 대안적 해결의 착안점을 고려하였는지의 여부이다. 만약 이런 노력이 강구되지 않은 채 입법이 된다면 사실상 알고리즘이 입법한 셈이고,[267] 이는 허용되지 않은 입법 아웃소싱 Gesetzgebungsoutsourcing에 해당한다.[268]

디지털 지배의 민주적 정당화 문제를 어떻게 해결할 수 있을까? 무엇보다 우선적으로 전제되어야 할 것은 현실론이다. '알고크라시'란 명제가 시사하듯, 디지털화 및 지능형 컴퓨터 시스템이 지닌 문제점과 그로 인한 기왕의 법질서에 대한 위협이 막대하다 하더라도, 모든 영역의 디지털화를 원천적으로 저지할

---

[267] Klaas, 앞의 글, S.84(87).
[268] 입법 아웃소싱에 관한 상론은 김중권, 「이른바 입법아웃소싱의 공법적 문제점에 관한 소고」, 『입법평가연구』, 제10-2호, 2016.10.30., 15쪽 이하를 참고하라.

수 없는 이상 디지털 지배의 문제를 디지털시대 이전의 사고로 바라보는 것은 타당하지 않을뿐더러 지극히 비현실적이다.[269]

디지털화의 문제는 양가적兩價的이다. 가령 알고리즘 및 컴퓨터 시스템의 불투명성 문제는 한편으로 프라이버시와 지적재산권의 차원에서는 분명히 음(-)의 효과이지만, 다른 한편으로는 디지털화를 촉진하는 동력이기도 하다. 입법자는 효과적인 인격 보호, 영업비밀의 보호, 디지털 잠재가치의 증진 사이의 복잡한 갈등 상황에서 그 갭을 처리해야 하는데, 갈수록 급속한 디지털화의 현실을 전제로 합리적인 대안 마련에 나서야 한다.

디지털 지배의 민주적 정당화 문제를 해결하기 위해서는 다음과 같이 여러 차원에서의 모색이 필요하다.[270] 우선 '아웃풋 지향적' 정당화 구상이다. 아웃풋의 산출에서 상대적으로 사전예측이 불가능하다는 의미에서의 시스템의 자율은 문제 되지 않는다. 임무가 자율적으로 활동하는 사람에 의해 이행되든 자율적으로 활동하는 알고리즘에 의해 이행되든 차이가 없다는 지적은 타당하다. 임무가 자율적으로 활동하는 사람에 의해 이행되는 경우에도 사람의 내적 과정에 접근하기란 애초에 불가능하다. 관료제의 핵심 조종 수단인 법률과 감독체제는 사람 및 언어 지시를 이해하고 따르는 사람의 능력에 맞추어 만들어졌다.[271] 기왕의 관료제적 메커니즘이 사람 행위의 불가측성

---

[269] 다나허 역시 알고크라시의 위협에 저항하는 것은 가능하지도 바람직하지도 않다는 점을 강조한다. Danaher, "The Threat of Algocracy." *Philosophy and Technology*, 29, p. 255.
[270] Unger, 앞의 책, S.113(118ff.).

Unvorhersehbarkeit(예측 불가)을 수긍할 정도로 축소하는 데는 적합할 수 있지만, — 설령 조종의 명령이 기계의 언어, 즉 코드로 옮겨진다 하더라도— 지능형 시스템에서는 그것의 불가측성을 그다지 축소하지 못한다.[272] 지능형 컴퓨터 시스템에서 아웃풋의 불가측성은 핵심의 일부이고, 현실의 암흑구조에서 미지의 상관관계를 나타내는 것이 문제가 된다. 지능형 시스템의 핵심적 특징인 자율은 결코 원치 않는 부작용이나 결함은 아니며, 오히려 지능형 시스템이 구비해야 할 특별한 성능을 충족시키기 위한 요건(조건)이다.

관료제의 조종 수단은 제도의 본질로 인해 부분적인 공전 Leerlauf을 피할 수 없다. 그런데 이런 공전의 문제점을 행정청이 내린 결정의 특별한 품질이나 그것의 합리화 효력이 메울 수 있다. 원천적인 제도적 한계가 아웃풋, 즉 결과와 내용으로 정당화되는 셈이다. 그런데 공법 시스템의 민주적 정당화의 기본구조는 선거와 같이 정당성을 부여하는 대위적 메커니즘을 근간으로 하는 '인풋 지향적' 정당화 구조이다. 그리하여 헌법에 바탕을 둔 공법 시스템(대위제) 그 자체가 지능형 시스템 도입의 결정적인 장애가 된다.

---

[271] Funke, in: Hilbert/Raumer(Hrsg.), Warum befolgen wir Recht?, 2019, S.201(213f.)는 사람이 법을 따르는 것은 사람의 자율의 표현이라고 지적하였다.

[272] 보르케스(Borges)는 자율 시스템은 법에 대해 엄청난 요구를 제기하는데, 그 이유는 법은 오로지 사람의 자율적 행위를 상정하고, 기계에 의한 자율에 대해서는 준비가 되어 있지 않기 때문이라고 한다[Borges, Rechtliche Rahmenbedingungen für autonome Systeme, NJW 2018, S.977(978)]. Boehmer-Neßler 교수는 법은 기술을 조종할 수 없다고 지적하였다[ders., 앞의 글, S.129(131)].

지능형 컴퓨터 시스템이 사람과 대비하여 갖는 특별한 성능이, 민주적 정당화를 위하여 '아웃풋 지향적' 정당화 구상에 의거하여 동원될 수 있다. 가령 페터선Petersen은 민주적 정당성은 전적으로 국민의 투표 행위에 확고히 기인하는 것이 아니라, 경우에 따라서는 권력 행사자의 감정서와 전문지식에 의해서도 성립할 수 있다고 한다.[273] 토이브너Teubner 역시 고유한 리스크를 지닌 불확실성의 결정으로서 자율적인 결정을 나름대로 정당화하는 것은 자율적인 알고리즘 도입의 발견 절차에, 즉 그것의 막대한 혁신의 잠재성에 있다고 하였다.[274]

대의제 민주주의가 견지되는 이상, 헌법상의 민주적 정당성 요청은 '인풋 지향적인' 정당화를 바탕으로 한다. 따라서 '아웃풋 지향적인' 정당화 구상이 '인풋 지향적인' 정당화를 대체할 수는 없다. 다만 그것을 보완하는 점은 나름 수긍할 만하고, 그에 따라 민주적 귀속 문제를 다소 완화할 것으로 기대된다.

사실 선출과 같은 민주적 정당화의 전통적인 형식은 행정 결정의 수용 가능성을 제공하는 데 있어 종종 불충분하다. 민주주의에서는 행정청이 바르게 활동한다는 것만으로는 충분하지 않다. 행정 결정은 비단 관련자만이 아니라, 다수의 '바르고 공

---

[273] Petersen, 앞의 글, S.26f.
[274] Teubner, 앞의 글, 155(175f.), 그에 의하면 궁극적으로 개인과 공중을 위한 효용과 리스크의 형량이 문제된다. 한편 Zech 교수는 알고리즘이 예상불가의 결정을 내릴 리스크를 무릅써야 하는 문제에 대해 매우 엄격한 입장을 견지하여 현행법상으로 자율적 알고리즘의 도입은 원칙적으로 위법이고, 입법자만이 허용할 수 있는데, 그것도 입법자가 효과적인 리스크의 사전배려를 동시에 규정한 경우에만 될 수 있다고 주장하였다(ders., in: Gless/Seelmann(Hrsg.), Inteligente Agenten und Recht, 2016, S.163(191ff.).

평하게 사고하는 시민'도 설득해야 하는데, 이를 위해서는 행정 결정의 탁월함만을 내세우기보다는 민주주의 원리의 요구도 수용하고 증진하는 절차를 형성하는 것이 필요하다. 이런 차원에서 비쉬마이어Wischmeyer는 다음과 같이 주장했다: 지능형 시스템의 모든 결정을 관련인에 대해서 이해시키는 것이 정책의 중요한 목표나 헌법적 의무의 집행은 아니지만, 인공지능 시스템을 찬반 논거 및 결정과 통제의 네트워크에, 즉 법치국가 원리적 제도와 절차에 연결하는 것은 꼭 필요하다. 이것은 이유 제시 아키텍처와 통제 아키텍처의 범주에서 '법치국가의 제도와 절차에' 컴퓨터 시스템을 편입해야 한다는 요구이다. 컴퓨터 시스템이 이렇게 편입되면, 컴퓨터 시스템은 결정을 지지하는 이유에 관한 정보를 스스로 제공하고, 따라서 프로그램과 프로그래머의 차원에서의 '자기통제와 타자 통제'를 가능하게 한다.[275]

또한 인간행위의 우위에 의한 정당화를 확보하는 것이 중요하다. 유럽에서는 '인공지능의 윤리'Ethics of Artificial Intelligence의 이름으로, 자율적 컴퓨터 시스템의 개발과 도입을 위한 지침으로써 일련의 윤리적 제 요청이 마련되었다. 유럽의 차원에서 유럽집행이사회가 임명한 전문가집단High-Level Expert Group on Artificial Intelligence (AI HLEG)이 '신뢰할 수 있는 인공지능 윤리 가이드라인'을 마련하였다. 이 '신뢰할 수 있는 인공지능 윤리 가이드라인'은 유럽기본권과 일반적인 윤리 원칙으로부터[276] 인

---

[275] Wischmeyer, 앞의 글, 1(61).

공지능에 관한 상대적으로 구체적인 다음의 7가지의 중요한 요청을 집약하였다.[277] 7가지의 중요한 요청 가운데 '투명성', '책임성', '인간의 주체성과 감독(감시)'의 요청이 민주주의 원리와 관련이 있다. '투명성 요청'은 기계에 의한 결정과정의 기록과 표시에 통용된다. 그리하여 '책임성'의 개념하에 요구된 사후심사 가능성(필요하면 상당한 권리 보호의 범주에서)을 위한 근거가 존재한다는 것을 확고히 한다. '신뢰할 수 있는 인공지능 윤리 가이드라인'은 '투명성 요청'에 추적 가능성Traceability, 설명 가능성 Explainability, 의사소통Communication을 포함한다. '인간의 주체성과 감독'의 요청은 전체 '결정 아키텍처'와 사람과 기계 간의 관계를 고려한다.[278] 또한 컴퓨터 시스템의 기본권 관련성에 입각하여 사람에 의한 통제와 감독에 대한 가변적인 최소한 정도

---

[276] 유럽기본권으로 인간 존엄성의 존중, 개인의 자유, 민주주의·사법권·법의 지배의 존중, 평등, 차별 없음, 연대, 시민의 권리를 들고, 일반적인 윤리 원칙으로 인간 자율의 존중 원칙, 피해 방지의 원칙, 공평의 원칙, 설명 가능의 원칙을 든다. The Ethics Guidelines for Trustworthy AI, S.10ff.

[277] High-Level Expert Group on Artificial Intelligence (AI HLEG), *The Ethics Guidelines for Trustworthy AI*, 2019, 14ff.: 1. 인간의 주체성과 감독(Human agency and oversight), 2. 기술적 견고함과 안전성(Technical robustness and safety), 3. 프라이버시와 데이터 거버넌스(Privacy and data governance), 4. 투명성(Transparency), 5. 다양성, 무차별, 공평(Diversity, non-discrimination and fairness), 6. 사회적, 환경적 웰빙(Societal and environmental wellbeing), 7. 책임성(Accountability).

[278] '신뢰할 수 있는 인공지능 윤리 가이드라인'의 다음과 같은 지적에서(S.15) 뚜렷하다: 인공지능 시스템은 인간의 자율성을 존중한다는 원칙에 따라 서술된 대로, 인간의 자율성과 의사결정을 지원해야 한다. 이는 인공지능 시스템에 대해 두 가지 점을 요구한다. 하나는 사용자의 주체성을 지원함으로써 민주적이고 번영하며 공평한 사회를 가능하게 해야 하고, 다른 하나는 기본권을 육성해야 하며 인간에 의한 감독을 허용해야 한다.

를 요구하는데, 이를 통해 인간참여형 모델Human-In-The-Loop, HITL, 인간감독형 모델Human-On-The-Loop, HOTL, 인간명령형 모델 Human-In-Command, HIC의 접근과 같은 단계적인 거버넌스 메커니즘이 확고해질 것이다.²⁷⁹ 그리하여 과소금지Unterma Verbot의 의미에서 자율적 컴퓨터 시스템의 도입에서 사람이 원천 배제되지 않는 것이 보장되어야 한다.²⁸⁰

이와 관련해서 불 교수는 선거로부터 비롯된 국가권력 및 그것의 행사에 대한 영향에 관한 정당성을 공허하게 만드는 것은 민주적 정당성의 차원에서 금지된다는 점을 착안점으로 삼아, 컴퓨터의 광범한 활용에 대한 사람의 결정력과 형성력을 고수하는 원칙을 그들 기본법 제38조 제1항에서 도출하여 제안하였다.²⁸¹ 웅거Unger는 이런 방법으로 컴퓨터 시스템은 사람에 맞춰

---

279 인간의 의사결정 단계는 스스로 관찰하고(Observe), 판단하고(Orient), 결심하고(Decision), 행동(Act)하는 일련의 자율 단계를 거치는데 이 단계의 앞 글자를 따서 OODA 루프 또는 루프(loop)라고 부른다. 가령 무기체계가 작동될 때 인간의 통제로 무기체계를 사용한다면 'Human in the loop', 무기체계가 인간의 감독을 받고 있고 인간에 의한 중지가 가능하다면 'Human on the loop', 인간의 통제 없이 무기체계가 자체적으로 의사를 결정하고 행동한다면 'Human out of the loop'이다. '윤리가이드라인'에 의하면(S.16), 인간참여형 모델(HITL)은 시스템의 모든 결정 사이클에 인간이 개입할 수 있는 모델인데, 이는 대부분의 경우에 가능하지도 바람직하지도 않다고 한다. 인간감독형 모델(HOTL)은 시스템의 디자인 사이클과 시스템 가동의 모니터링 중에 인간이 개입할 수 있는 모델이다. 인간명령형 모델(HIC)은 인공지능시스템의 전반적인 활동(더 광범한 경제적, 사회적, 법적, 윤리적 영향을 포함한다.)을 감독할 수 있으며, 특정한 상황에서 시스템의 사용 여부와 방법을 결정 내릴 수 있는 모델이다. 여기에는 특정한 상황에서 인공지능을 사용하지 않게 하는 결정, 인공지능 사용 중의 인간의 재량의 수준을 정립하는 결정, 시스템에 의한 결정을 번복할 수 있음을 확실하게 하는 결정을 포함한다.
280 Unger, 앞의 글, S.113(125).
281 Bull, Über die rechtliche Einbindung der Technik, Der Staat 58(2019), S.57(64f.).

진 정당성의 구조에 여전히 편입된 것으로 된다고 지적한다.282 참고로 베텔스만 재단Bertelsmann Stiftung이 발간한 『알고리즘의 규칙』에서는 알고리즘 제어 가능성의 확고함과 관련해서, 시스템의 운용방식이 사람이 제어할 수 없을 정도로 또는 더 이상 변경할 수 없을 정도로 너무 복잡하고 파악할 수 없어서는 안되는데, 이것이 특히 자기학습 시스템에서 통용된다고 강조하면서, 이런 제어 가능성Beherrschbarkeit이 확고하지 않으면, 알고리즘에 의한 시스템 도입을 포기해야 한다고 강변한다.283

법률상의 규준과 인간이 정한 규준과 관계없이, 인공지능이 스스로 행정과정의 어떤 결과가 기대되는지 그리고 수정되는지를 정하는 것은 민주주의와 법치국가원리에 의해 금지된다.284 또한 EU 개인정보보호법이라 달리 표현하기도 하는 EU 데이터보호 기본명령DSGVO 제22조 제1항은 완전자동화된 결정절차에 대한 방어권을 규정하고 있다. 즉, 동 규정은 전적으로 자동처리에 의거한—관련인에 대해 법적 효과를 발생시키거나 비슷하게 그를 현저하게 제한하는—결정에는 따르지 않을 권리를 보장한다. 그리하여 이 규정은 사람의 활동과 감독이 우위가 될 요청을285 규범적으로 표현한 셈이다.

기본권의 핵심사싱은 사람을 주체로 대하지 목적과 수단으로 대하지 않는 것이다. 따라서 유럽기본데이터명령 제22조 제

---

282 Unger, 앞의 글, S.113(125).
283 https://www.bertelsmann-stiftung.de/fileadmin/files/BSt/Publikationen/GrauePublikationen/Algo.Rules_DE.pdf.
284 Stelkens, in Stelkens/Bonk/Sachs, Verwaltungsverfahrensgesetz, 9. Aufl. 2018, §35 a Rn. 47.

1항의 배경에는 개개인은 기계 결정의 단순한 객체가 되어서는 안 된다는 확신이 존재한다. 하지만 이 규정에 대한 비판도 상당하다.[286]

법 형성을 통한 정당화도 필요하다. 자율적 컴퓨터 시스템의 도입이 '디지털 민주주의의 헌법'에 따라 국가에 대해 허용되지 않는 것은 아니다.[287] 그러나 투명성, 책임성, 인간의 주체성이라는 민주주의 특유의 관점에서 보면 그런 컴퓨터 시스템의 도입은 이들 규준에 저촉되는데, 이들 규준의 밀도는 시스템의 자율 정도, (시스템에 전부나 부분이 맡겨진) 결정의 본질성, 결정의 가역성可逆性, Umkehrbarkeit에[288] 좌우된다. 이들 규준은 결합하여, 알고리즘에 의한 지배행사의 현상을 민주법치국가의 전통적인 정당화 수단으로 다루려는 기대를 반영한다. 그렇지만 투명성, 책임성, 인간의 주체성과 같은 착안점이 장기적으로 주효할 것인지 여부는 불확실하게 여겨진다.

사람이 각인시킨 결정의 주변환경에서 컴퓨터 시스템이 단

---

[285] Martini, a.a.O., S.1017(1019f,).
[286] 언제 결정이 자동처리에 전적으로 바탕을 두고 있는지가 불분명하다. EU 기본데이터명령 제22조 제2항의 광범한 예외는 제쳐 두고서, ―종종 결정 그 자체에 대해 현저하게 영향을 미치는―자동적인 지원과 준비 역시 아무런 제약 없이 여전히 허용된다. 나아가 '자율적 편견'의 관점에서 중간에 개재된 사람이 지능형 컴퓨터 시스템의 사전결정으로부터 자유로울 수 있는지 여부도 의문스럽게 여겨진다.
[287] Bull, 앞의 글, S.57(86).
[288] 민주적 지배의 구조 요소 중 하나가 결정의 수정 가능성이다. 민주주의는 다수결로 이해되어야 하지만 소수가 다수가 될 수 있음을 허용하는 조건이 있다. 다음을 참조하라. H. Dreier, in: ders.(Hrsg.), GG Ⅱ, 3. Aufl., 2015, Art.20 Rn.72; BVerfG NVwZ 2015, 209; ,BVerfG NJW 2009, 2267.

지 사람에 의한 결정을 준비하고 지원하는 경우에는 이런 착안점이 상대적으로 쉽게 실행되지만, 나날이 증가하는 컴퓨터 시스템의 성능으로 인해 곧 한계에 봉착한다. 즉, 민주주의를 특징짓는 규준이 더 이상 주효하지 않을 수 있게 된다. 여기서, 그리고 유사한 사례에서 가까운 미래에 '인간의 주체성Human Agency' 역시 전체적으로 포기될 수 있는지의 여부에 대한 질문이 제기된다.

실행의 물음 또한 제기된다. 정치적 지배를 알고리즘에 의해 행사하는 것을 법적으로 규율하는 것은 기술법의 문제이다. 즉, 기술적 사안을 규율하는 것의 전통적인 착안점의 문제이다. (외부로부터 비롯된) 규범적인 요청이 자율적 컴퓨터 시스템에 대해 주효하지 않다. 개개의 요청을 '직접적으로 코드에 입력하기 위한' 까다로운 착안점이 필요하다.

힐데브란트Hildebrandt는 (민주적 조종 수단으로서의) 법률이 활자에 구속된 '존재양식'을 바꾸고, 디지털화에 적응시키는 것이 소용이 없을지, 아니면 성공할 것인지의 선택에 놓여 있다고 지적하였다.[289] 이때 법은 순전히 외부적인 규율로 물러설 수 없고, '기술로 변환되어야' 한다. 정보통신의 인프라가 처음부터 법적 요청을 충족할 뿐만 아니라, 어느 정도로 구현하여야 한다. 정치적 지배의 행사에 자율적 컴퓨터 시스템을 도입하는 것은 구체적인 요청, 궁극적으로 법치국가원리적, 민주주의적 요청으로 이어진다.[290] 이것은 까다롭고 처음부터 학제적인 시도인데, '디

---

289 Hildebrandt, *Smart Technologies and the End(s) of Law*, 2015, p. 214.

자인에 의한 가치'라는 착안점으로 표현된다. '디자인에 의한 가치'를 보장하는 방법이 시스템이 존중해야 할 추상적 원칙과 특정의 실행 결정 사이에 정확하고 분명한 연계를 제공한다. 이는 규범의 준수가 인공지능 시스템의 디자인까지 구현될 수 있다는 일반적인 사고에 바탕을 둔다.[291] '기술형성 및 데이터 친화적 사전설정에 의한 데이터보호'의 이름의 유럽기본데이터명령 제25조가 좋은 예이다.[292]

같은 맥락에서 자율적 컴퓨터 시스템의 고권적 도입 역시 '기술형성에 의한 정당화'가 필요하다. 그런데 여기서는 분명히 전망적 성격보다는 오히려 회고적 성격을 가질 것인데, 민주적 정당화를 고려하면 이는 맹점이 된다.

(3) 알고리즘과 행위조종의 문제

이미 1966년에 행정에서의 법과 자동화에 관하여 이정표를 제시한 루만N. Luhmann은[293] 법과 데이터처리가 많은 점에서 상호

---

[290] 그리하여 그는 자율적 컴퓨터 시스템은 (1) 시스템이 조성하는 흠결에 대해 민주적 참여를 끌어 들여야 하며, (2) 저항할 수 있게 하는 방법으로 운영되고, 고안되어야 하고, (3) 법정에서 다툴 수 있게 만들어져야 한다고 주장한다. Hildebrandt, 위의 책, p. 263.

[291] High-Level Expert Group on Artificial Intelligence (AI HLEG). "The Ethics Guidelines for Trustworthy AI." 2019, p. 21.

[292] 실례로 많은 데이터가 사용되지 않는 사용자인증설비, 위법한 인격침해의 즉시 확인과 통지를 위한 기술적 예방조치, 이의신청권의 손쉬운 기술적 전환을 든다.

관계가 있음을 내세웠는데, 어느덧 기술적 법칙으로서의 알고리즘은 공공분야를 넘어서 우리네 일상과 현실을 형성한다. 특히 'Legal Technology'에 의해 전통적인 법 적용이 더욱더 알고리즘이나 코드에 의해 처리될 수 있다. 사이버공간이 이미 현실을 압도적으로 지배하고 있으며, 사이버공간을 규율하는 소프트웨어와 하드웨어와 같은 코드Code가 기왕의 법을 넘어서 또 다른 법이 되었다.[294] 행위조정의 측면에서 그것은 급속하게 법에 비견한 존재가 되어 법을 지지, 수정하거나 그 효력을 좌절시킬 수 있다.[295] 극단적으로는 법의 지배가 아닌, 코드나 알고리즘에 의한 지배가 통용될 수 있다. 디지털 행정에 관한 법적 접근을 위한 기초적인 작업이 디지털화의 기본인 알고리즘에 의한 행위조종의 전반에 관한 심도 있는 논의이다. 이 논의를 바탕으로 가상적 행정행위를 우리 법제에 안착시키기 위한 방안을 모색해 볼 수 있을 것이다.

알고리즘에 의한 행위조종이 중요한 이유는 그것이 사회 전반과 밀접하게 관련되기 때문이다. 인간사회는 행위에 대해 영향을 미치는 다수의 규칙(법칙)을 인식하고 있다. 현재의 정보사

---

[293] N. Luhmann, Recht und Automation in der öffentlichen Verwaltung, 1966.
[294] 레식(Lessig)은 코드가 또 다른 법으로서 자유주의에 대한 최대의 약속이자 최대의 위협이라고 지적하면서 근본가치를 보호하기 위하여 또는 그것이 사라지도록 사이버공간을 구축하고, 구조화하며, 코드화할 수 있다고 주장하였다(Lessig, L. *Code Version 2.0*, 2006, p. 6). 이 책은 1999년의 *Code: And Other Laws of Cyberspace*의 제2판이다. 국내 번역본은 다음과 같다. 로런스 레식, 김정오 옮김, 『코드 2.0』, 나남출판, 2009.
[295] 레식 또한 사이버공간의 진전과정에서 근본가치인 자유가 사라질 우려가 있음을 지적하면서, 무정부의 사이버공간에서 통제의 사이버공간으로의 변화를 추구하였다(L. Lessig. *Code Version 2.0*, 2006, p. 5).

회와 지식사회에서 법적·사회적 법칙(규칙) 이외에 디지털 알고리즘에 담긴 기술적 법칙의 중요성이 증대된다. 알고리즘은 현실, 지식, 가치, 의식, 문화에 관한 개인적, 사회적 구조 및 여론과 사회질서 전반에 대해 심대한 영향을 미친다. 즉, 알고리즘은 사람의 행위를 조종하는 것은 물론 사회질서의 형성, 경제적·사회적 전개 및 그 이상과 관련이 있다.

알고리즘은 기술적 행위조종의 수단으로 도입된다.[296] 알고리즘은 사람 행위를 조종하는 것은 물론, 사회질서의 형성, 경제적·사회적 전개와 그 이상과 관련이 있다. 그리하여 법학을 위해서도 알고리즘에 의한 기술조종의 가능성과 의의 및 법동원에 대한 관계를 다루는 것이 중요하다.[297]

알고리즘은 특히 규율적 구조로서의 결정 아키텍처와 관련하여 중요하다. 일찍이 레식L. Lessig은 행위조종에서의 알고리즘의 의의와 법적 규율과의 관계에 관한 자세한 논의를 위한 중요한 동인으로 코드 개념을 설정하였는데, 그는 코드 개념을 넓은 의미로 사용하여,[298] 컴퓨터의 소프트웨어 하드웨어나 특별한 기술적 법칙 시스템에 국한하지 않는다. 그는 그것을 하드웨어와 소프트웨어와 상관관계에 의해 형성된, 인터넷의 결정 아키텍처에 관련시켰다.[299] 이를 통해 알고리즘의 도입 맥락으로 확장된다. 분명해지는 점은, 알고리즘은 소프트웨어와 하드웨

---

[296] 알고리즘의 규제속성에 관해서는 심우민, 「인공지능의 발전과 알고리즘의 규제적 속성」, 『법과 사회』, 제53호, 2016, 54쪽 이하.
[297] Hoffmann-Riem, Verhaltenssteuerung durch Algorithmen, AöR 2017, 1ff.
[298] Lessig, L. *Code Version 2.0*, 2006, p. 5.

어와의 공동작용은 물론, 소프트웨어와 하드웨어를 복잡한 인프라에 삽입하는 것과도 연계된다는 것이다. 그리하여 정보통신기술의 후속적인 기능적 요건과 활용 가능성의 중요성이 간접적으로 분명해진다. 확대해서 보면, ─알고리즘 개발자, 컴퓨터망 도안자, 인프라 구축자, 업무모델 개발자, 서비스 제공자 등과 같은─행위주체의 각각의 역할은 특별한 행위맥락에 연결된다.

알고리즘의 개발·도입의 요소와 행위조종을 위한 그 힘의 인정을 보면, 알고리즘은 법학 문헌에서 사용되는 규율구조의 개념과 유사한 모습을 띤다.[300] 이런 유사성을 감안하여, 알고리즘에 기반한 규칙을 법적 규칙과[301] 마찬가지로 고립적으로 고찰해서는 아니 된다. 알고리즘에 기반한 규칙과 법적 규칙, 이들 양자는 행위조종을 위한 도입 가능성과 기능성을 가능하게 하고 결정하는 여러 요소의 앙상블의 일부이다.[302]

이 때문에 알고리즘에 의한 거버넌스 및 알고리즘의 거버넌스가 문제가 되고 있다. 거버넌스 개념은 사회적으로, 경제적으

---

[299] 인터넷의 결정 아키텍처의 소극성에 대비시켜 인공지능 알고리즘에 근거한 아키텍처 규제적 속성은 일정 부분 동적이고 적극적인 특성을 가진다는 지적이다. 심우민, 앞의 글, 56쪽.

[300] 심우민, 「인공지능 기술과 IT법체계: 법정보학적 함의를 중심으로」, 『동북아법연구』, 제12권 제1호, 2018, 57쪽.

[301] 여기서 법적 규칙(Regeln)은 법규성 여부를 넘어 나름의 구속력을 지닌 규범을 총칭한다.

[302] 여기서 종래의 이분법적 고찰은 바른 사고와 접근을 저해한다. 가령 공법과 사법을 완전히 고립분산적으로 접근하는 것은 융합적 상황에 전혀 제 기능을 하지 못하고 있다.

로, 정책적으로, 기술적으로 조정하는 것Koordination과 조종의 형식과 메커니즘을 목표로 한다.[303] 알고리즘에 의한 행위조종은 거버넌스의 차원에서 이해할 수 있다.[304] 알고리즘은 거버넌스의 주체이자 객체이기도 하다. 다시 말해, 알고리즘은 정보의 선택과 행위의 조종에서 조정의 특별한 양식이다(알고리즘에 의한 거버넌스). 그런데 데이터 자동처리를 기반으로 한 자동화된 알고리즘적 선택과 조종은 궁극적으로 특별한 거버넌스의 방식으로 형성될 수 있으며, 이것은 보통의 거버넌스 방식—즉, 위계, 시장, 협상, 네트워크—을 보완한다고 할 수 있다.

물론 그에 따른 위험도 있다.[305] 한정된 데이터를 바탕으로 하면서 여과되지 않은 편견과 왜곡에서 출발한 프로그래밍에 기반한 알고리즘은 자칫하면 그 자체로 심각한 문제를 유발할 수 있다. 민주주의 원리를 중심에 두고서 행위조종적 접근을 강구한다는 점에서 여기서 알고리즘의 거버넌스Governance of Algorithms에 관한 논의가 필요하다.[306] 그리하여 거버넌스의 관점에서 알고리즘이 어떻게 성립하고, 알고리즘의 선택과 조종의 종류와 방법에 영향을 미치는지의 여부와 어떻게 영향을 미치는지 그 방법에 관해 물음이 제기되어야 한다. 다른 사회의

---

[303] 상론은 김남진, 「Good Governance : 관념과 상황」, 『학술원통신』, 제294호, 2018, 4~8쪽을 참조하라.

[304] N. Just/M. Latzer, *Governance by Algorithms: Reality Construction by Algorithmic Selection on the Internet, Media, Culture & Society*, 2016, S.1ff.

[305] 거버넌스의 측면에서 알고리즘은 개인화, 상업화, 불평등성과 탈지역화를 증대시키고, 반면 투명성, 통제성, 예측성은 감소시킨다.

[306] F. Saurwein/N. Just/M. Latzer, Governance of algorithms: options and limitations DOI 2015, S.35ff.

발전 기회를 활용하고 그 리스크를 축소하는 데 도움을 주는 알고리즘의 개발을 위하여 어떤 거버넌스 모델과 수단이 유용한지를 탐문해야 한다. 알고리즘의 거버넌스의 정당성은 알고리즘에 의한 선택과 그에 동반하는 리스크에 의해 제시된다. 즉, 공익의 관점에서 알고리즘에 의한 선택의 리스크를 축소하고 그 혜택을 증대하는 것이 관건이다.

법규범에 의한 조종과 알고리즘에 의한 조종 사이에는 다음과 같은 차이가 있다. 우선 규율 타입의 차이가 있다. 사회적 구성개념으로서의 법적 규칙은 사람의 활동, 즉 집합적인 사람의 활동의 산물이다. 법적 규칙Regeln은 사회적 구성개념Soziale Konstrukte이다. 법적 규칙은 한편으로는 일반추상적인 법을 설정하고, 다른 한편으로는 그 법이 개별 경우에 적용되도록 한다. 구체적 적용의 양상에서 법적 규칙은 규율 내용의 감시에, 경우에 따라서는 규칙 위반에 대한 제재에 적용된다. 일반적 추상적 법규범을 해석하는 것, 구체적인 경우에 결정규범을 구체화하고, 적용하는 것이 사회적 구성개념이다.[307]

그렇지만 이런 구성개념의 성립은 결코 임의의 언어 유희가 아니라, 일정한 상황과 문제해결을 지향하면서 법의 특별한 규율구조에 편입된 사회저 행위이다. 그 성립은 변호사, 행정공무원, 법관. 사인과 같은 일정한 행위주체에 의해 행해지는데, 법질서의 규준과 관련한 고유한 합리성을 따른다.

사람의 언어로 표현된 법규정은 명료성을 특징으로 하지 않

---

[307] W. Hoffmann-Riem, Innovation und Recht-Recht und Innovation, 2016, S.57ff., 79ff.

고, 해석이 필요한, 해석에 개방적인 개념이다. 원칙적 적용은 의미해석에 좌우된다. 규범이란 그 자체로 상호작용이 필요한 많은 개념을 결합할 수 있고, 동시에 다른 법질서와 분명히 연관을 짓는다. 해석이란 선행하는 실무로부터 영향을 받는데, 법의 경우 법학적 주석서에서나 법도그마틱에서의 체계화에 의해서도 영향을 받는다. 구체적인 경우에서의 해석과 적용의 절차 및 그 결론은 경우에 따라선 쟁송 제기를 통해 공격받을 수 있는데, 그리하여 규준적인 규범본지가 다른 원칙의 규준에 의해 수정될 수 있다. 역동성과 변화는 법의 대상에 내재하고 있으며, (법적으로 처리될 수밖에 없는) 법외적 현상이 결코 아니다.[308] 따라서 시간이 경과하면서 규범은 종종 그 내용에 비추어 규정이 변하지 않더라도 바뀐 해석이나 법형성Rechtsfortbildung을 통해 변경될 수 있다. 즉, 과거에 만들어진 법이 판례를 통해 생생한 생명력을 가져서 현재화된다.[309] 따라서 경우에 따라서는 새로운 문제점이나 변화된 기본조건에—특히 법적 규율의 변화된 경험적, 그리고 규범적 전제에—탄력적으로 대응할 수 있다. 결론의 일관성을 전제로, 개념·규범의 해석상의 개방성, 맥락적 의미해석의 불가피성, 규범의 개별 경우 지향성의 불가피성은 당연하다.

  이에 반해 사회적, 기술적 구성개념으로서의 알고리즘은 임무의 자동적 처리를 위한 기술적 규칙을 담고 있다. 그것은 사

---

308 O. Lepsius, Relationen: Pl doyer für eine bessere Rechtswissenschaft. 2016, S.15f.
309 P. Kirchhof, Der Auftrag des Bundesverwaltungsgerichts zur kontinuierlichen Erneuerung des Rechts, in: Festgabe 50 BVerwG, 2003, S.255(257ff.).

회적 구성개념이 아니라, 기술적 구성개념이다.[310] 알고리즘의 성립에는 복잡한 소프트웨어 개발과정이 포함되어 있다. 소프트웨어 개발과정의 목표는 다음과 같다. 구체적인 문제를 처리하는 것, 문제해결상의 요청을 부각하는 것, 소프트웨어 아키텍처를 구성하는 것, 코딩에 의해 전자데이터처리를 기술적으로 구현하는 것, 소프트웨어의 실제적인 도입과 경우에 따라서는 시험가동이나 실제 가동에서의 경험에 따른 수정.

기술적 전환이 궁극적으로 소프트웨어 개발자나 프로그래머에 의해 행해진다 하더라도, 통상 여러 상이한 행위주체나 거대한 팀이 참여한다. 이 점에서 소프트웨어 개발은 결코 순전히 기술적인 행위나 중립적인 행위가 아니라, 목표와 평가가 처리되는 사회형성적 행위이다. 이 점에서 법규범의 조성과 구조적인 유사점이 있다. 그러나 결정적인 차이점은 알고리즘의 개발에 영향을 미치는 요소가 법적 특징을 가질 필요가 없으며, 원칙적으로도 그렇지 않다는 것이다. 개발된 알고리즘은 사전 정의된 단계에서의 문제해결을 가능케 하는 명료한 언어명령을 담고 있어야 한다. 알고리즘의 개발에 과거의 경험이 영향을 미치며, 추구하는 목적과 가치가 일정한 맥락에서 전개된다.

알고리즘은 그 전체를 사람이 이해할 수 없고 그것의 작동방식이 제한적으로만 파악될 수 있을 정도로 복잡하다. 즉 마치 블랙박스처럼 작동한다.[311] 하지만 알고리즘을 이용하여 구체적인 문제를 해결하는 데 있어서 인간적 요소가 배제되지는 않

---

[310] W. Schulz/K. Dankert, 'Governance by Things' as a challenge to regulation by law, Internet Policy Review, 5(2), 2016, Abschn. II.3.B.

는다. 인간과 조직에 마련된 정보가 투입되어 이용되기 때문이다. 물론 알고리즘을 이용한 처리는 전적으로 기술적인 과정이다. 요컨대 알고리즘 자체는 —적어도 출발점에선— 사람에 의해 만들어진다는 점에서, 여타 기술과 공학처럼 일정한 맥락에서 만들어진 사회적 구성개념이기도 하다.[312] 이는 고도로 발전된 알고리즘, 즉, 자기학습하고 독립적으로 프로그래밍할 수 있는 알고리즘도 마찬가지다.

정보학에서 말하는 'agent',[313] 인간을 대신해서 업무를 수행하는 소프트웨어인 소프트웨어 에이전트가 알고리즘의 적용을 지배한다.[314] 소프트웨어 에이전트는 주변환경으로부터 정보를 얻고, 행동(조처)을 수행하는 경우에 행동한다. 자율적으로 비동기적으로(사람에 의한 입력과 무관하게) 가동되는 소프트웨어 에이전트

---

[311] 영어식 표현으로 '불투명하고 불가해한 인공물(opaque, inscrutable artefacts)'로 표현된다.
[312] W. Hoffmann-Riem, Verhaltenssteuerung durch Algorithmen, S.29.
[313] 여기서 행정활동과 관련해서 행정주체, 행정기관(행정청), 행정담당자에 관한 이해가 도움을 준다. 행정주체는 통상 사람처럼 법효과가 귀속하는 존재이다. 행정기관은 행정주체를 대신하여 행정주체에 대해 법효과를 귀속시키는 행위자(agent)로서의 역할을 하고, 행정담당자는 행정기관의 구체적인 구성요소로서 직접적으로 행동에 나서는 자(actor)이다.
[314] 소프트웨어 에이전트는 사람과 같은 지능을 가지고 있어야 하므로 인공지능 분야의 하나로 간주되고 있다. 소프트웨어 에이전트는 전자상거래가 발전하면서 가속화하고 있다. 주요 에이전트로는 학습·추론·계획능력과 같은 지능적 특성을 지닌 지능형 에이전트(intelligence agent), 컴퓨터 시스템을 사용하기 편리하도록 지원하는 사용자 인터페이스 에이전트(user interface agent), 단순히 사용자 작업을 돕는 보조 에이전트(assistant agent), 분산환경에서 상호협력을 통해 작업을 수행하는 다중 에이전트(multi agent), 프로그램 자체가 네트워크를 돌아다니며 수행되는 이동 에이전트(mobile agent) 등이 있다(출처 : 네이버 지식백과 매일경제용어사전, https://terms.naver.com/entry.naver?docId=15075&cid=43659&categoryId=43659)

가 '지능적인 것'으로 표현될 수 있다. 그것은 소위 다중 에이전트 시스템MAS의 부분일 수 있다. 에이전트는 학습능력이 있거나 응용적으로 상이하게 복잡할 수 있다. 지능적 에이전트는 인간에 의해 만들어지지만, 경우에 따라선 만든 사람인 전 주인Patron 으로부터315 해방될 수 있으며, 문제해결의 독자적인 방도를 발견할 수 있고, 변화된 환경에 적응할 수 있다. 그러나 그것은 (지금까지는) 인간적인, 사회적인 활동을 할 수는 없다. 법정립과 법적용을 위한 전형적인 행동방식—집합적인 집단역동적인 특징인 자문이나 협력적 문제해결책에 의한 교섭—은 알고리즘을 이용하여 재현될 수 있긴 하지만, 내용적으로 완전히 재현될 수는 없다.

법규범에 의한 조종과 알고리즘에 의한 조종 사이에는 또한 생성규준의 차이가 있다. 먼저 법의 형성과정과 비법적 알고리즘의 형성과정이 다르다. 법정립은 일정한 법적 특징이 지워진 규율구조와 결정구조에 들어간다. 따라서 법적으로 제도화된 관할, 절차, 작용형식이 통용된다. 그런 구조가 법질서의 기능적합성과 합법성을 공고히 한다.

그렇지만 소프트웨어 개발은 기업가의 자율적인 자기형성의 행위이다. 기업가는 경제적 합리성이나 나름의 기업이익의 관점에 따라 행위에 나선다. 법정립에 통용되는 유사한 규순이나 자극이 알고리즘의 생성에 부분적으로 중요한 역할을 하기는 하지만, 법정립의 경우와는 간격이 있다. 기업가의 소프트웨어 개발은 법치국가원리에 입각한, 투명한, 제3자에 의한 심사가

---

315 'patron'은 통상 후원자를 의미하지만, 로마사의 평민 보호 귀족과 (해방된 노예의) 전 주인을 의미하기도 한다.

가능한 절차의 산물이 아니다. 관련인 또는 제3자의 참여가 배제되는 것이 원칙은 아니지만, 실제로는 참여가 배제되곤 한다. 클라우드에 의한 소프트웨어 개발은 예외적으로 제3자의 참여를 기반으로 하지만, 여기서도 그 참여는 법적으로 독립되게 규율된 절차가 진행되지 않아서 민주적 법치국가원리의 지배가 통용되지 아니한다.

그러나 문제해결을 위하여 법적 규준이 존재하는 한, 소프트웨어 개발과 프로그래밍에서 그 법적 규준은 자명하게 준수되어야 한다. 마찬가지로 데이터 보호나 저작권과 관련한 법적 규준 역시 당연하다. 이런 준수는 알고리즘에 통합되어야 하는데, 알고리즘에서의 법적 규준을 준수하였는지 여부는 투명성의 결여를 고려하면 제3자가 심사할 수 없거나 지극히 어렵다. 왜냐하면 현행법에 의하면 원칙적으로 알고리즘을 공개할 필요가 없기 때문이다.

알고리즘은 대개 공개 소프트웨어가 아닌 한 업무 비밀로 다루어진다. 투명성의 포기로 말미암아, 결국 알고리즘의 사용과 관련한 사람을 보호하기 위한 효과적인 사전 방지 조치가 존재하지 않게 된다. 구글, 아마존, 페이스북과 같은 글로벌 IT 기업은 활동의 탈영토주의화에 따라 여러 가능한 수단을 동원할 수 있는데, ─일종의 바닥치기 경쟁Race to the Bottom과[316] 같이─가능한 약하거나 없는 법적 규칙을 수용하기 위해 그 수단을 다양한 방법으로 활용한다. 대표적인 예가 페이스북이 데이터 보호 기준이 매우 취약한 아일랜드에 유럽 지점을 둔 것이다.

마지막으로 관철방식의 차이가 있다. 법적 규칙의 효력은 그것의 준수에 좌우된다. 이런 준수 메커니즘은 법적 규율에서 통상적으로 규범 수범자의 상응한 결정을, 경우에 따라선 제재를 통한 강제를 조건으로 한다. 그렇지만 수범자는 구체적인 경우에 법적 규칙을 준수할 목표에 따라 인도될 필요는 없다. 그는 오로지 사회적, 도덕적 구속규준을 의식하면서 행동할 수 있다. 법규범에 담긴 규칙의 준수에 관한 결정은 법적용의 행위—추상적, 일반적 규범을 구체적 경우에 연관시키는 행위—를 요구한다. 행정청이나 법원과 같은 고권적 법 관철의 주체가 관여하는 한, 규범과 관련된 자는 그 절차에 참여할 수 있다(제안권, 청문). 반면에 알고리즘에 의해 형성된 규칙의 적용은 그 자체로 기술적 일이다. 사람의 능력이 기술에 의해 제한되어 있는 한, (행위조종을 위하여) 알고리즘에 삽입된 규칙을 관련자가 인식하는 것은 결코 필요하지 않다.

관련자가 행위를 선택할 가능성은 존재하지 않는다. 왜냐하면 여기서의 행위조종은 규범 전형적인 규준을 이용하여 허용/예외불허의 금지나 예외허용의 금지의[317] 범주에서 일어나지 않고, (사실적) 가능성의 제한에 의해 직접적으로 일어나기 때문이다.[318] 즉, 알고리즘에 의해 처음부터 할 수 있는 것과 할 수 없

---

316 경제학적으로 정부의 과한 규제 완화 또는 비용 절감을 통한 개체들 간의 경쟁으로 편익이 감소하는 상황을 나타내는 용어이다.
317 독일의 법규정에서 금지나 불허용이 'sollen'으로 표현된 경우, 그 자체로 정당한 경우에는 예외가 허용된다.
318 법은 사람이 어떻게 행동해야 하는지에 대해 영향을 미치지만, 표준적 기술은 사람이 어떻게 행동할 수 있는지에 대해 영향을 미친다. K. Dankert, Normative Technologie in sozialen Netzwerkdiensten, KritV 2016, S.49(52f.).

는 것이 가능된다. 알고리즘에 기반한 규칙은 법적 규칙과는 달리 그 자체로서 '자기집행적Self-Executing' 성격을 지니므로,[319] 사법 메커니즘에 의한 관철은 처음부터 생겨날 수 없다. 나아가 네트워크의 이용자인 관련자는 기술 형성에 따른 무의식적인 객체가 될 수 있다. 물론 그런 조종은 개인의 입장과 행동방식에 영향을 미칠 수 있을 뿐만 아니라, 사회 전체에 영향을 지닐 수 있다.

인간에 의한 더 이상의 결정이 불필요하도록 알고리즘은 결정을 위한 근거를 직접적으로 형성할 수 있다. 그렇지만 법질서는 결정이 전적으로 데이터의 자동처리에 의거해서는 아니 된다는 예외적인 규준을 인정한다.[320] 알고리즘 베이스의 근본결정은―가령 사람의 신뢰성을 조사하기 위한 점수 매김에 의거하여― 추가적인 인간의 전환 결정과 결부될 수밖에 없다. 그렇지만 보완 활동에 나선 결정자에 대해서는 다음의 두 가지 물음이 제기된다. 1) 자동화된 사전결정으로부터 얼마나 벗어날 수 있는지, 2) 결론과 이유 제시에 의거하여 납득 가능성의 통제를 넘어 얼마나 보완을 할 수 있는지이다. 여기서 인간에 의한 심사는 실제로는 큰 효과가 없는 형식적인 것으로 판명된다.

알고리즘에 의한 조종이 법적 예방조치를 무력화할 위험도 존재한다. 알고리즘에 의한 직접적, 간접적 행위조종의 예는 새

---

[319] J. R. Reidenberg, Lex Informatica. The Formulation of Information Policy Rules Through Technology, 76 Tex. L. Rev. 553(1997-1998). p. 569.
[320] 국가권력 행사에 인공지능이 도입될 경우 문제되는 것이 민주적 정당성의 사슬이 단절되는 것이다.

로운 기술과 결합한, 잠재적인 기회와 리스크를 제시한다. 알고리즘에 의한 조종에서 우려되는 점은 법의 실제적인 규준력이 침식된다는 점과 자칫 알고리즘이 법을 대체할지도 모른다는 것이다.

먼저 동의를 이용하여 법적 보호를 형해화하는 것이 문제가 된다. 구글이나 페이스북과 같은 정보매체와의 관계에서 이용자가 법관계를 형성하는 데에는 동의라는 법제도가 활용되는데, 이로 인해 법적 보호가 공허화된다. 보통 거래약관과 결합하여 행해지는 동의는 포털기업의 활동력을 확장하기 위한 실제적 수권에 해당한다. 이용자의 자율성을 보호하기 위해 전개된 동의제도가 실은 이런 확장을 통해서 이용자의 자율을 침식할 우려가 있다. 따라서 동의가 권리침해를 조각한다는 인식이 수정되어야 한다.

또한 디지털화에 의한 기술조종으로 인해 법규범적 규제가 광범하게 상실될 우려가 있다. 자칫 스마트 규제로 인해 정의, 법적 안정성, 목적지향성과 같은 규범적 원칙을 포함한 전통적인 법이 급격히 조종력을 상실하게 된다.[321]

요컨대 근본적인 법치국가원리적 원칙의 통용이 침식할 우려가 있다. 또한 알고리즘 자체에는 은폐된 차별화와 조작의 리스크가 존재하며, 구글이나 페이스북의 경우처럼 다국적 초거대 기업의 지배와 결부하여 일방적인 선택과정이 강요된다. 나아가 특히 스마트 기술을 특징 짓는—사람을 무의식적인 조종

---

[321] Hildebrandt, M. *Smart technologies and the end(s) of law :novel entanglements of law and technology*, 2015, p. 133 이하.

의 객체로 다루는—선제적 컴퓨팅 시스템Pre-emptive Computing System에 의해, 법적으로 형성된 기왕의 원칙과 가치가 치명적으로 훼손될 우려가 있다.

자율의 무력화 역시 임박하다. 특히 문제가 되는 것은 선거 국면에서 소셜 봇과 마이크로 타깃팅으로 인해 국민의 의사가 왜곡되는 상황이다.

개별 국민의 선거 결정은 자유로운 의견 형성을 바탕으로 행해진다. 유권자의 자유롭고 자율적인 결정이 훼손되어서는 안 된다는 점에서 정당의 선거운동에는 한계가 있다. 하지만 민주주의와 법치국가원리는 민주적 정당성을 지닌 자연인에 의한 지배를 바탕으로 한다는 점이 간과되어서는 아니 된다.

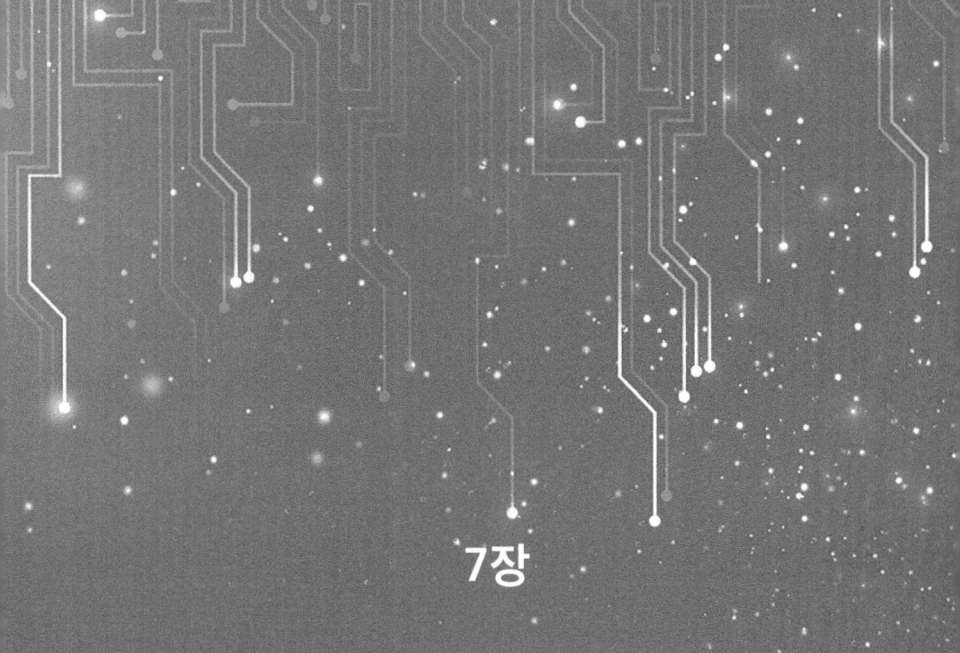

7장

나가는 말

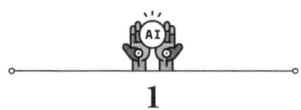

1

인공지능 윤리 논의의 과제

현재까지의 인공지능 윤리 논의는 그것이 갖는 시의성, 긴급성 그리고 여러 장점 등에도 불구하고 앞서 살펴본 바와 같이 크게 논의 참여 주체의 다양성 보장, 인공지능 윤리 원칙 및 권고안의 실효성 제고와 같은 사안들이 향후 지속적으로 보완되어야 할 과제로 보인다. 나아가 최근 몇 년간 인공지능 기술산업이 급속도로 발전하면서 이에 대한 사회적 이해와 논의의 필요성이 강력히 제기되는 데 반해, 인공지능 기술을 둘러싼 사회적, 윤리적 여파 및 문제를 전문적으로 해명하고 검토하는 학술적 논의의 비중이 아직 크지 않은 경향 또한 발견할 수 있다. 현재의 인공지능 윤리 논의가 보이는 이 같은 특징은 지금까지의 논의에서 '윤리' 혹은 윤리적 관점이라는 것이 협소하게 이해·활용되고 있다는 의미이기도 할 것이다.

그러므로 향후 인공지능 윤리 논의의 주요 과제를 이렇게 생각해 볼 수 있다.

첫째, 인공지능 윤리 논의에 참여하는 사람이 더욱 다양해져야 한다. 인공지능이라는 첨단기술에 주로 누가 종사하게 되는지, 해당 기술 연구 및 산업과 관련한 결정권이 주로 누구에게 있는지를 생각해 보면 인공지능에 직접적으로 영향력을 미칠 수 있는 인구집단의 편향성을 알 수 있다. 또한 인공지능 기술산업의 혜택과 위험이 불공정하게 분배될 수 있다는 점을 고려할 때 특히 역사적으로 소외되어 온 집단, 사회적 취약 계층의 문제와 그들의 참여에 적극적인 주의를 기울여야 할 것이다. 기술 비전문가나 정책결정권자가 아닌 일반 시민 역시 인공지능 윤리 논의에 참여할 수 있어야 한다는 점을 간과해서는 안 된다.

이미 여러 사례를 통해 인공지능 윤리의 의미와 필요성이 사회적으로 인지되고 있지만, 아직 사회 구성원 전체가 인공지능 윤리의 의미를 정확하게 이해하고 그 필요성을 자각하며 논의에 적극적으로 참여하고 있다고 보기는 어렵다. 인공지능 윤리를 정말로 사회적 문제이자 모두의 책임으로 이해한다면, 다양한 사회 구성원이 대화하고 참여하는 과정을 거치는 것은 매우 중요한 일이다. 따라서 향후 인공지능 윤리 논의에는 다양한 사회 성원의 참여와 사회적 대화를 위한 논의가 더욱 많아져야 할 것이다.

둘째, 인공지능 윤리가 현실적으로도 영향력을 발휘하기 위해, 제시된 원칙 및 가치의 실현을 뒷받침하는 사회적 조건이 구체적으로 논의될 수 있도록 인공지능 윤리 개념의 외연이 실질적으로 확대되어야 한다. 즉 관련 교육, 행정 규제 및 정책 논의, 법안 등 인공지능 윤리의 제도화에 대한 논의 역시 인공지능 윤리가 다루는 대상이 되어야 한다. 나아가 보편적 차원의 논의뿐만 아니라, 우리 사회의 특수성을 반영한 논의가 필요하다. 한국 사회의 현실적인 조건을 고려하고, 특히 문제가 되는 영역, 사례 등을 발굴하며, 동시에 현실 조건의 개선을 위한 논의가 이어져야 할 것이다. 이 과정에는 원칙 및 가치 자체에 대한 논의, 원칙 및 가치를 한국 사회의 구체적인 조건 속에서 이행하기 위한 조건, 구체적인 행위 지침, 제도, 유인책, 관련자 혹은 일반 시민에 대한 교육 등 다양한 논의가 포함될 것이다.

무엇보다 인공지능 윤리에 대한 실용적 접근 외에도 다양하고 풍성한 학술적 논의가 뒷받침되어야 할 것이다. 먼저 윤리학의 측면에서 지금까지의 인공지능 윤리 논의를 비판적으로 검토하는 메타적 논의가 더욱 확충되어야 한다. 그러나 앞에서 밝혔듯 인공지능 기술을 둘러싼 사회적 여파를 탐구하고, 이에 대응하기 위해서는 윤리학적 논의만 요청되는 것이 아니다. 이를 위해서는 인공지능 기술에 대한 연구, 기술의 사회적 여파에 대한 연구 등 다양한 학문적 관점에서의 논의 및 학제 간 연구, 학제 간 교류가 필요하다. 이 같은 연구 및 교류에는 장기적이고 지속적인 연구가 필수적이다. 그럴 때 인간 삶 전반에 대한 가치를 탐구하는 학문인 윤리학 본연의 역할을 수행할 수 있을 것이다.

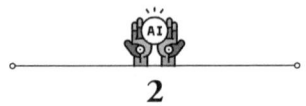

2

인공지능 윤리학, 무엇이 되어야 할 것인가

지금까지 우리는 주로 현재 기술 단계에서 인공지능 윤리를 둘러싼 논의를 중심으로 인공지능 윤리의 규정, 내용, 특성을 이야기했다. 그러나 오늘날 윤리학 연구가 인공지능 기술사회라는 조건 속에서 이루어져야 함을 인정한다면 앞에서 수차례 밝혔듯이, '인공지능 윤리'는 특수한 기술 및 이를 둘러싼 윤리적 행위에 대한 논의에 국한되지 않고, 더욱 폭넓은 의미에서 이해되고 탐구되어야 할 것이다.

실천을 가능하게 하는 현실의 조건은 법, 정책, 교육 등의 사회 제도만이 아니다. 동시에 사회 구성원의 윤리적 감수성도 민감해져야 한다. 윤리적 관점에서 문제를 인식하고, 스스로 숙고하고 반성할 수 있는 태도와 능력이 수반되지 않으면 아무리 구체적인 행위 지침과 인공지능 윤리의 이해를 위한 상세한 해설이 제공된다고 할지라도, 이는 직무 이행을 위한 매뉴얼처럼 일종의 자동화된 행동 절차로만 여겨질 것이다. 이런 식이라면 인공지능 윤리원칙 및 권고안은 감시 및 제제 등, 외적 강제성이 잘 기능할 때에만 실천적 결과가 생성될 것이다.

그러나 인공지능 윤리의 구속력과 더불어, 인공지능 사회 속 인간의 좋은 삶, 자율적인 삶의 추구도 중요한 가치이다. 윤리적인 삶은 타인이 강제로 시키거나 부과할 수 있는 것이 아니라 스스로의 선택과 행동에 대한 반성에서 비롯되는 것이다. 이것은 어려운 일이지만 어려운 만큼 가치 있는 일이다. '내가 할 수 있는 가장 최선의 행위는 무엇일까? 나의 생각과 결정은 충분한 근거가 있을까? 이 하나하나의 고민과 행동이 전체적으로 좋은 삶과 좋은 관계를 만들어 가는 것에 잘 연결되어 있을까?' 우리 모두의 삶에서 이와 같은 질문이 일상이 되어 그 답에 대해 숙고하며 반성할 수 있다면 참 좋겠다. 그렇다면 인공지능과 관련된 우리 사회의 논의는 보다 윤리적인 것이 될 것이다.

인공지능 기술에 대해서만 개인의 자율성을 보호해야 하는 것이 아니라, 인공지능 기술이 활용되는 사회를 살아가는 개인의 자율적 삶의 역량 역시 보호되고 증진되어야 한다. 누차 강조하지만 인공지능 기술에 기반한 자동화는 인간의 삶을 더 좋게 만들기 위한 것이지, 인간의 자율적 삶을 자동화 매뉴얼로 대체하기 위한 것은 아니다. 사회의 행복이라는 추상명사는 개인의 행복이라는 구현체를 통해 어슴푸레 그려지는 것이다.

결과적으로 인공지능 윤리와 그 실천에 관한 논의는 가장 근본적인 물음으로 이어진다. 인공지능 기술이 인간사회에 이전과는 또 다른 영향을 주고 있는 오늘날, 인간은 어떻게 좋은 삶을 살 것인가? 이를 위해 무엇을 고려하고 주의해야 하는가? 그러므로 앞서 살펴본 '인공지능 윤리'를 둘러싼 오해 및 의문들은 사실상 우리 시대의 기술 조건과 사회, 그와 함께하는 삶에 대한 물음이자 우리 시대 윤리학으로서 인공지능 윤리의 과제로 이해되어야 할 것이다.

그렇다면 윤리학으로서 인공지능 윤리는 무엇을 고려해야 하는가? 인공지능 윤리를 우리 시대의 윤리학으로 이해할 때, 인공지능 윤리는 인공지능 기술을 둘러싼 구체적이고 특수한 논의와 함께 이 시대와 사회의 문제를 다룰 수밖에 없다. 특히 현재 인공지능 윤리에서 주로 제기되는 문제적 사례가 기술적 해법만으로 해결될 수 없다는 점을 상기하면 더욱 그렇다.

앞에서 기술한 예를 상기해 보자. 기존 금융 상품을 이용할 수 없는 사람에 대한 과도한 개인정보 요구, 챗봇의 차별 및 혐오 발언, 대량의 정보를 신속하게 처리하는 이면에 가려진 열악한 인간 노동 등은 전적으로 인공지능 기술에 의해 탄생한 문제라기보다 오히려 기존의 사회적 문제와 모순이 인공지능 기술과 결합하여 더욱 심화하고 뚜렷하게 가시화된 것으로 보아야 할 것이다. 그러므로 인공지능 윤리는 현재 사회의 문제를 어떻게 진단하고, 어떻게 개선할 것인가에 대한 논의이다. 그러나 현재의 인공지능 윤리 논의는 기술을 인간 가치에 부합하고, 인간 삶을 더 좋게 만드는 방향으로 나아갈 수 있는 기준 및 지침을 제시해야 한다는 점이 강조된 나머지, 본래 사회가 안고 있던 문제를 인공지능 기술 논의와 별개의 것처럼 다루는 것으로 보이기도 한다. 인공지능을 '잘' 혹은 '좋게' 활용해야 한다는 입장이 마치 인공지능 기술의 지속적인 개발, 활용은 당연히 받아들일 수 있는 일이거나 당연하게 정해진 일이라는 것처럼 여기는 것이다. 곧, 인공지능 윤리를 논하는 것이 인공지능 기술의 개발 및 사회 도입과 보급을 적극적으로 긍정하는 일처럼 이해되기 쉽다.

그러나 인공지능 윤리는 현재의 문제에 비추어, 인공지능 기술과 이를 둘러싼 다양한 조건 및 여파를 생각할 때 '우리 사회 및 지구 공동체가 적극적으로 보호하고 증진해야 할 가치는 무엇인가?'를 묻는 것이다. 그러므로 인공지능 윤리가 인공지능을 '잘', '좋게' 활용해야 한다는 것은 우리 공동체와 인간의 좋은 삶을 위하여 인공지능 기술의 개발, 활용, 보급을 제한하거나 혹은 그 한계선을 논하는 일을 포함할 수 있다. 인공지능 기술 자체는 무조건 지향해야 할 가치이거나 좋음이라 할 수 없기 때문이다. 무엇보다 인공지능 윤리는 인공지능을 위한 논의가 아니라, 인공지능 기술과 함께 살아가는 인간, 그리고 인간 삶의 터전이 되는 전체 공동체를 위한 논의이다.

나아가 인공지능 윤리가 논하는 가치는 '현재'적 가치에만 국한되지 않는다. 인공지능 윤리는 가치를 추구하는 기술과 더불어 우리가 만들어 갈 미래 사회와 공동체가 무엇이어야 하는지에 관한 논의이기도 하다. 인공지능 윤리의 논의는 현재 바랄 수 있는 가치만을 고려하는 것이 아니며, 개인의 선호와 같이 단순하게 바랄 수 있는 것을 나열하고 그중에서 어떤 것을 고르는 일도 아니다. 이는 미래 세대와 전 지구 생태계를 포함한 확장된 공동체를 고려하면서 이 같은 공동체가 바랄 만한 가치를 제안하고 해명하고, 이를 검토하는 일이다.

그러므로 인공지능 윤리학은 미래 사회에 대한 상상이자 제안, 기획이기도 하다. 우리가 바랄 수 있는 것 중에서도 바랄 만한 것이 무엇인지 논의하고 협의하며, 이를 실천으로 이행하는 일까지 고려하고 고안하는 것이다. 곧 인간의 기본 가치를 보존하면서 동시에 기존의 문제를 넘어서는 새로운 가치를 창출하고 구현하는 공동체를 그려 보는 일이기도 한 것이다. 그러므로 인공지능 윤리는 기술과 윤리의 관계에 대한 논의일 뿐만 아니라 삶의 책임에 관한 논의이며, 우리가 지향하고 만들어 갈 미래 사회와 삶에 관한 논의이기도 하다.

인공지능 윤리학이 무엇이 되어야 할 것인지, 무엇을 논해야 할 것인지를 이렇게 이해한다면 인공지능 윤리학의 논의는 기술 시대의 존재론이자 가치론이 될 것이다. 이는 개인과 공동체를 분리 가능한 것으로 보는 것이 아니라 그 맥락과 관계성에 더욱 주목하고, 이론 윤리와 응용 윤리라는 도식화된 사고를 넘어설 때 가능하다. 그러나 이는 윤리학의 전통을 뒤집는 것이 아니라, 윤리학의 오랜 전통을 잇는 일이 될 것이다. 윤리는 본래 삶에 대한 철학으로서 인간답게 행동하고, 숙고하며 살아가는 것에 대한 논의이기 때문이다.

그러므로 인공지능 윤리학의 가장 기본적이고 핵심적인 과제는 우리 시대의 개인에게 윤리의 본래 의미를 되새기고, 윤리적 삶을 위한 역량을 증진하고 훈련하는 일일 것이다. 인공지능 기술과 관련된 직업적·사회적 지위와 역할은 개인적인 삶, 공동체 속에서 살아가는 시민의 삶과 분리될 수 없다.

따라서 인공지능 윤리학은 인공지능 기술이 활용되는 사회 내에서 각 개인이 스스로 자신의 좋은 삶, 좋은 행동을 물으며, 좋은 공동체와의 연관 관계 및 이를 위한 동료 시민과의 연대를 숙고하고 선택하고 행동하며 반성하는 삶에 대한 학문이자, 나아가 인공지능 기술의 활용과 보급의 공공선에 대한 사회적 합의와 제도, 법률 제정에 대한 학문이라 할 수 있다.

참고문헌

1장 '상식'의 윤리와 '윤리학'의 윤리

네이버 국어사전. https://ko.dict.naver.com/#/entry/koko/c35cb8c05b364487 81c64c89309ecd11.

루이스 포이만 제임스 피저, 박찬구·류지한·조현아·김상돈 옮김, 『윤리학: 옳고 그름의 발견』, 울력, 2010.

아리스토텔레스, 이창우·김재홍·강상진 옮김, 『니코마코스 윤리학』, 이제이 북스, 2007.

이사야 벌린, 박동천 옮김, 『이사야 벌린의 자유론』, 아카넷, 2014.

토머스 홉스, 최공웅·최진원 옮김, 『리바이어던』, 동서문화사, 2020.

C. 레비-스트로스, 박옥줄 옮김, 『슬픈 열대』, 한길사, 2020.

Frankfurt, Harry. "Freedom of the Will and the Concept of a Person." *Agency And Responsiblity*, Routledge, 2018, pp. 77~91.

Taylor, Charles. *Human agency and language (Philosophical Papers 1)*, Cambridge: Cambridge University Press. 1985.

Taylor, Charles. *Sources of the Self: The Making of the Modern Identity*, Cambridge, Mass.: Harvard University Press, 1989.

2장 인공지능 윤리와 기술의 긴장 관계

손화철, 『호모 파베르의 미래』, 아카넷, 2020.
심지원, 「코르셋에 갇힌 인공지능: 사람들은 윤리적인 "이루다"를 원할까?」, 『젠더법학』, 12(2), 한국젠더법학회, 2021.1. 73~76쪽.
심지원·이은재·김문정, 「인간의 윤리로서 인공지능윤리 - 인공지능윤리의 가치와 자리 -」, 『철학·사상·문화』, 38, 동국대학교 동서사상연구소, 2022.1. 46~64쪽.
허유선·이연희·심지원, 「왜 윤리인가: 현대 인공지능 윤리 논의의 조망, 그 특징과 한계」, 『인간·환경·미래』, 24, 인제대학교 인간환경미래연구원, 2020.4. 165쪽.
Algorithm Watch. "AI Ethics Guidelines Global Inventory." 2020, https://inventory.algorithmwatch.org/ (최종검색일 2024. 1. 21.)
Bietti, Elettra. "From Ethics Washing to Ethics Bashing: A View on Tech Ethics from Within Moral Philosophy." *Proceedings of the 2020 Conference on Fairness, Accountability, and Transparency*, Association for Computing Machinery, 2020.

3장 인공지능 윤리의 정체

고인석, 「아시모프의 로봇 3법칙 다시 보기: 윤리적인 로봇 만들기」, 『철학연구』, 93, 철학연구회, 2011, 9/쪽.
고학수 박도현 이나래, 「인공지능 윤리규범과 규제 거버넌스의 현황과 과제」, 『경제규제와 법』, 13.1, 서울대학교 공익산업법센터, 2020, 7쪽.
곽예하, "AI 판단, 다시 고려해 봐야 하는 이유...다양한 AI 편향성 논란", Tech M, 2018.12.8, http://techm.kr/bbs/board.php?bo_table=article&wr_id=5403
김형주, 「'인공지능'과 '인간지능' 개념에 대한 철학적 분석 시도 - 맥카시와 칸트의 지능개념을 중심으로 -」, 『철학탐구』, 43, 중앙대학교 중앙철학연구소, 2016, 161쪽.
김효은, 『인공지능과 윤리』, 커뮤니케이션북스, 2019.
맹주만, 「인공지능, 도덕적 기계, 좋은 사람」, 『철학탐구』, 59, 중앙대학교 중앙철학연구소, 2020, 217쪽.
설민수, 「머신러닝 인공지능의 법 분야 적용의 현황과 미래: 미국의 현황과 법조인력 구조 및 법학교육에 대한 논의를 중심으로」, 『저스티스』, 156, 한국법학원, 2016, 269쪽.
김정은, "[4차산업혁명, 세계는 지금] 구글, AI 군사 프로젝트 '메이븐' 중단", 스트레이트뉴스, https://www.straightnews.co.kr/news/articleView.html?idxno=33127 (최종검색일 2018.6.5.)
신상규, 「인공지능은 자율적 도덕행위자일 수 있는가?」, 『철학』, 132, 한국철학회, 2017, 265쪽.
심우민, 「인공지능의 발전과 알고리즘의 규제적 속성」, 『법과사회』, 53, 법과사회이론학회, 2016, 41쪽.
아이리스 매리언 영, 허라금·김양희·천수정 옮김, 『정의를 위한 정치적 책임』, 이화여자대학교출판문화원, 2018.
오세욱·송해엽, 『유튜브 추천 알고리즘과 저널리즘』, 한국언론진흥재단, 2019.
오요한·홍성욱, 「인공지능 알고리즘은 사람을 차별하는가?」, 『과학기술학연구』, 18.3, 한국과학기술학회, 2018, 153쪽.
이기범, "구글, 사회적 편견 제거한 공정한 AI 만들겠다." 블로터, https://www.bloter.net/archives/344120 (최종검색일 2019.6.25.)
이민영, 「딥페이크와 여론형성-알고리즘의 권력화와 탈진실의 규제담론-」, 『미국헌법연구』, 31.1, 미국헌법학회, 2020, 199쪽.
이원태, 「인공지능의 규범 이슈와 정책적 시사점」, 『KISDI Premium Report』, 정보통신정책연구원, 2015. 7.
이원태·선지원·박혜경·정채연·한희원·김정언·이시직·안수현·최은창, 『4차산업혁명시대 산업별 인공지능윤리의 이슈 분석 및 정책적 대응방안 연구』, 정보통신정책연구원, 2018.
이중기·황창근, 「자율주행차의 운전자는 누구인가?-자율주행시스템(ADS)

에 의한 운전행위와 그에 대한 ADS Entity의 민사적, 행정적 책임」,『홍익법학』, 20.3, 홍익대학교 법학연구소, 2019, 343쪽.

이중원,「인공지능에게 책임을 부과할 수 있는가?: 책무성 중심의 인공지능 윤리 모색」,『과학철학』, 22.2, 2019, 한국과학철학회, 79쪽.

이중원 외,『인공지능의 존재론』, 한울아카데미, 2018.

젠더 혁신 한국어 사이트, http://genderedinnovations.wiset.re.kr/case-studies/nlp.jsp#tabs-1

페드로 도밍고스, 강형진 옮김,『마스터 알고리즘』, 비즈니스북스, 2016.

폴 뒤무셸·루이자 다미아노, 박찬구 옮김,『로봇과 함께 살기』, 희담, 2019.

피터 플래치, 최재영 옮김,『머신러닝』, 비제이퍼블릭, 2016.

이근영·이정훈·조기원,"'카이스트 보이콧' 선언한 세계 학자들, AI무기 개발 비판."한겨레, https://www.hani.co.kr/arti/science/science_general/839279.html#csidx8c39a4d78913223b4bc663eb52e2449 (최종검색일 2018.4.5.)

한국정보화진흥원,『공공기관 신뢰가능AI 구현 실용가이드』, 2019.

한국포스트휴먼연구소·한국포스트휴먼학회 편저,『인공지능의 이론과 실제』, 아카넷, 2019.

한스 요나스, 이진우 옮김,『책임의 원칙: 기술시대의 생태학적 윤리』, 서광사, 1994.

허유선,「인공지능에 의한 차별과 그 책임 논의를 위한 예비적 고찰-알고리즘의 편향성 학습과 인간 행위자를 중심으로-」,『한국여성철학』, 29, 한국여성철학회, 2018, 165쪽.

허유선,「인공지능 시스템의 다양성 논의, 그 의미와 확장-인공지능의 편향성에서 다양성까지-」,『철학 사상 문화』, 35, 동국대학교 동서사상연구소, 2021, 201쪽.

허유선·이연희·심지원,「왜 윤리인가: 현대 인공지능 윤리 논의의 조망, 그 특징과 한계」,『인간 환경 미래』, 24, 인제대학교 인간환경미래연구원, 2020, 165쪽.

허유선·이연희·심지원,「인공지능 윤리와 로봇 윤리, 차이와 연속성-모두의 윤리로서 인공지능 윤리를 향하여-」,『철학 사상 문화』, 34, 동국대학교 동서사상연구소, 2020, 41쪽.

Association for Computing Machinery US Public Policy Council. "Statement on Algorithmic Transparency and Accountability." 2017.

Bostrom, N. *Superintelligence: Paths, Dangers, Strategies*, London: Oxford University Press, 2014.

Browne, Ryan. "IBM hopes 1 million faces will help fight bias in facial recognition." *CNBC*, 2019.1.29., https://www.cnbc.com/2019/01/29/ibm-releases-diverse-dataset-to-fight-facial-recognition-bias.html.

Crawford, Kate, Roel Dobbe, Theodora Dryer, Genevieve Fried, Ben Green, Elizabeth Kaziunas, Amba Kak, Varoon Mathur, Erin McElroy, Andrea Nill Sánchez, Deborah Raji, Joy Lisi Rankin, Rashida Richardson, Jason Schultz, Sarah Myers West, and Meredith Whittaker. *AI Now 2019 Report*, New York: AI Now Institute, 2019, https://ainowinstitute.org/AI_Now_2019_Report.html

European Commission's High-Level Expert Group on Artificial Intelligence. "Ethics Guidelines for Trustworthy AI." 2019, p. 36., https://ec.europa.eu/digital-single-market/en/news/ethics-guidelines-trustworthy-ai

Executive Office of the President. "Big Data: A Report on Algorithmic Systems, Opportunity, and Civil Rights." 2016.5., https://www.whitehouse.gov/sites/default/files/microsites/ostp/2016_0504_data_discrimination.pdf

Fjeld, Jessica, Nele Achten, Hannah Hilligoss, Adam Nagy, and Madhulika Srikumar. "Principled Artificial Intelligence: Mapping Consensus in Ethical and Rights-based Approaches to Principles for AI." *Berkman Klein Center for Internet & Society*, 2020.

Floridi, L., J. Sanders. "On the Morality of Artificial Agents." *Minds and Machines*, 14, 2004, pp. 349~379, http://lps3.doi.org.proxy.cau.ac.kr/10.1023/B:MIND.0000035461.63578.9d

Floridi, Luciano. "Faultless responsibility: on the nature and allocation of moral responsibility for distributed moral actions." *Philosophical. Transactions of the Royal Society A*, 374(2083), The Royal Society, 2016, http://doi.org/10.1098/rsta.2016.0112

Future of Life Institute, "Asilomar AI Principles." 2017, https://futureoflife.org/ai-principles/

Gotterbarn, Don et al. "ACM Code of Ethics and Professional Conduct." *Association for Computing Machinery*, 2018.

Hassabis, Demis & David Silver. "AlphaGo Zero: Learnin from scratch." 2017. 10. 18, https://deepmind.com/blog/alphago-zero-learning-scratch/

IEEE. "Ethical Aligned Design First Edition: A Vision for Prioritizing Human Well-being with Autonomous and Intelligent Systems." 2019.

Institute of Electrical and Electronics Engineers. "Ethically Aligned Design Version 1: A Vision for Prioritizing Human Well-being with Artificial Intelligence and Autonomous Systems." 2016.

Institute of Electrical and Electronics Engineers. "Ethically Aligned Design Version 2: A Vision for Prioritizing Human Well-being with Autonomous and Intelligent Systems." 2017.

Jobin, Anna, Marcello Ienca, and Effy Vayena. "Artificial Intelligence: the global landscape of ethics guidelines." *Nature Machine Intelligence*, 1, 2019, pp. 389~399.

Lenk, Hans. "Ethics of responsibilities distributions in a technological culture." *AI & Society*, 32, London: Springer, 2016.

Lohr, Steve. "Facial Recognition Is Accurate, if You're a White Guy." *The New York Times*, 2018.2.9., https://www.nytimes.com/2018/02/09/technology/facial-recognition-race-artificial-intelligence.html.

Marshall, Aarian, Alex Davies. "Wired, 'Uber's Self-Driving Car Didn't Know Pedestrians Could Jaywalk." *WIRED,* 2019.11.5., https://www.wired.com/story/ubers-self-driving-car-didnt-know-pedestrians-could-jaywalk

McCarthy, John, Marvin L. Minsky, Nathaniel Rochester and Claude E. Shannon. "A proposal for the dartmouth summer research project on artificial intelligence, august 31, 1955." *AI magazine*, 27(4): 12-12, 2006.

McNamara, Andrew, Justin Smith, and Emerson Murphy-Hill. "Does ACM's Code of Ethics Change Ethical Decision Making in Software

Development?" *Proceedings of the 2018 26th ACM Joint Meeting on European Software Engineering Conference and Symposium on the Foundations of Software Engineering - ESEC/FSE 2018*, edited by Gary T. Leavens, Alessandro Garcia, and Corina S. Păsăreanu, 1-7. New York: ACM Press, 2018.

Nakamura, Karen. "My Algorithms Have Determined You're Not Human: AI-ML, Reverse Turing-Tests, and the Disability Experience." *21st International ACM SIGACCESS Conference (October 2019)*: 1-2, https://doi.org/10.1145/3308561.3353812

Nissenbaum, Helen. "Accountability in a Computerized Society." *Science and Engineering Ethics*, vol. 2, no. 1, 1996, pp. 28~32.

OECD. "Artificial Intelligence in Society." 2019, p. 15, https://doi.org/10.1787/eedfee77-en.

OECD. *Recommendation of the Council on Artificial Intelligence*, OECD/LEGAL/0449, 2019.

Roose, K. "The making of a YouTube radical." *The New York Times*, 2019.6.8., https://www.nytimes.com/interactive/2019/06/08/technology/youtube-radical.html

Russell, S. and P. Norvig. *Artificial Intelligence: A Modern Approach*, 3rd ed., Prendtice Hall, 2010.

Samudzi, Z. "Bots Are Terrible at Recognizing Black Faces. Let's Keep it That Way." *The Daily Beast*, 2019, Feb. 08. https://www.thedailybeast.com/bots-are-terrible-at-recognizing-black-faces-lets-keep-it-that-way.

Samuel, Arthur L. "Some moral and technical consequences of automation a refutation." *Science*, 132(3429), 1960, pp. 741~742.

Searle, John R. "Minds, brains, and programs." *Behavioral and Brain Sciences*, 3(3), 1980, pp. 417~457.

Stanford's Gendered Innovations project. "Machine Translation: Analyzing Gender." http://genderedinnovations.stanford.edu/case-studies/nlp.html

Surden, Harry. "Machine Learning and law." *Washington Law Review*, vol. 89, no. 1, 2014.

Veruggio, G. "The EURON Roboethics Roadmap." *2006 6th IEEE-RAS International Conference on Humanoid Robots*, Genova, Italy, 2006, pp. 612~617. doi: 10.1109/ICHR.2006.321337.

Wiener, Norbert. "Some moral and technical consequences of automation." *Science*, 131(3410), 1960, pp. 1355-1358.

4장 인공지능 윤리의 핵심 가치·개념 분석

강상욱, 「인공지능 기술의 안전성 확보 동향」, 『주간기술동향』, 1978호, 정보통신기획평가원, 2020.

고다솔, "우리 아이와 대화하는 스마트 토이, 알고보니 아동 프라이버시 최대의 적." 코딩월드뉴스, 2021.7.14., https://www.cwn.kr/news/articleView.html?idxno=4659

고학수 정해빈 박도현, 「인공지능과 차별」, 『저스티스』, 171, 한국법학원, 2019, 199쪽.

과학기술정보통신부, 「국가 인공지능 윤리기준(안)」, 2020.

과학기술정보통신부, 「신뢰할 수 있는 인공지능 실현 전략」, 2021. 5.

과학기술정보통신부, 「인공지능 윤리 기준」, 과학기술정보통신부 보도자료, 2020.12.22.

과학기술정보통신부, 「제1기 인공지능 윤리 정책 토론회(포럼) 출범식 개최 관련 보도자료」, 2022.2.24.

과학기술정보통신부 정보통신기획평가원, 『윤리적 인공지능을 위한 국가 정책 수립』, 2020.

관계부처 합동, 「사람이 중심이 되는 인공지능(AI) 윤리기준」, 2020.

구본권, "[구본권 칼럼] 챗GPT, 신세계의 문을 열었나." 피렌체의 식탁, 2023.1.27., https://firenzedt.com/25784/

국기연, "[여기는 워싱턴] "AI로 인류 절멸할 수 있다: … 'AI 안전센터', 한 줄짜리 성명." 글로벌이코노믹, 2023.5.31., https://news.g-enews.

com/article/Global-Biz/2023/05/2023053104451847696b49b9d1da_1?md=20230531091654_U

금융위원회,「금융분야 인공지능(AI) 가이드라인」, 2021.7.8., https://www.fss.or.kr/fss/kr/promo/bodobbs_view.jsp?seqno=24042&no=16071&s_title=&s_kind=&page=1

금준경, "[인공지능의 두 얼굴] 챗GPT가 몰고 온 다섯가지 그늘." 미디어오늘, 2023.3.25., http://www.mediatoday.co.kr/news/articleView.html?idxno=309166

김민수·한동희, "테슬라 모델 S 사망 사고…오토파일럿은 완벽하지 못했다.", 조선비즈, 2016.7.14., https://biz.chosun.com/site/data/html_dir/2016/07/14/2016071402519.html

김현경,「UNESCO AI 윤리권고 쟁점 분석 및 국내법제 개선방향」,『글로벌법제전략』, 2022년 제1호.

네이버 AI 윤리 준칙.

네이버 사전, https://ko.dict.naver.com/#/entry/koko/8bab6c749cb44ed79c1d2eb4b65dfc6a.

다음 카카오 알고리즘 윤리헌장.

심지원·이은재·김문정,「인간의 윤리로서 인공지능윤리 - 인공지능윤리의 가치와 자리」,『철학 사상 문화』, 38, 동국대학교 동서사상연구소, 2022.

양지훈·윤상혁,「ChatGPT를 넘어 생성형(Generative) AI 시대로 : 미디어·콘텐츠 생성형 AI 서비스 사례와 경쟁력 확보 방안」,『미디어 이슈&트렌드』, 55, 2023년 3·4월호, 한국방송통신전파진흥원, 2023.

이상욱·이호영,『인공지능(AI) 윤리와 법(I) - AI 윤리의 쟁점과 거버넌스 연구』, 유네스코한국위원회, 2021.

이윤정, "메타, 개인정보 수집 동의 방침 철회했지만 … 내 정보는 여전히 맞춤형 광고에 활용중?" 경향신문, 2022.7.31., https://www.khan.co.kr/it/it-general/article/202207311624001

이희은,「"기계는 권력의 지도": AI와 자동화된 불평등」,『문화과학』, 105, 2021, 127~142쪽.

장성원, "[종합] '챗GPT', 틱톡 기록 깼다…출시 2달 만에 사용자 1억명 돌파." 아주경제, 2023.2.23., https://www.ajunews.com/view /2023 0202151501723

장준하, "'그래 죽어버려' 인공지능 GPT3가 '악플'을 달았다." AI타임 즈, 2020.10.19., http://www.aitimes.com/news/articleView.html?idxno =133253

전유진, "[생활보안] 페이스북 생체정보 침해 논란, 우리나라는?" CCTV 뉴스, 2021.3.10., https://www.cctvnews.co.kr/news/articleView. html?idxno=222044

정병일, "'스테이블 디퓨전' 개발한 스태빌리티 AI, 내우외환." AI타임스, 2023.6.5., https://www.aitimes.com/news/articleView.html?idxno=151526

정보통신정책연구원, 「한국형 AI 윤리 원칙 구조 개발안에 대한 연구」, 2020.

한국경제TV, "말하는 장난감 '헬로 바비' … 개인정보 유출 위험." 2021.7.21., https://www.wowtv.co.kr/NewsCenter/News/Read?articleId=A202107120163

한애라, 「"사법시스템과 사법환경에서의 인공지능 이용에 관한 유럽 윤리 헌장"의 검토 -민사사법절차에서의 인공지능 도입 논의와 관련하여-」, 『저스티스』, 172, 한국법학원, 2019, 38쪽.

황병서, "'SNS기록·생활습관'으로 신용평가 나선 핀테크사." 디지 털타임스, 2019.9.17., http://m.dt.co.kr/contents.html?article_no =2019091702109958054009

Ax Sharma, "개방성과 보안 사이의 균형은? … 영국을 뒤흔든 ANPR 데이 터 유출의 교훈." CIO Korea, 2020.6.17., https://www.ciokorea.com/ interview/155661

Bayer, Martin. "이탈리아, 챗GPT 차단 … GDPR 위반 여부 조사." ITWORLD, 2023.4.4., https://www.itworld.co.kr/news/285361#csidx770711c440822b 7800d62287aeb00c1

BBC News 코리아, "페이스북: 개인정보 유출 … 혹시 내 번호도?" 2021.4.7., https://www.bbc.com/korcan/international-56646722

Abid, A., M. Farooqi & J. Zou. "Persistent anti-muslim bias in large language models." *Proceedings of the 2021 AAAI/ACM Conference on AI, Ethics, and Society,* 2021.7., pp. 298~306.

Angwin, Julia et al. "Machine Bias: There's software used across the country to predict future criminals. And it's biased against blacks." *ProPublica*, 2016.5.23., https://www.propublica.org/article/machine-bias-risk-assessments-in-criminal-sentencing

Bhattacharya, Ananya. "Facebook patent: Your friends could help you get a loan - or not." *CNN Business*, 2016.8.4., https://money.cnn.com/2015/08/04/technology/facebook-loan-patent/index.html

Center for AI "Safety, Statement on AI Risk." https://www.safe.ai/statement-on-ai-risk

EU. "High-level expert group on Artificial Intelligence." *Ethics Guidelines for Trustworthy AI*, 2019.

Europol, "Facing reality? Law enforcement and the challenge of deepfakes." Luxembourg: Publications Office of the European Union, 2022.

Fjeld, Jessica, et al. "Principled artificial intelligence: Mapping consensus in ethical and rights-based approaches to principles for AI." Berkman Klein Center Research Publication 2020-1, 2020.

Future of Life Institute, "Pause Giant AI Experiments: An Open Letter." https://futureoflife.org/open-letter/pause-giant-ai-experiments/

Future of Life Institute. "Asilomar AI Principles." 2017, https://futureoflife.org/open-letter/ai-principles/

Hagendorff, Thilo. "The ethics of AI ethics--an evaluation of guidelines." arXiv preprint arXiv:1903.03425, 2019.

Hurlburt, G. "What If Ethics Got in the Way of Generative AI?" *IT Professional*, vol. 25, no. 2, March-April 2023, pp. 4~6, doi: 10.1109/MITP.2023.3267140.

IEEE, "Ethically Alligned Design." ver. 2, 2019.

Johnson, Khari. "The Efforts to Make Text-Based AI Less Racist and Terrible." *Wierd*, https://www.wired.com/story/efforts-make-text-ai-less-racist-terrible/

Nicoletti, Leonardo and Dina Bass. "Humans are biased. generative AI is even worse." *Bloomberg*, https://www.bloomberg.com/graphics/2023-generative-ai-bias/

OECD. *Artificial Intelligence in Society*, 2019.

Rome Call for AI Ethics, 2020, https://www.romecall.org/

State v. Loomis. 881 N.W.2d 749, 2016.

UNESCO. "Recommendation on the Ethics of Artificial Intelligence." https://unesdoc.unesco.org/ark:/48223/pf0000381137_eng (유네스코한국위원회 홈페이지, https://unesco.or.kr/data/report)

Unicef. *Policy guidance on AI for children*, 2020.

Vincent, James. "OpenAI co-founder on company's past approach to openly sharing research: 'We were wrong'." *The Verge*, 2023.5.16., https://www.theverge.com/2023/3/15/23640180/openai-gpt-4-launch-closed-research-ilya-sutskever-interview

Vincent, James. "The problem with AI ethics", *The Verge*, 2019.4.4., https://www.theverge.com/2019/4/3/18293410/ai-artificial-intelligence-ethics-boards-charters-problem-big-tech.

Waddell, Kaveh. "How Algorithms Can Bring Down Minorities' Credit Scores." *The Atlantic*, 2016.12.2., https://www.theatlantic.com/technology/archive/2016/12/how-algorithms-can-bring-down-minorities-credit-scores/509333/

West, S. M., M. Whittaker and K. Crawford. "Discriminating Systems: Gender, Race and Power in AI." *AI Now Institute*, 2019. https://ainowinstitute.org/

6장 인공지능 규범학

김남진, 「행정의 민주적 정통화론」, 『학술원 통신』, 290, 2017, 9~13쪽.

_____, 「Good Governance : 관념과 상황」, 『학술원 통신』, 294, 2018, 4~8쪽.

_____,「제4차 산업혁명시대와 중요 법적 문제」,『학술원 통신』, 319, 2020, 2~7쪽.

_____,「인공지능(AI)기술과 공법학의 변용」,『학술원 통신』, 321, 2020, 2~5쪽.

김중권,「EU행정법연구」,『법문사』, 2018.

_____,「이른바 입법아웃소싱의 공법적 문제점에 관한 소고-독일에서의 논의를 중심으로-」,『입법평가연구』, 10(2), 2016, 15~40쪽.

_____,「인공지능시대에 완전자동적 행정행위에 관한 소고」,『법조』, 723, 2017, 146~182쪽.

_____,「인공지능시대에 알고리즘에 의한 행위조종과 가상적 행정행위에 관한 소고」,『공법연구』, 48(3), 2020, 287~312쪽.

_____,「행정에 인공지능시스템 도입의 공법적 문제점」,『법조』, 740, 2020, 53~77쪽.

김형수 외 5인, "인공지능 시대, 보건의료 미래 전망」,『의료정책포럼』, 15(1), 2017, 87~102쪽.

심우민,「인공지능의 발전과 알고리즘의 규제적 속성」,『법과 사회』, 53, 2016, 41~70쪽.

_____,「인공지능 기술과 IT법체계 법정보학적 함의를 중심으로」,『동북아법연구』, 12(1), 2018, 55~86쪽.

엄주희,「국가윤리위원회의 법적 지위와 뇌신경윤리 활동 고찰 : 뇌신경윤리 거버넌스에 주는 시사점」,『법과 정책』, 25(1), 2019, 173~213쪽.

_____,「코로나 통제에 따른 기본권의 제한과 국가의 역할」,『법과 정책』, 26(3), 2020, 51~73쪽.

_____,「코로나 팬더믹 사태(COVID-19)에서 빅데이터 거버넌스에 관한 공법적 고찰」,『국가법연구』, 16(2), 2020, 1~23쪽.

유승현·김동하,「건강불평등과 지역사회 건강증진: 국가건강증진계획 사례 비교」,『보건교육건강증진학회지』, 34(2), 2017, 1~9쪽.

이재훈,「전자동화 행정행위에 관한 연구-독일 연방행정절차법 제35조의 a를 중심으로-」,『성균관법학』, 29(3), 2017, 143~192쪽.

장경원,「EU법상 좋은 행정의 의미」,『행정법연구』, 25, 한국행정법연구소,

2009, 273~305쪽.

Ahrendt. "Alte Zöpfe neu geflochten–Das materielle Recht in der Hand von Programmierern." *NJW*, 8, 2017, pp. 537~540.

Boehme-Neßler. "Algorithmen und Demokratie: Anmerkungen zur Digitalisierung des Verfassungsrechts." *GewArch*, 2019, pp. 767~770.

Buchholz. "Legal Tech." *JuS*, 10, 2017, pp. 955~959.

Bull. "Der „digitale Staat" und seine rechtliche Ordnung: Verfassungsänderungen als Antwort auf neue Probleme?" *ZRP*, 48(4), 2015, pp. 98~101.

Bull. "Über die rechtliche Einbindung der Technik." *Der Staat*, 58(1), 2019, pp. 57~100.

Danaher. "The Threat of Algocracy: Reality, Resistance and Accommodation." *Philosophy &Technology*, 29, 2016, pp. 245~268.

Dankert. "Normative Technologie in sozialen Netzwerkdiensten." *KritV*, 298(1), 2015, pp. 49~73.

Frenz. "Industrie 4.0 und Datenschutz im fairen Wettbewerb." *EuZW*, 27(4), 2016, pp. 121~122.

Gless/Seelmann(Hrsg.), *Inteligente Agenten und Recht*, 2016.

Hildebrandt. *Smart Technologies and the End(s) of Law*, 2015.

Hoffmann-Riem. "Verhaltenssteuerung durch Algorithmen." *AöR*, 142, 2017, pp. 1~42.

_____, *Innovation und Recht–Recht und Innovation*, 2016.

Hoffmann, Luch, Schulz, Borchers. *Die digitale Dimension der Grundrechte*, 2015.

Klaas. "Demokratieprinzip im Spannungsfeld mit künstlicher Intelligenz." *MMR*, 2, 2019, pp. 69~136.

Lepsius. *Relationen: Plädoyer für eine bessere Rechtswissenschaft*, 2016.

Lessig. *Code Version 2.0*, 2006.

Luhmann. *Recht und Automation in der öffentlichen Verwaltung*, 1966.

Martini. "Algorithmen als Herausforderung für die Rechtsordnung." *JZ*, 72, 2017, pp. 1017~1025.

Nicolas Terry. "Of Regulating Healthcare AI and Robots." *Yale Journal of Law and Technology*, 21(3), 2019, pp. 133~190.

Petersen. "Demokratie und Grundgesetz." *Max Planck Institute for Research on Collective Goods*, 26, 2008, pp. 1~33.

Reidenberg. "Lex Informatica: The Formulation of InformationPolicy Rules Through Technology." 76 Tex. L. Rev., 1997, pp. 553~594.

Schmitz, Prell. "Neues zum E-Government." *NVwZ* 18, 2016, pp. 1273~1280.

Stelkens, Bonk, Sachs. *Verwaltungsverfahrensgesetz*, 9. Aufl, 2018.

Unger, Sebastian, und Antje Ungern-Sternberger(Hrsg.). *Demoktratie und künstliche Intelligenz*, 2019.

Wischmeyer. "Regulierung intelligenter Systeme." *AöR*. 143(1), 2018, pp. 1~66.